rororo

Dichter und *Denker,* *Spinner* und *Banker*

PHILIP OLTERMANN

EINE DEUTSCH-ENGLISCHE
BEZIEHUNGSGESCHICHTE

Rowohlt Taschenbuch Verlag

Die Originalausgabe erschien 2012 unter dem Titel
«Keeping Up with the Germans» bei Faber and Faber Limited,
Bloomsbury House, London.

Deutsche Erstausgabe
Veröffentlicht im Rowohlt Taschenbuch Verlag,
Reinbek bei Hamburg, April 2013
Copyright © 2012 by Philip Oltermann
Copyright der deutschen Erstausgabe © 2013
by Rowohlt Verlag GmbH, Reinbek bei Hamburg
Umschlaggestaltung ZERO Werbeagentur, München
(Umschlagabbildungen: Martin O'Neill / début art ltd.)
Satz aus der DTL Dorian PostScript, InDesign,
bei Pinkuin Satz und Datentechnik, Berlin
Druck und Bindung CPI – Clausen & Bosse, Leck
Printed in Germany
ISBN 978 3 499 62523 7

Für meine Eltern

inhalt

Einleitung 9

eins Heinrich Heine
kann William Cobbett nicht beim
Schimpfen zuhören 25

zwei Christopher Isherwood hört
sich Marlene Dietrich an 53

drei Theodor Adorno
mag nicht mit A. J. Ayer den
Jitterbug tanzen 89

vier Kurt Schwitters
entdeckt am See von Grasmere
den Dadaismus wieder 121

fünf Der Käfer überholt
den Mini 146

sechs Freddie Frinton bringt den
Deutschen das Lachen bei 169

sieben Kevin Keegan
überholt Berti Vogts 194

acht Astrid Proll wäre lieber nicht
auf Joe Strummers T-Shirt **223**

Epilog **246**

>Quellen **263**
>Register **273**

Einleitung

«Du bist sehr schön,
but we haven't been introduced.»
Blur, «*Girls and Boys*»

Einen Augenblick lang wusste ich nicht, ob das leise Rauschen aus dem Fernseher kam oder von den Kohlensäurebläschen, die auf der Oberfläche meines Wasserglases zerplatzten. Es war der 26. Juni 1996. Deutschland spielte im Wembley-Stadion im EM-Halbfinale gegen England, und ich saß auf unserem blauen Wohnzimmersofa in Norderstedt. Links und rechts von mir saßen meine Eltern. Auf dem Tisch vor uns standen drei Gläser Selters. Vor ungefähr einer Minute hatte mein Vater mir erzählt, dass seine Firma ihm eine neue Stelle in ihrem Londoner Büro angeboten hätte und dass er sich entschieden habe, dieses Angebot anzunehmen. Meine Mutter und er würden sich in den nächsten Wochen nach einer Wohnung umschauen.

Ich war damals 15 Jahre alt. Es war klar, dass ich noch zu jung war, um in Norderstedt alleine zu wohnen, und schon zu alt, um bei meiner Oma einzuziehen.

«Schmoll jetzt nicht. Du bist doch sonst immer so vernünftig für dein Alter. Wir dachten, wir könnten das vielleicht wie Erwachsene besprechen …»

«Ich weiß ja, dass du hier so viele Freunde hast, aber …»

«Du kennst doch Lena aus der Elften, die hat auch ein Auslandsjahr in Amerika gemacht, und jetzt ist sie Klassenbeste ...»

«Wie wär's denn hiermit: Du gehst ein Jahr lang auf eine englische Schule, und wenn's dir nicht gefällt, kannst du nach einem Jahr wieder zurückkommen.»

Meine Eltern warteten immer noch auf eine Antwort von mir, als sich die Spieler am Mittelkreis versammelten. Am Bildschirmrand stand der Spielstand: 1:1.

Ich sollte vielleicht schon im Voraus erklären, dass ich mich als Kind nie besonders für Fußball begeistern konnte. Im Gegenteil: Seit der Grundschule war ich dem Kicker-Fanatismus meiner Mitschüler aktiv aus dem Weg gegangen. An diesem Abend aber sah ich diesen Sport plötzlich mit neuen Augen. England war schon früh durch den späteren Turnier-Torschützenkönig Alan Shearer in Führung gegangen, Deutschland gelang kaum zehn Minuten später der Ausgleich durch Kaiserslauterns Stefan Kuntz. Kuntz erzielte in der zweiten Hälfte auch fast den Siegtreffer für Deutschland, allerdings wurde sein Kopfballtor wegen eines angeblichen Fouls aberkannt. In der Nachspielzeit war wiederum England einem zweiten Treffer näher, als Paul Gascoigne vor dem leeren deutschen Tor den Ball nur um eine Zehenspitze verpasste. Da das Spiel nach 120 Minuten immer noch unentschieden stand, erklärte der Kommentator, würde es jetzt zu einem Elfmeterschießen kommen.

Mein Vater goss sich ein zweites Glas Wasser ein. Ich beäugte die Spieler am Mittelkreis etwas genauer. Die englische Mannschaft trug graue Trikots, die anscheinend mit Absicht gebleichten Jeansstoff imitierten. Auf ihren Mienen zeichnete sich Anspannung ab. Jedes Mal, wenn es ihnen gelang, den Ball in das gegnerische Tor zu schießen, verzerrten sich ihre Gesichtsausdrücke vor Erleichterung. Stuart Pearce, ein Verteidiger mit stechendem Blick und blondem Wuschelkopf, zwinkerte dem Publikum zu und zeigte seinen Fans so emphatisch den Daumen wie Arthur Fonzarelli in der Fernsehserie *Happy Days*. Der rundliche Paul Gascoigne mit den blond gefärbten Haaren machte eine noch merkwürdigere Bewegung, wobei er seine geballten Fäuste nach unten schnellen ließ und seine Brust stolz nach vorne schob.

Die Gesichter der deutschen Spieler verrieten weder übertriebene Freude noch unmäßige Sorge. Thomas Häßler traf links unten, Thomas Strunz hämmerte den Ball in den linken oberen Winkel, Stefan Kuntz platzierte seinen Schuss oben rechts, und sowohl bei Stefan Reuter als auch Christian Ziege segelte der Ball rechts an der Hand von David Seaman vorbei. Jeder Spieler vollzog seine Aufgabe mit allerhöchster Präzision und Konzentration, wie eine Gruppe von Wissenschaftlern, die unter Zeitdruck ein unglaublich wichtiges Experiment ausführten.

Als Nächstes war Gareth Southgate an der Reihe. War da wirklich ein Anflug von einem Runzeln auf seiner Stirn, als er sich den Ball auf dem Elfmeterpunkt zurechtlegte? «In diesem Team noch ein relativer Frischling», sagte Gerd Rubenbauer im Fernsehen. «Der sanfteste Abwehrspieler, den England hat», und, als Southgate anlief: «damit muss es jetzt vorbei sein». Köpke blockte Southgates Schuss souverän. Nun zeigte auch Rubenbauer langsam Nerven: «Und jetzt Möller! Andi Möller kann der Größte bei dieser Europameisterschaft sein, wenn er den versenkt!»

Eine kleine Erläuterung zur Person Andi Möllers. Andi Möller war ein schneller, dribbelstarker Mittelfeldspieler, der bei der deutschen Presse zu diesem Zeitpunkt besonders unbeliebt war und in der *Bild*-Zeitung nur «Heulsuse» genannt wurde, nachdem er einmal in einem Interview am Spielfeldrand geweint hatte. In den Achtzigern und Neunzigern spielte

Möller bei Eintracht Frankfurt, Juventus Turin, Borussia Dortmund und Schalke 04, und an diesem Abend führte er die deutsche Mannschaft als Kapitän aufs Feld. Möller hatte braune Locken und den Anflug einer Vokuhila-Tolle, ein Haarschnitt, der unter deutschen Fußballern auch dann noch große Beliebtheit genoss, als englische Kicker schon längst aerodynamische Kurzhaarfrisuren trugen. Am 26. Juni 1996, ungefähr um 22 Uhr, knallte Andi Möller im Wembley-Stadion einen Elfmeter – einen wuchtigen, unstoppbaren, perfekten Elfmeter – unter die Latte von David Seamans Tor. Durch Möllers Elfmeter flog England im eigenen Land aus dem Turnier, und Deutschland befand sich im Finale. Trotz all dem war ich weder entspannt noch glücklich. Der Grund dafür war Andi Möllers Torjubel.

Die Geschichte des Torjubels im internationalen Fußball ist ebenso seltsam wie kurz. Richtet man sich nach Fernsehbildern bis ca. 1990, so zeigten Torschützen ihre Freude höchstens dadurch, dass sie in ihre eigene Spielhälfte zurückliefen und ihre Mitspieler umarmten. Bei besonders dramatischen Treffern sprang ein Spieler vielleicht einmal in die Luft oder wirbelte seine Arme durch die Gegend. Wenn Kevin Keegan zum Beispiel ein Tor schoss, blieb er einfach auf einem Fleck stehen und stieß seine Fäuste so druckvoll in den Himmel, dass sich seine Wirbelsäule krümmte wie ein umgekehrtes C. Keegan jubelte nur für sich, nicht für die Leute, die um ihn herumstanden.

Im modernen Fußball ist das alles anders. Die Bewegung geht nach außen, nicht nach innen – in Richtung der Fanblöcke bei den Eckfahnen oder direkt zu den Kameras an der Seitenlinie. Dazu sind die Darbietungen oft auf selbstbewusste Weise theatralisch. So hatte Paul Gascoigne sein Tor im Gruppenspiel gegen Schottland bejubelt, indem er sich rücklings auf den Rasen warf und sich von seinen Mitspielern aus einer Plastikflasche Wasser in den Rachen spritzen ließ – ein zwinkernder Verweis auf die berüchtigten Trinkspiele, die angeblich im englischen Trainingscamp praktiziert wurden. So schwer man es sich vorstellen mag: Der deutsche Torjubel war noch viel, viel schlimmer.

Der Ball war noch nicht ganz zum Stillstand gekommen, als Andi Möller bereits nach rechts abdrehte, in Richtung des deutschen Blocks. Neben der Eckfahne blieb Möller abrupt stehen, blähte seine Brust auf und legte seine Hände so auf die Hüfte, dass die Ellenbogen jeweils zwei perfekte dreieckige Flügelchen bildeten. Andi Möller sah aus wie der eitelste Hahn auf dem Bauernhof. Es war der arroganteste, bizarrste Torjubel, den ein englisches Fernsehpublikum je gesehen hatte.

Ich wusste zu diesem Zeitpunkt weder, dass das englische Wort für «Hahn» ein genauso beliebtes Schimpfwort ist wie der Nachname von Stefan Kuntz. Trotzdem konnte ich mir gut vorstellen, dass in den Pubs auf der Insel an diesem Abend mit Schimpfwörtern nicht gegeizt wurde. Vor allem aber hatte ich das klamme Gefühl, dass Andi Möllers Torjubel die Anwohner Großbritanniens denkbar schlecht auf den Besuch der Familie Oltermann vorbereiten würde.

*

Ich frage mich manchmal, ob Deutschland in meiner eigenen Lebenszeit mit mehr Leidenschaft gehasst wurde als in den 1910ern oder 1940ern. Das hört sich vielleicht provokativ an, ist aber doch nur schlüssig. Nimmt man die Welt des Sports als eine Art Projektionsfläche, auf der Nationen ihren echten Gefühlen freien Lauf lassen können, so gibt es hier Indizien, die sich nur schwer ignorieren lassen. Die Ungarn hassten uns beim Fußball, weil wir angeblich gedopt waren, als wir sie im Finale von 1954 besiegten. Die Franzosen hassten uns, weil unser Torwart Harald «Toni» Schumacher bei der WM 1982 den Verteidiger Patrick Battiston mit einem Bodycheck fast ums Leben gebracht hätte. Als Battiston blutend und ohnmächtig am Boden lag und Millionen von Fernsehzuschauern um das Leben des Franzosen fürchteten, lehnte Schumacher an seinem Pfosten und kaute mit kaum versteckter Verachtung Kaugummi (sowieso waren es oft die Torhüter, denen es gelang, Erinnerungen an Deutschlands Ruf als «Madman of Europe» wachzurufen). Die Algerier hassten uns auch, nicht nur wegen unserer Torhüter, sondern weil wir sie 1982 mit einem abgekarteten 1:0 gegen Österreich aus der WM geworfen hatten. Die Argentinier hassten uns, weil wir im Finale von 1990 gegen sie gewonnen hatten. Bei den Spaniern wiederum war es etwas komplizierter, weil sie uns einerseits heimlich für unsere Erfolge beneideten, uns andererseits aber von Grund auf unsympathisch fanden (ich stieß einst auf eine alte Ausgabe von El País, in der ein Foto von zwei deutschen Fußballern mit der folgenden sachlichen Bildunterschrift versehen war: «Paul Breitner und Uli Stielike, zwei hässliche Deutsche»). Die Holländer? Die Holländer hassten uns unverhohlener als alle anderen. So sehr hassten sie uns, dass ein holländischer Nationalspieler seinem deutschen Gegenspieler in die Vokuhila-Frisur spuckte – nicht nur einmal, sondern gleich zweimal in einem Spiel. So sehr, dass ein holländischer Spieler nach einem Spiel im Jahre 1988 so tat, als würde er sich mit dem Trikot seines deutschen Gegenspielers den Hintern abwischen. Das logische Ergebnis dieses Trends: Mitte der Neunziger hasste man uns Deutsche auf der ganzen Welt. Für die Deutschen Sympathie zu spüren wäre in etwa so, als würde man weinen, wenn am Ende von Star Wars der Todesstern explodiert: eine nicht nur unwahrscheinliche Reaktion, sondern auch ganz und gar unnatürlich.

Was hielten die Engländer von uns? Fairerweise muss man

sagen, dass die Deutschen auf den Britischen Inseln anfänglich etwas zurückhaltender gehasst wurden als anderswo. Ein fast schon versöhnlicher Ton klang bei der ersten ernsten Fußballbegegnung der Nachkriegszeit an. Vor dem WM-Finale von 1966 in Wembley berichteten deutsche Zeitungen von der bemerkenswerten «Fair-Play-Haltung» der englischen Fans. Das Ausbuhen der deutschen Nationalhymne, welches später zum Repertoire der deutsch-englischen Fußballrivalität gehören sollte, gab es 1966 noch nicht. Nur die *Daily Mail* konnte sich einen Seitenhieb nicht verkneifen: «Falls Deutschland uns heute in Wembley in unserem Nationalsport schlägt, können wir sie immer noch daran erinnern, dass wir sie erst vor kurzer Zeit zweimal in ihrem geschlagen haben.» Vierzig Jahre später war der Ton in der englischen Presse weniger freundlich. Die Titelseite des *Daily Mirror* ist weit bekannt: «Achtung! Surrender!» stand neben einer Fotomontage von Paul Gascoigne und Stuart Pearce mit Stahlhelmen. Der *Daily Star* gab «Watch out Krauts. England are going to bomb you to bits» zum Besten, der *Sun* fiel «Let's Blitz Fritz» ein.

Deutsche erschrecken leicht vor englischen Schlagzeilen. Es herrscht hier ein direkter Ton und egalitärer Ethos, nach dem man in der deutschen Presse lange suchen muss: Jeder wird angemotzt, ob Freund, ob Feind, ob reich, ob arm. Aber vielleicht sind das Ausreden. Und dafür, was nach dem EM-Finale von 1996 geschah, reichen Ausreden leider nicht. In der Nacht vom 26. auf den 27. Juni 1996 wurden auf den Britischen Inseln über 200 Menschen wegen antideutscher Gewalttaten festgenommen. In London wurden sechs Leute während Unruhen am Trafalgar Square festgenommen; einem Mann Mitte dreißig wurde dabei mit einer abgebrochenen Flasche der Hals aufgeschlitzt. In dem Hafenort Exmouth in der Grafschaft Devon wurde ein Volkswagen von einer Gruppe Jugendlicher demoliert, die man vorher rufen hörte:

«Guckt mal, ein deutsches Auto.» In Birmingham wurden die Schaufenster eines BMW-Händlers zerschmettert. In einem Park in Hove, Sussex, wurde ein Jugendlicher fünfmal ins Gesicht und in den Hals gestochen, weil er deutsch aussah. Der Junge war ungefähr so alt wie ich. Wie sich später herausstellte, war er in Wirklichkeit Russe.

Es wäre einfach, die Schuld für diese Gewalttaten dem Fußball zuzuschreiben, mit seiner explosiven Mischung aus Gruppenzwang, Endorphinen und Enttäuschung. In Wirklichkeit hatte die Verschlechterung in den deutsch-englischen Beziehungen in den Neunzigern aber wenig mit Sport zu tun. Auch zwischen Männern und Frauen in grauen Anzügen herrschte plötzlich Funkstille. Dass West- und Ostdeutschland seit 1990 wieder ein Land waren, erklärt diesen Stimmungswechsel zumindest teilweise. Was auf dem Festland und vor allem in Osteuropa größtenteils begrüßt wurde, beobachtete man von Westminster aus mit Skepsis. Am 23. September 1989, nur wenige Wochen bevor Ossis und Wessis auf der bröckelnden Berliner Mauer tanzten, sagte Premierministerin Margaret Thatcher zu Michail Gorbatschow: «Großbritannien und Westeuropa haben kein Interesse an der Wiedervereinigung Deutschlands.» Dass Thatcher aus ihrer Deutschlandskepsis keinen Hehl machte, wirkte sich wiederum unvorteilhaft auf das britische Image in Deutschland aus. Großbritanniens Botschafter in Berlin meldete um diese Zeit, dass sein Heimatland in Deutschland nicht nur als das negativste der drei ehemaligen alliierten Westmächte betrachtet wurde, sondern auch als das Land, dessen Meinung man am wenigsten Bedeutung schenkte. Der Ruf der Britischen Inseln, sagte er seinen Kollegen im Regierungsviertel Whitehall am 22. Februar 1990, «war so tief gesunken wie seit Jahren nicht mehr».

Was den Ruf Deutschlands in Großbritannien anging, so ging es auch hier beängstigend steil bergab. In der Presse war man sich einig, dass die Schuld für den britischen Rauswurf aus dem europäischen Wechselkursmechanismus am «Schwarzen Mittwoch» vom 16. September 1992 hauptsächlich bei der deutschen Bundesbank lag. Hatten sich 1977 nur 23 Prozent der Bevölkerung Sorgen über ein Wiederaufleben des deutschen Nationalsozialismus gemacht, so fürchteten sich 1992 einer Umfrage nach ganze 53 Prozent vor deutscher Vorherrschaft. Genauer gesagt hatten viele Briten besonders Angst davor, dass die Nazis ihren Racheplan hinter der Fahne der Europäischen Union verbergen wollten – eine Meinung, die im Laufe der nächsten zehn Jahre auf der Insel immer salonfähiger wurde. Nach Experten, die solche Thesen bekräftigten, brauchte man nicht lange zu suchen. An einem Wochenende im März 1990 lud Margaret Thatcher die führenden Historiker der Nation auf den Landsitz von Chequers ein, um deren Meinungen über Deutschlands Geist und Geschichte zu hören. Einem Memorandum nach, welches später der Presse zugespielt wurde, diskutierte man auf dem Landsitz typisch deutsche Eigenschaften wie «neurotische Angst, Aggressivität, Rechthaberei, Schikaniererei, Egotismus, Minderwertigkeitskomplexe und Sentimentalität». Im Juli 1990 schrieb der damalige Staatssekretär für Handel und Industrie, Nicholas Ridley, einen Artikel für die Politikzeitschrift *The Spectator*, in welchem er die Währungsunion als «deutsches Schwindelgeschäft» bezeichnete, mit dem die «deutsche Übernahme von ganz Europa» vorbereitet werden sollte. Im Jahr 1995 malte der Historiker Andrew Roberts in seinem Roman *The Aachen Memorandum* eine düstere Zukunftsvision aus: Im Europa von 2045 werden die «United States of Europe» von deutschen Bürokraten kontrolliert, Margaret Thatcher ist ermordet worden, die Waterloo Station wurde in «Maastricht Station» umbenannt, und der Staat verfolgt Frauen, die sich nicht ihre Achseln rasieren. Am 26. Juni 1996, dem Tag des

EM-Halbfinales in Wembley, konnte man in der *Times* einen Gastbeitrag des konservativen Ministers John Redwood lesen, der die Briten dazu ermutigte, «das Problem Deutschland neu zu überdenken», nachdem Helmut Kohl das Vereinigte Königreich gedrängt hatte, eine aktive Rolle in der EU zu spielen. Sein Fazit hätte sich sicherlich nicht schlecht auf einem jener Poster gemacht, mit denen im Ersten Weltkrieg für Kriegsanleihen geworben wurde: «Tretet den Deutschen mutig entgegen, sowohl auf dem Spielfeld als auch im Leben.» Leider gingen die Deutschen in den Neunzigern meistens als Sieger vom Platz – nicht nur in Wembley, sondern auch in Wimbledon: Zwischen 1985 und 1996 gab es nicht weniger als 14 deutsche Endspielsieger bei dem traditionellsten aller Tennisturniere. Großbritannien hingegen ging leer aus. Die Premierministerin irritierte dies auf zunehmend spürbare Weise: «Falls Boris Becker dieses Jahr wieder gewinnt», flüsterte ein Kabinettsminister einem Journalisten im Jahr 1990 zu, «wird Margaret in der Sitzung morgen unerträglich sein.»

War Maggie Thatcher also daran schuld, dass wir Deutschen so verhasst waren? Es wäre schön, wenn alles nur so einfach wäre. Das Problem mit Deutschland in den Neunzigern war schließlich, dass uns nicht nur unsere europäischen Nachbarn nicht mochten. Der amerikanische Dichter C. K. Williams beschrieb es in der *Zeit* einmal so: Aus Deutschland wurde im Laufe des zwanzigsten Jahrhunderts eine «symbolische Nation», eine leere Fläche, auf die jeder seinen Frust mit der ganzen Welt projizieren konnte. Deutschland war ein so perfekter symbolischer Bösewicht, dass sogar wir Deutschen selbst damit angefangen hatten, Deutschland zu hassen. Als ich vor rund zwanzig Jahren das erste Mal in Berlin war, fiel mir in der Nähe vom Bahnhof Warschauer Straße ein Graffito mit dem Schriftzug «Deutschland verrecke» auf. Jedes Mal, wenn ich seitdem in Berlin gewesen bin, habe ich diese

Worte wieder gesehen: Entweder hat keiner den Willen, sie wegzuwischen, oder es gibt genug Willige, die sie immer wieder neu an die Wand sprayen. Anfang der Neunziger war es nicht nur Maggie Thatcher, die sich Sorgen um die Wiederkehr rechtsradikalen Gedankenguts machte, sondern auch wir Deutschen selbst. Nach den Anschlägen von Rostock und Mölln waren wir uns plötzlich nicht mehr so sicher, dass es den «bösen Deutschen» wirklich nicht gab. Ich erinnere mich, wie meine Eltern, meine Geschwister und ich bei der Lichterkette in Hamburg teilnahmen und wie dort an der Alster Aufkleber verteilt wurden, auf denen stand: «Ausländer, lasst uns nicht mit den Deutschen alleine.» Denn in dem Jahrzehnt, in dem wir Deutschen mehr verhasst waren als je zuvor, wollten wir auch mehr als je zuvor geliebt werden.

Natürlich gab es 1996 finanzielle Gründe, weshalb mein Vater das Angebot aus London angenommen hatte. Aber rückblickend frage ich mich, ob die echten Beweggründe eher psychologischer Natur waren. Mehr als jede andere Stadt in Europa erschien London uns damals als ein Ort, in dem Nationalität nur Nebensache war. London, das versprach Multikulturalismus, Weltoffenheit und persönliche Freiheit. Ich kann mir auch heute kaum so etwas wie «Deutschland verrecke» in London vorstellen. «I'll dance on Thatcher's grave» oder auch «Fuck off Blair»: Das ist durchaus möglich. Sogar «Shoot the Queen» ist vorstellbar. Aber «Die, Great Britain, die!»? «Fuck England»? Das ganze Land mit seinen Gegensätzen? Cream Teas *und* Fry-Up? Elgar *und* The Smiths? Enid Blyton *und* Harold Pinter? Der britische Nationalcharakter lässt sich gerade deshalb so schwer zusammenfassen, weil er so breit gefächert ist. Sowohl offizielle als auch alternative Vorstellungen dessen, was «typisch britisch» ist, passen in dieses Spektrum. Es gibt so viele verschiedene Versionen von Großbritannien – das konservative Großbritannien Middle Englands, das romantische Großbritannien der walisischen Täler, das rustikale Großbritannien der schottischen Highlands, das multikulturelle Großbritannien Londons, dass sich jeder Brite schwertun würde, seine patriotischen Gefühle komplett zu unterdrücken.

Meine Eltern und ich waren nicht die einzigen Deutschen, die 1996 mit einem Transfer auf die Insel liebäugelten. 1997 stieg die Zahl derer, die im Vereinigten Königreich wohnten, aber in Deutschland geboren waren, auf 227 900: Deutsche bildeten die drittgrößte im Ausland geborene Bevölkerungsgruppe, weit vor den Pakistanis, Polen, Jamaikanern, Ghanaern, Australiern und Amerikanern. (Eine Fußnote dazu: Ein unspezifizierter Teil dieser Gruppe besteht aus Briten, deren Eltern durch die Armee in Deutschland stationiert waren.) Wir waren drei dieser 227 900. Denn nachdem Andi Möller seinen Elfmeter versenkt, Paul Gascoigne den weinenden Gareth Southgate umarmt und Hunderte englischer Fans ihre Pubs auf der Suche nach deutschen Autos verlassen hatten, beantwortete ich schließlich die Frage, die meine Eltern mir gestellt hatten. Ja, ich wollte es mit England versuchen. Aber wenn es mir nicht gefiel, dann durfte ich nach einem Jahr wieder zurück. So oder gar nicht. Wir schüttelten Hände und stießen mit unseren Gläsern Selters an.

*

Nachdem man die Engländer im Elfmeterschießen abgefertigt hatte, gewann die deutsche Nationalmannschaft auch das Finale gegen Tschechien. Nach dem Schlusspfiff ging Spielführer Jürgen Klinsmann zur «Royal Box» auf der Tribüne und nahm den Pokal von Queen Elizabeth persönlich in Empfang. Mir schien dies ein vielversprechendes Zeichen zu sein, denn Klinsmann – ehemaliger Stürmer der Tottenham Hotspurs und der erste ausländische «Spieler des Jahres» in der Premier League – verkörperte ein anderes, weniger ernstes Deutschland. Bei seiner ersten Londoner Pressekonferenz hatte Klinsmann eine Taucherbrille getragen, eine ironische Hommage an seinen Ruf als «Diver» oder Schwalbenkönig. Ganz sicher, ob meine neuen Mitschüler diesen feinen Unterschied bemerken würden, war ich mir trotzdem nicht. Wenn mein Lehrer den deutschen Neuankömmling vorstellte, würden meine Klassenkameraden nicht automatisch an Andi Möllers arrogante Gockelpose denken?

Man sagt den Deutschen nach, sie wären in sozialen Situationen oft unterkühlt und unangenehm direkt. In Wirklichkeit sehnt sich der Deutsche permanent nach menschlicher Nähe, ob beim obsessiven Hang zum Händeschütteln oder dem albernen Bestehen aufs Sich-in-die-Augen-Gucken beim Anstoßen. Im Vergleich zu den Briten ist die deutsche Vorstellung von Freundschaft fast schon unverschämt romantisch. Der deutsche «Freund» ist mehr als der *mate*, *pal* oder *chum*: Freundschaft ist eine ideologische Kategorie, ein «heiliges deutsches Konzept», wie der englische Schriftsteller Christopher Isherwood es einmal beschrieb. «Ein Freund, ein guter Freund, das ist das Schönste, was es gibt auf der Welt», besagt ein beliebtes Lied aus den dreißiger Jahren. Der deutsche Freundschaftskult steht nicht nur hinter dem ewigen Erfolg von Karl Mays Blutsbrüderschaftsromanen, sondern auch der Wertschätzung «deutscher Tugenden» im Fußball. Während das englische «Fair Play»-Ethos vorschreibt, dass ein jeder Spieler auf dem Platz jedem anderen Spieler die gleiche Menge Respekt gebühren soll, schwebt den Deutschen das Ideal der «Mannschaft» vor, einer eng geschnürten emotionalen Einheit, in der aus vielen einer wird. «Elf Freunde müsst ihr sein, wenn ihr Siege wollt erringen» steht auf der Bundesliga-Meisterschale. Ich war in dieser Hinsicht zweifellos typisch deutsch. Wenn ich über unseren Umzug nach England nachdachte, kam ich an einem Gedanken nicht vorbei: Würde ich in London Freunde finden?

Auch die folgende Geschichte sagt etwas über deutsche Freundschaftsromantik aus. Man sagt, kurze Zeit vor dem Mauerfall habe der deutsche Bundeskanzler die britische Premierministerin in seine Lieblingskneipe in Rheinland-Pfalz eingeladen. Helmut Kohl war es offensichtlich wichtig, seine Beziehung zur für ihre Streitlustigkeit berühmten «Iron Lady» aufzubessern. Da persönlich ausgewählte Geschenke bei vergangenen Staatstreffen keinen besonderen Eindruck hinterlassen hatten, entschloss sich Kohl, Thatcher diesmal eine exklusive Führung durch die Geheimnisse deutscher Kochkunst zu schenken. Die beiden Staatshäupter setzten sich zu Tisch und entfalteten ihre Servietten. Kurz vor dem Hauptgericht fragte Thatcher provozierend, ob es sich bei der Serviette vielleicht in Wirklichkeit um eine weiße Fahne handele. Als das Essen serviert wurde, verstummte Thatcher. Kohl hatte sich für einen deutschen Klassiker entschieden, der seinem Gegenüber lange in Erinnerung bleiben sollte: In Innereien gewickeltes Schweinefleisch, Brät und gedünstete Kartoffeln, mit einer Portion Karotten und Sauerkraut als Beilage – Saumagen, das Leibgericht des Kanzlers. Thatchers Berater Charles Powell erinnerte sich später daran, dass die Premierministerin das Essen so lange mit ihrem Besteck auf dem Teller herumschob, bis es wenigstens so aussah, als hätte sie ein Paar Bissen verzehrt.

Direkt nach dem gemeinsamen Mahl gab es eine Führung durch den Speyerer Dom. Für den deutschen Kanzler hätte es zu dieser Gelegenheit keinen symbolischeren Ort geben können, lagen doch in den Katakomben der eindrucksvollen romanischen Kirche die Gebeine der römisch-deutschen Kaiser, jener Pioniere europäischer Vereinigung. Während Thatcher durch die Kathedrale wanderte, zog Kohl Powell plötzlich hinter eine Säule und sagte: «Jetzt, wo sie mich hier in meiner Heimat gesehen hat, mitten im Herzen von Europa, so nah an Frankreich, wird sie doch sicherlich bald merken, dass ich weniger Deutscher bin als Europäer.» Kurz später verabschiedeten sich die beiden Staatshäupter. Thatchers Auto fuhr zum Frankfurter Flughafen, wo die Iron Lady in ihren Charterflug einstieg, sich in ihren Sitz fallen ließ und ihren Berater anguckte: «Charles, dieser Mann ist *so* deutsch!»

*

Ich mag diese Geschichte deshalb so gerne, weil sie die diversen komplizierten Faktoren andeutet, die ins Spiel kommen, wenn sich Menschen mit unterschiedlichen kulturellen Hintergründen treffen. Für Kohl war die Darbietung seines Lieblingsessens so etwas wie ein Freundschaftsangebot, eine unterwürfige Geste. In Shakespeares *Othello* gibt es eine Stelle, an der der «Mohr von Venedig» dem Edelmann Brabantio gesteht: «Ich bin von rauhem Wort, / Und schlecht begabt mit milder Friedensrede.» Dies sind meine Schwächen, zeig mir deine: Das war auch die Geste hinter dem Saumagen. Für Thatcher wiederum war diese Kalorienbombe einfach ein Symbol für Deutschlands monsterhaften Appetit. Wer weiß, vielleicht wollte dieser Riese ja Großbritannien zum Nachtisch vernaschen.

Anekdoten über Begegnungen dieser Art faszinieren mich, seit ich in England wohne. Durch sie entsteht ein Bild deutsch-englischer Beziehungen, das nicht nur nuancierter ist, als Umfragen oder Statistiken es jemals sein können, sondern auch ehrlicher. Wenn sich zwei Menschen verschiedener Herkunft treffen, ist das immer auch ein Test für Klischees und Stereotype, die wir mit diesen Ländern assoziieren. Manchmal entpuppen sich diese Klischees als eben das: antiquierte Vorurteile, die eher auf Filmen und Büchern basieren als auf der Wirklichkeit. Manchmal, wie es bei Kohl und Thatcher der Fall war oder bei England–Deutschland in Wembley, bestätigen und verhärten sich diese Vorurteile nur.

In diesem Buch will ich anhand einer Reihe von historischen Begegnungen erforschen, was es heißt, deutsch oder englisch zu sein. Manche dieser Begegnungen sind öffentliche Angelegenheiten, also Staatsbesuche oder Veranstaltungen vor großem Publikum. Andere sind weniger spektakulär: Zufälle, Menschen, die in den Fluren der Geschichte aneinander vorbeistreifen, Begegnungen, die hätten sein sollen, aber nie stattfanden. Einige sind erfolgreich, andere verlaufen katastrophal. Einige von ihnen bedeuten etwas, andere eher nicht. Nur wenige setzen sich direkt mit den zwei Weltkriegen auseinander. Der Grund dafür ist einfach. Im dunkelsten Kapitel in Europas Geschichte wurden viel mehr intime Kontakte gekappt als geknüpft. Dabei war der Austausch von Ideen, Waren und Menschen zwischen den beiden Ländern davor und danach viel spannender.

eins

**Heinrich Heine kann
William Cobbett nicht beim
Schimpfen zuhören**

Ich kann mich nicht besonders gut an unsere Ankunft in England erinnern. Ich weiß zum Beispiel nicht mehr, ob wir an einem Morgen ankamen oder einem Abend, ob es regnete oder ob es sonnig war, kalt oder warm, ob wir einen Zug vom Flughafen in die Stadt nahmen oder uns gleich in ein Taxi setzten. Ich weiß allerdings noch, dass ich an diesem Tag schlechte Laune hatte und dass der Tag unserer Ankunft ein Sonntag war. Eine Kollegin meines Vaters hatte uns zu einer kleinen Begrüßungsfeier bei sich zu Hause eingeladen, und als sie uns die Tür öffnete, sagte sie, dass das «Sunday Roast» schon fast fertig sei. Sie untermalte die Worte «Sunday Roast» mit einer theatralischen Geste, als wäre sie ein Diener, der den Deckel einer silbernen Servierschüssel hob. Der englische Sonntagsbraten, wollte diese Geste sagen, war keine normale Mahlzeit.

Nachdem wir uns an den Esszimmertisch gesetzt hatten, versuchten meine Eltern mit ihrem gebrochenen Englisch eine Unterhaltung anzukurbeln. Ich saß still auf meinem Platz und beäugte kritisch das, was sich nach und nach auf der Tischplatte häufte. Der «Sunday Roast» sah in etwa so aus: drei dünne, gargekochte Scheiben Rindfleisch, vier Brokkolistängel und acht Bratkartoffeln. Alles lag kraftlos übereinandergetürmt wie müde Wanderer nach einer langen Pilgerfahrt. Fleisch und Gemüse siechten in einer Lache wässrig-brauner Soße. Unsere Gastgeber nachahmend, hatten wir jeweils einen Esslöffel grellgelben Senf und weißen Meerrettich auf die rechte und linke Tellerseite geschaufelt. Das direkte Vermischen dieser Pasten (man nannte sie «Condiments») mit dem Hauptgericht war allerdings keine gute Idee, wie mein Vater durch Selbstversuch am eigenen Leib herausfand. Als er endlich aufhörte zu husten, tränten seine blutunterlaufenen Augen. Paradoxerweise bedeutete die Schärfe der Condiments nicht automatisch, dass das Gericht an sich besonders würzig war. Im Gegenteil war es eher so, als würde der Sonntagsbraten umso milder schmecken, desto tiefer wir uns in sein Inneres vorarbeiteten. Ganze fünf Minuten nachdem der Tisch abgeräumt war, kaute ich noch unsicher auf einem faserigen Bissen Fleisch herum, bevor ich mich endlich zu schlucken traute. Vielleicht war dies kein Zufall, denn unser Koch hatte anscheinend weder Anstalten gemacht, die natürlichen Säfte des Fleisches durch Anbraten zu konservieren, noch, den ursprünglichen Biss des Gemüses festzuhalten. Die englische Soße, «Gravy» genannt, war weniger Soße als Wasser – ganz so, als ob man hier versucht hatte, den Geschmack unseres Mahls bis in die Unkenntlichkeit zu verdünnen. Das künstlerische Äquivalent des Sunday Roast wäre ein Aquarell in Graubraun oder eine Sonate auf einem ausgestöpselten Synthesizer.

Unseren Gastgebern schien dies nichts auszumachen. «Yummy yummy in my tummy», sagte der Sohn der Familie, nachdem er sich die erste Gabelvoll in den Mund gestopft hatte. Wie ich den Jungen beim Schaufeln beobachtete, fiel mir auf, dass seine Haut seltsam blutarm und schwammig war. War dies die Wirkung einer langjährigen englischen Diät? Ich wandte mich dem Vater der Familie zu. Auch hier war der korrodierende Effekt der einheimischen Küche ganz offensichtlich. Der Mann hatte eine rote, scheinbar entzündete Nase, eine Halbglatze und schiefe gelbe Zähne. Plötzlich bemerkte ich auch die merkwürdigen Tischmanieren der Engländer. In Deutschland benutzten wir unsere Gabel in der linken Hand wie eine Kehrschaufel, auf die wir das Essen mit dem Messer in der rechten schoben. Die Engländer aber benutzten die Gabel als einen Spieß, auf dem sie mit ihrem Messer einen Mini-Schaschlik aus Roastbeef, Kartoffel und Brokkoli bauten. Man aß mit Wut im Bauch und anscheinend ohne jegliche Freude am Verzehrungsvorgang. Jeder Bissen wurde mit einem Schluck Flüssigkeit heruntergespült, als wäre der Geschmack sonst unerträglich. Dabei handelte es sich nicht einmal um Apfelschorle oder Spezi, sondern um ein Getränk, welches mir den englischen Nationalcharakter symbolisch auf den Punkt zu bringen schien: ein lauwarmes Glas Wasser.

Deutsche erzählen gerne Horrorgeschichten über englisches Essen. Macht sich eine englische Boulevardzeitung einmal über «typisch deutsche» Eigenschaften lustig, spielt man hierzulande gerne das Opfer. Geht es aber umgekehrt um die Kochkünste der Briten, wird fröhlich in die Klischeekiste gegriffen. Bei der Vorbereitung auf meinen Schulwechsel war ich so manch einem Schauermärchen über den Weg gelaufen. In der Literatur über Schüleraustauschprogramme las man Geschichte von wächsernen Kartoffeln und schleimigen Bohnen, von gefüllten Schafsmägen («Haggis») und frittierten Mars-Riegeln im Land der Schotten. Manch einer hatte Erfahrungen mit «Chicken Kievs», «Pork Scratchings» oder «Turkey Twizzlers» gemacht und die Eltern um die Zusendung von Vollkornbrot, Kohlrabi und Lakritze angebettelt. Schon Friedrich Engels berichtete ca. 1840 mit Entsetzen über die katastrophalen Zustände in englischen Küchen: In den Arbeitervierteln von Manchester gab es zum Abendbrot gammelige Kartoffeln, verwelktes Gemüse und ranzigen Schinken. Essen aus der Dose, in Deutschland eher ein Symbol der sparsamen Nachkriegsjahre, genoss auf der Insel viel früher Beliebtheit. Bereits vor dem Ersten Weltkrieg war Großbritannien der weltweit eifrigste Dosenimporteur: Bis zu 60 Prozent der Nahrungsmittel kamen aus der Konserve. In der zweiten Hälfte des Jahrhunderts änderte sich wenig. Großbritannien, die Arbeiternation, aß auch so: «Ready Meals» von Marks & Spencer oder «Takeaways» vom Inder um die Ecke bestimmten die Hauptmahlzeiten. Für «Slow Food» hatte man keine Zeit.

Sich als Deutscher darüber lustig zu machen mag etwas naiv erscheinen, ist der internationale Ruf der deutschen Küche doch kaum positiver. Handelt es sich hier nicht schlicht um zwei nordeuropäische Länder, denen es einfach an Sonne fehlt, um in der Küche mit wirklich spannenden Zutaten zaubern zu können? Und trotzdem: Als ich auf meinem Sonntagsbraten kaute, sehnte ich mich nach würzigen deutschen Bratwürsten. Egal ob majorangespickte Nürnberger, Kümmel-und-Knoblauch-infizierte Thüringer oder Weißwurst mit Petersilie und Ingwer: Hauptsache Geschmack. Es mögen vielleicht britische Fregatten gewesen sein, die Currypulver im 18. Jahrhundert nach Europa brachten, doch anscheinend hatte man nur in Deutschland den Mut, diese feurige Würze zur Erfindung der Currywurst zu benutzen. Zu Hause in Hamburg gab es solch waghalsige Kombination wie Birnen, Bohnen und Speck, aber hier? Als Kind erzählte mein Großvater mir einmal, dass es sich bei der Hamburger Spezialität Labskaus um ein echtes Produkt deutsch-englischer Freundschaft handelte: So war Labskaus angeblich ein traditionelles Matrosenmahl («lobscouse»), welches ursprünglich aus der Hafenstadt Liverpool stammte, dessen Anwohner auch «Scousers» genannt wurde. Der Vergleich zwischen deutschem und englischem Labskaus aber entpuppte sich leider als vernichtend: Was in deutschen

Küchen eine gewagte Fusion aus Pökelfleisch, roter Beete und Spiegelei versprach, war auf der britischen Insel ein Brei aus unkenntlichen Zutaten, der ähnlich unbefriedigend schmeckte wie der sagenumworbene Sunday Roast.

*

Meine Eltern wollten davon nichts hören. Während wir nach dem Abendessen zurück in unser Hotel fuhren, schwärmten sie in den überschwänglichsten Tönen von den knusprigen englischen Bratkartoffeln und dieser «fabelhaften» Meerrettichsoße. Kritik am Sonntagsbraten war schlicht verboten.

In Wirklichkeit hatten meine Eltern sich schon Jahre vor unserem Umzug heimlich in England verliebt. Ein kleiner Kratzer an der Oberfläche reichte, um die Erkrankung wiederzuerwecken und die anglophile Grundhaltung in ein anglomanisches Fieber zu steigern. Innerhalb der nächsten paar Tage stapelten sich Salt-and-Vinegar-Chipstüten und Dosen mit englischem Bitter in unserem Hotelzimmer. Zum Frühstück schleppten meine Eltern mich in Cafés, in denen «Cooked Breakfast» serviert wurde, welches natürlich nie gekocht, sondern in heißem Fett gebraten war: Schinken, Würste, Blutwurst, Spiegelei und Bohnen in Tomatensoße. Jedes authentische englische Gericht mussten meine Eltern zumindest einmal probieren, egal ob «Shepherds Pie», «Fish and Chips» oder «Toad in the Hole», eine Art Lasagne mit Würsten und Kartoffelbrei anstelle von Pasta und Hack.

Vielleicht war es gar nicht das Essen an sich, was mich irritierte, sondern der Aufwand, den meine Eltern dabei betrieben. Dieses genießerische Gehabe – die geschlossenen Augen beim Biss in eine Scheibe Toast mit Marmite-Aufstrich, Ausrufe wie «Delicious!» und «How tasty» – kam mir aufgesetzt vor. Was war aus meiner sonst so norddeutsch-unterkühlten

Familie geworden? Aber vielleicht war auch einfach nur die Nähe zu meinen Eltern das Problem. In Norderstedt war ich das jüngste von vier Geschwistern gewesen – jetzt war ich plötzlich mit meiner Mutter und meinem Vater allein. Unser Plan war, uns für zwei Monate eine Wohnung zu mieten, während wir uns nach einer neuen Schule umschauten. Das erstbeste Apartment, das mein Vater finden konnte, lag in Mortlake, einem vorörtlichen Stadtteil in einem toten Winkel zwischen der A205 und der Themse: ein für London unerwartet langweiliger Stadtteil, dessen größte Attraktion eine Budweiser-Brauerei und ein verwitterter viktorianischer Friedhof waren. Trotzdem waren die Mietpreise astronomisch hoch: Die beste Wohnung, die meine Eltern sich leisten konnten, war winzig und roch wie das Schlafzimmer meiner Oma.

Meine Mutter und mein Vater wuchsen in benachbarten Dörfern im niedersächsischen Alten Land auf. Trotz der geographischen Nähe ihrer Geburtsstätten hätten ihre Persönlichkeiten unterschiedlicher nicht sein können. Meine Mutter wuchs in einer Großfamilie mit sieben Geschwistern auf und schloss eine Ausbildung zur Erzieherin ab, bevor sie ihr erstes Kind bekam: Im Umgang mit großen Gruppen hatte sie ein Feingefühl, das meinem Vater komplett abging. Mein Großvater war einst Elblotse und deshalb eher einzelgängerisch veranlagt: Sein Sohn war zwar der erste Oltermann in der Familiengeschichte, der nicht zur See fahren wollte und zur Universität ging, der sture Sinn für den richtigen Weg durchs Fahrwasser vererbte sich trotzdem: Gerd Oltermann wusste immer genau, wie er von A nach B kommen wollte, ob bei einer Dünenwanderung im Dänemarkurlaub oder bei Vertragsverhandlungen mit seiner Firma. In London vereinigten sich die unterschiedlichen Persönlichkeiten meiner Eltern zu einer merkwürdigen, mir bis dahin unbekannten Mischung: einer toleranten Haltung gegenüber englischem Spinnertum, gekoppelt mit einer beharrlichen Entschlossenheit, dieses selbe Spinnertum zur Grundlage einer neuen Lebensphilosophie zu machen.

Ich stand zu diesem Zeitpunkt kurz vor meinem siebzehnten Geburtstag und war mir ziemlich sicher, worauf ich im Leben Wert legte: coole Freunde, coole Musik, coole Kleidung und Mädchen, die ich mit meinen coolen Freunden, cooler Kleidung und coolem Musikgeschmack beeindrucken konnte. Mit 15 hatte ich schon angefangen, wochenendenlang mit Freunden durch das Hamburger Schanzenviertel zu streifen; über die Ferien verbrachte man ganze Wochen bei Mitschülern, deren Eltern gerade verreist waren. Jetzt aber fand ich mich plötzlich auf engstem Raum mit meinen Eltern wieder – ohne Brüder und Schwestern, an denen wir unsere Früste ablassen könnten. Dass der Hausfrieden irgendwann bröckeln würde, schien nur eine Frage der Zeit zu sein.

Nach unserer abenteuerlichen Begegnung mit dem englischen Sonntagsbraten entschlossen wir uns, am nächsten Tag auf Nummer sicher zu gehen. Ein paar Schritte von unserem Apartment fanden wir ein winziges indisches Restaurant, in dem uns ein runzeliger kleiner Kellner eine halbe Stunde lang gekünstelt ignorierte, bevor er endlich unsere Bestellung aufnahm. Während mein Vater sich auf eine ausgedehnte Diskussion über die Aussprache von «Vindaloo» und «Jarlfrezi» einließ, rollte ich mit den Augen und drehte mich gelangweilt in Richtung Wand ab. In den indischen Restaurants Londons sind die Wände oft verspiegelt, damit die Räume größer – und voller – erscheinen, als sie es wirklich sind. Vor mir sah ich ein jämmerliches Bild: ein deutsches Paar Mitte fünfzig, ein ältlicher Kellner aus Bangladesch und ein schlaksiger Teenager mit einer pubertären Miesepetermiene.

*

Was Nordeuropa betrifft, so war die Englandliebe meiner Eltern kaum außergewöhnlich. Besonders in der Hansestadt Hamburg hat man in der Vergangenheit keinen Hehl aus seiner Verehrung für die Insel in der Nordsee gemacht. So fühlte man hier schon länger eine tiefere Verbundenheit zum englischen Handelswesen als zu der bäuerlichen (und später industriellen) Selbstsicherheit Deutschlands. Nachdem die Stadt im 13. Jahrhundert zum Gründungsmitglied des Hanseatischen Verbundes wurde, entwickelte Hamburg enge kommerzielle Beziehungen mit Brügge, Amsterdam und eben London. Als sich Englands Royal Navy im Laufe des 17. Jahrhunderts zur Weltmacht aufschwang, lugten Hamburgs Kaufmänner neidisch über den Ärmelkanal. Während der Napoleonischen Kriege verscherzte es sich Hamburg mit dem französischen Kaiser, indem es seinen probritischen Instinkten traute und eine Gruppe irischer Rebellen, die in der Stadt Unterkunft suchten, prompt an die englische Krone aushändigte. Als die Grande Armée 1806 in Hamburg einmarschierte, verbrannte sie britische Güter, verbot jeglichen Handel mit dem Erzfeind Frankreichs und brachte die Hansestadt damit an den Rand des Bankrotts. Erst nach Napoleons Niederlage, als britische Kaufmänner wieder in Hamburgs Hafen einkehren konnten, gelang der Stadt erneut der Aufschwung zum Wohlstand.

Solche Erinnerungen lassen sich nicht leicht löschen: Wenn man in meiner Kindheit über England oder Großbritannien redete, dann normalerweise in einem ehrfürchtigen Ton, als handelte es sich hier nicht nur um Nachbarn, sondern um Vorfahren. Mit dem Unterschied zwischen England und «Great Britain» nahm man es dabei meistens nicht so genau. Freilich begeisterte England tendenziell eher die konservative Seite der Deutschen: Man sprach vom «guten englischen Stil» oder der «feinen englischen Art». Großbritannien sprach eher den rebellischen Geist in der deutschen Psyche an, was sich zum Beispiel am begeisterten Konsum britischer Popkultur ausdrückte: In der deutschen Ausgabe des *Rolling Stone*, die ich jede Woche las, füllten lange Interviews mit Damon Albarn, Paul Weller und den Gallagher-Brüdern Zeile um Zeile. Selbst jene Brit-Rocker, die von der englischen Musikpresse schon längst in Rente geschickt worden waren, empfing man in Deutschland mit offenen Armen. Phil Collins lief bei Radio Hamburg in der Endlosschleife, Eric Clapton füllte noch Stadien, und Joe Cocker bekam stehenden Applaus, wenn er alle paar Jahre wieder bei *Wetten, dass..?* auftrat. Wir taten so, als wären diese Männer alte Meister im Kanon der Popmusik: Cocker, Collins und Clapton waren für uns, was Bach, Beethoven und Brahms für die Engländer waren.

Was Film und Fernsehen anging, so zollten wir Deutschen britischen Importen ähnlich viel Respekt. Während im deutschen Fernsehen sonst rücksichtslos synchronisiert wurde, bekamen englische Serien oft eine Sonderbehandlung und wurden mit Untertiteln gesendet. *Monty Python* wurde so sehr verehrt, dass die Gruppe Anfang der Siebziger vom WDR nach Deutschland eingeladen wurde, um zwei Sonderausgaben auf Deutsch aufzunehmen, *Monty Python's Fliegender Zirkus*. Bei so viel Respekt war selbst das schlechte englische Essen irgendwie verzeihbar. Auf seine eigene Art passte es zu diesem Land voll kultiger Künstler und Komiker, dass hier mit schwarzem Humor gekocht wurde. Wer in den Neunzigern in Norddeutschland aufwuchs, erkannte einen Funken Wahrheit in den Worten von Adolf Loos, der die Engländer 1898 als «unsere Hellenen» bezeichnet hatte: «Von ihnen erhalten wir unsere Cultur, von ihnen ergiesst sie über den ganzen Erdball.»

Was diesen Englandkult umso bemerkenswerter machte, war, dass man von den Einwohnern der Stadt Hamburg eigentlich eine gewisse Kühle gegenüber der Inselnation erwarten könnte. Im Sommer des Jahres 1943 bombardierten britische und amerikanische Flugzeuge die Hafenstadt innerhalb von zehn Tagen mit mehr als 9000 Tonnen Sprengstoff und entfesselten damit einen riesigen Feuersturm. Die Zahl der Zivilbürger, die bei der «Operation Gomorrah» ums Leben kamen, wird zwischen 32000 und 43000 geschätzt – und würde somit ungefähr der Zahl britischer Opfer deutscher Luftangriffe während des «Blitz» entsprechen. Sicherlich erinnert man sich in Hamburg an den Feuersturm von 1943 – eine besonders wichtige Rolle im städtischen Gedächtnis spielt er aber nicht. Das expressionistische Mahnmal des Bildhauers Alfred Hrdlicka am Bahnhof Dammtor ist gut versteckt, ein zweites steht verloren auf einer Fußgängerinsel am Mundsburger Weg; im Hexenpark von Rothenburgsort weihte man 2004 die Kopie eines abgebrannten Terrassenhauses ein – das war's. Interessanterweise sind die Erinnerungen an die Katastrophe meistens klar von den Piloten, die damals in den Bombern saßen, getrennt: Verewigt wurde das Ereignis als eine Art Götterstrafe und nicht als alliiertes Kriegsverbrechen.

Eine mögliche Erklärung dafür, weshalb der Luftangriff auf Hamburg viel blassere Narben in der deutschen Psyche hinterließ als der «Blitz» im Gedächtnis von London, ist, dass der Zweite Weltkrieg das Englandbild der Deutschen nie so sehr definierte wie das Deutschlandbild der Briten. Die prägende Phase der deutschen Sicht auf Großbritannien waren weniger die Jahre 1939 bis 1945 als die ersten paar Jahrzehnte des neunzehnten Jahrhunderts. Napoleons Niederlage bei Waterloo im Jahre 1815 stellte für Deutschland eine knifflige Situation dar. Auf der einen Seite befand sich Frankreich: das Land, dessen Befreiung von autokratischer Herrschaft vielen Deutschen immer noch als Vorbild für eine deutsche Republik vorschwebte. Auf der anderen Seite stand Großbritannien, nach Waterloo immerhin ein glorreicher Verbündeter von Blüchers preußischer Armee und möglicherweise ein etwas realistischeres Leitfeuer für den politischen Kurs der kommenden Jahre.

Wem sollte Deutschland folgen? Frankreich hatte eine politische Revolution hinter sich, England befand sich mitten in einer industriellen Revolution. Deutschland hingegen war noch nicht mal «Deutschland», sondern ein lose Ansammlung von deutschen Staaten: ein Land von feudalen Landbesitzern und Bauern, welches die dramatischen Entwicklungen in den Nachbarstaaten mit großen Augen und nicht wenig Bewunderung verfolgte. Die Industriepioniere Deutschlands, die Krupp-Sippe und die Siemens-Dynastie, waren allesamt überzeugte Anglophile, die bei der ersten Möglichkeit nach London oder Manchester übersiedelten und ihre Vornamen in Alfred und William umwandeln ließen.

Deutschland hatte eine philosophische Revolution hinter sich, deren genauer Wert sich natürlich nicht einfach nachweisen ließ. Die Briten bewunderten die Deutschen dafür trotzdem, sogar von Anfang an: «The Prelude», das wichtigste Gedicht der englischen Romantik, wurde 1798 in Niedersachsen begonnen – sein Autor, William Wordsworth, und dessen Dichterkollege Samuel Taylor Coleridge waren nach Goslar im Harz gereist, um ihr Idol, den deutschen Schriftsteller Friedrich Gottlieb Klopstock zu besuchen. Nach Kant, Schiller und Goethe begeisterte man sich auf der Insel erst recht für deutsche Denker. Charles Dickens und John Stuart Mill sangen Loblieder auf das preußische Bildungssystem; Schriftstellern wie Thomas Carlyle und George Eliot übersetzten enthusiastisch aus dem Deutschen. Mit Carlyles *Sartor Resartus* und Eliots *Middlemarch* befassten sich gleich zwei der wichtigsten Romane des 19. Jahrhunderts mit deutschem Gedankengut.

Andererseits hatte Deutschland selbst seine intellektuellen Errungenschaften irgendwie den Briten zu verdanken. Goethes Mentor Johann Friedrich Herder war überzeugt, dass deutsche Schriftsteller von den Dichtern der Britischen Inseln lernen mussten, um ihre eigene Stimme zu finden. «Schäkespear», so Herder, solle «uns Deutsche herstellen». Verehrten französische Dramatiker noch die Griechen, so fanden Deutschlands Dichter und Denker ihr Idol in dem britischen Barden. Für die Generation von Schriftstellern, die die Grundsteine deutschsprachiger Kultur legten, führte kein Weg an dem Engländer vorbei. Wieland und Schlegel waren in ihrer Schaffenszeit weitaus besser für ihre Shakespeare-Übersetzungen bekannt als für ihre eigenen Werke. Schiller verehrte schon als Schüler die Tragödie *Othello* und starb, kurz bevor er am Weimarer Theater seine eigene Version des Stücks inszenieren konnte. Goethe plagten beim Lesen des Meisters Minderwertigkeitskomplexe: «Ich schäme mich oft vor Schakespearen, denn es kommt manchmal vor, daß ich beim ersten Blick denke, das hätt ich anders gemacht! Hintendrein erkenn ich, daß ich ein armer Sünder bin, daß aus Schakespearen die Natur weissagt und daß meine Menschen Seifenblasen sind, von Romanengrillen aufgetrieben.»

Besonders ein gewisser dänischer Prinz spielte in der Vorstellung der Deutschen eine Sonderrolle. «Hamlet und seine Monologen blieben Gespenster, die durch alle jungen Gemüter ihren Spuk trieben», schrieb Goethe. «Die Hauptstellen wußte ein jeder auswendig und rezitierte sie gern, und jedermann glaubte, er dürfe ebenso melancholisch sein als der Prinz von Dänemark.» Wieso gerade Hamlet? Ein Hinweis auf eine Antwort findet sich in der ersten Szene des fünften Aktes: Der Hauptdarsteller wird hier als «boy, thirty years» beschrieben, ein dreißigjähriger Junge. Deutschland im neunzehnten Jahrhundert kam sich vor wie Hamlet: Zwar offiziell im besten

Alter, gleichzeitig aber politisch und ökonomisch unreif, ein belesener, aber leicht zu beeinflussender Teenager, der sich nach einem reiferen Vorbild sehnte.

*

Im April des Jahres 1827 nahm ein junger Mann die Fähre nach London, um Deutschlands Nordseenachbarn besser kennenzulernen. Der «satirist and poet» Heinrich Heine, wie der lokale *Morning Herald* ihn ankündigte, hatte eine komplizierte Beziehung zu England. Allerdings war Heine in Beziehungsfragen nie besonders berechenbar. Einerseits war er einer der führenden Schriftsteller einer Bewegung namens «Junges Deutschland», die durch die Romantik ihre Liebe für ihr Heimatland wiederentdeckte. Andererseits kennt man Heine heute am besten für Gedichte, die den Patrioten emphatisch vor die Haustür pinkeln: «Denk ich an Deutschland in der Nacht, dann bin ich um den Schlaf gebracht» ist eins davon. «Wo man Bücher verbrennt, verbrennt man am Ende auch Menschen» ist ein anderes. Weniger bekannt ist dieses Zitat, aus einem Brief an seinen Kommilitonen Christian Sethe: «Alles Deutsche wirkt auf mich wie Brechpulver. Die deutsche Sprache zerreißt meine Ohre. Die eignen Gedichte ekeln mich zuweilen an, wenn ich sehe, dass sie auf deutsch geschrieben sind.»

Heine, der in einer jüdischen Familie in Düsseldorf aufgewachsen war, begeisterte sich schon als junger Mann für Napoleon – nicht nur deshalb, weil Bonaparte sich während der Besetzung des Rheinlands für die Gleichberechtigung der Juden eingesetzt hatte. Später verehrte er den französischen Staatsmann so sehr, dass er seinem eigenen Biographen ein falsches Geburtsdatum angab: 1799, das Jahr von Napoleons Aufstieg zur Macht nach dem Coup d'État vom 18. Brumaire.

Andererseits war England für Heine, der in Hamburg aufwuchs, eine viel offensichtlichere Quelle der Inspiration. In seiner Geburtsurkunde steht noch der Name «Harry» Heine, nach einem beliebten Handelspartner seines Vaters aus Manchester – erst 1825 ließ der junge Dichter seinen Namen auf «Heinrich» umändern. Wie die meisten künstlerisch veranlagten Deutschen seiner Generation verehrte Harry Heine die Werke Shakespeares und anderer englischer Dichter: Seine ersten eigenen Arbeiten waren entweder Übersetzungen Lord Byrons oder Einakter im Stile des englischen Proto-Dandys. Diese Selbstsicherheit, dieses souveräne Auftreten! Während Deutschland nur eine schemenhafte Vorstellung davon hatte, wer es war und was es sollte, hatten die Engländer anscheinend ein ganz klares Bild von ihrem Nationalcharakter, eine «geheime Übereinstimmung des ganzen Lebens und Webens in England».

Ein weiterer Grund für Heines Besuch war Englands Ruf als Mutterland der Demokratie: ein Ort, an dem Parlamentarier diskutierten, was sie wollten, und in Zeitungen druckten, was ihnen beliebte, ohne dass die herrschende Elite des Landes etwas dagegen tun konnte. Als er 1827 vom obersten Deck seiner Fähre die grünen Ufer der Themse erspähte, rief er aus: «Land der Freiheit, ich grüsse dich!» Hinter ihm lag das Land der gothischen Kirchtürme; vor ihm eine Welt, in der die Menschen nur die Freiheit vergötterten, «die neue Religion unserer Zeit». Die englische Freiheitsliebe ließ sich zwar nicht mit der flammenden Leidenschaft der Franzosen vergleichen, gab Heine zu: Sie war eher wie die Beziehung zwischen einem lange verheirateten Paar, in der man nach Leidenschaft lange suchen konnte. Aber immerhin waren die Engländer nicht so wie die drögen Deutschen: «Der Deutsche liebt die Freiheit wie seine alte Großmutter.»

Nach seiner Ankunft machte Heine sich auf den Weg

zu der Crown and Anchor Tavern in der Arundel Street am nördlichen Themseufer, einem legendären Radikalentreff, dessen Eingang imposante Kandelaber umrahmten. 1789 war die «Crown» einer der wenigen Orte in London gewesen, in dem man auf den Fall der Bastille anstieß. An diesem Mittag fand eine kleine Lunch-Party statt: eine Feier zum Anlass des 30. Parlamentsjahres des Reformisten Sir Francis Burdett. Für Burdett hatte Heine allerdings nur wenig Zeit. Sein wahres Interesse galt William Cobbett, einem Journalisten, Flugblattverfasser und Wanderenthusiasten. Schon vor seiner Ankunft hatte der deutsche Dichter fasziniert den *Weekly Political Register* gelesen, jene Zeitung, die Cobbett seit seiner Rückkehr aus Amerika im Jahre 1800 selber verfasste und herausgab. Cobbetts politischer Werdegang war abenteuerlich: Ursprünglich ein überzeugter Tory mit konservativen Wertvorstellungen, war er irgendwann auf die Seite der liberalen Whigs gewechselt, nur um sich dann neu als protosozialistischer «Radical» und Verteidiger der Arbeiterklasse zu erfinden. Der ideologische Kurs des *Political Register* war ähnlich kurvenreich: Anfangs eindeutig monarchisch und frankreichfeindlich veranlagt, hatte sich die Zeitung langsam in das wichtigste Sprachrohr der Regierungskritiker gewandelt. Eine Zeitung, die die Führer des Landes offen kritisierte? So etwas gab es zu diesem Zeitpunkt in Deutschland noch nicht. In Großbritannien war das erste Gesetz gegen Zensur bereits 1695 in Kraft gesetzt worden, angefeuert von den leidenschaftlichen Denkern John Milton und John Locke. In Deutschland aber litten Schriftsteller noch bis 1854 unter Zensur; wegen den Karlsbader Beschlüssen von 1819 musste man sich gerade in den zwanziger Jahren des 19. Jahrhunderts besonders vor den Zensoren hüten. Heines Buch *Le Grand* war kurz vor seiner Englandreise in Preußen verboten worden, weil es «seriöse Preussen» beleidige. Aus schierem Frust zensierte Heine sich manchmal selbst, so zum Beispiel am Anfang von Kapitel XII des Buches:

Die Deutschen Zensoren –––––––––––––––––
––––––––––––––––––––––––––––––––
––––––––––––––––––––––––––––––––
––––––––––––––––––––––––––––––––
––––––––––––––––––––––––––––––––
––––––––––––––––––––––––––––––––
––––––––––––––––––––––––––––––––
–––––– Idioten ––––––––––––––––––
––––––––––––––––––––––––––––––––
––––––––––––––––––––––––––––––––

Der *Political Register* brauchte solche ironischen Spielchen nicht. Im Gegenteil: Cobbetts Zeitung entwickelte eine neue journalistische Stilform, bei der die redaktionelle Leitung einer Zeitung die Geschehnisse des Tages subjektiv kommentierte, ohne dabei die hohen Ansprüche objektiver Berichterstattung fallenzulassen. Er nannte es den «leading article» oder «leader». Schon bald war Cobbett einer der wichtigsten «Radicals», und der *Register* das meistgelesene Organ der zunehmend entfremdeten Arbeiterklasse. Ziele für Cobbetts Zorn gab es viele. So glaubte er zwar an soziale Hierarchien, erzürnte sich aber über Armut, über «wahren Mangel an dem Essen und Kleidung und Unterkunft die man braucht, um ein anständiges und gesundes Leben zu führen». Eine Reform der Nutzungsrechte von Grundstücken erschien ihm absolut notwendig, da «das Land, die Bäume, die Früchte, die Weide und die Baumwurzeln dem Gesetz der Natur nach ein Allgemeingut aller Menschen ist». Großbritanniens Empire im Osten? «Etwas schrecklich böses», meinte Cobbett. Börsenspekulanten? «Heuschreckenschwärme, die drei Viertel der Erzeugnisse des Landes verschlingen, ohne sich nur zehn Meilen von der Hauptstadt zu bewegen.»

Besonders eine aktuelle Ausgabe des *Political Register* hatte Heine ins Auge gefasst. Cobbett stellt darin die folgende These auf: Die französische Revolution hatte gedroht, die Aristokratie und die Kirche ihrer Privilegien zu entledigen. Um also das englische Volk von den revolutionären Ereignissen auf der anderen Seite des Ärmelkanals abzulenken, hatte England einen Krieg mit Frankreich angefangen. Krieg kostete Geld, da aber das Königshaus kein Geld mehr hatte, musste der Staat sich Geld leihen, was zu erdrückend hohen Steuern führte. Die Armen wurden ärmer, die Reichen reicher: Genau das Gegenteil dessen also, was die französische Revolution ursprünglich bewirken sollte. Ein Engländer, der so klug dachte, mit dem konnte auch Heinrich Heine gut etwas anfangen. Und eigentlich gab es keinen Grund, weshalb Cobbett nicht auch etwas mit Heine hätte anfangen können.

An guten Tagen konnte William Cobbett ein «freundlicher, klarsichtiger» Mensch sein, «einfach und milde von Gemüt» und «ein unerschütterlicher Redenhalter» – so der Dichter William Hazlitt, ein Zeitgenosse. Der Tag, an dem Heine in die Crown and Anchor kam, war kein guter Tag. Kaum waren die ersten Bissen gegessen, fing Cobbett an, Burdett wegen seiner unkritischen Haltung gegenüber dem neuen Premierminister George Canning zu kritisieren. Der Rest der Runde, allesamt gute Freunde des Gastgebers, versuchte, Cobbett zu ignorieren. Cobbett wurde merkbar wütend und fing prompt an zu schimpfen. Das Gesicht unter den nach vorne gekämmten Haaren war leuchtend rot. Nur wenige Minuten später stürmte Heine aus der Kneipe. Erst ein Jahr später brachte sich der deutsche Dichter dazu, seine Erinnerungen an das Treffen aufzuschreiben. Liest man sie, so kommt es einem vor, als wäre da ein Zittern in Heines Stimme, ob aus Wut oder Mitleid:

> Alter Cobbett! Hund von England! Ich liebe dich nicht, denn fatal ist mir jede gemeine Natur; aber du dauerst mich bis in tiefster Seele, wenn ich sehe, wie du dich von deiner Kette nicht losreissen und jene Diebe nicht erreichen kannst, die lachend vor deinen Augen ihre Beute fortschleppen, und deine vergeblichen Sprünge und dein ohnmächtiges Geheul verspotten.

Was genau den deutschen Dichter so verstörte, bleibt unklar. Folgt man aber diversen anderen Beschreibungen des Abends, hört es sich so an, als hätte Cobbett eine Reihe etwas obszöner Ausdrücke benutzt. Dies wäre für den Journalisten keineswegs untypisch gewesen, war er doch in Hinsicht auf das Schimpfen ein extrem kreativer Benutzer der englischen Sprache. Die Kleinbauern-Armee hatte Cobbett einst als «Pump-Verscherbler, Steuer-Einsammler, Totgewichtler, Börsenspekulanten, Lumpensackanwälte, (größtenteils schottische) Häscher, krötenfressende Kleinladenbesitzer» bezeichnet. Für Cobbett waren Oxford und Cambridge «dens of dunces» (in etwa: «Höhlen für Hohlköpfe»), Intellektuelle aus dem Norden der Insel waren «schottische Fühlosophen» und Zeitungsredakteure «gewinnsüchtige Bösewichter». Aus einer Gräfin wurde mal eben «eine alte Schachtel», aus einem Bischof «ein schmutziger Hund». Dabei wurden die scheinbar Unschuldigen stets ebenso vehement attackiert wie die Reichen und Mächtigen: Cobbett schimpfte auch gerne über Chorgesänge, Kartoffelesser und Teetrinker (ein Getränk, dass angeblich «ein Zerstörer der Gesundheit, ein Schwächer der Postur, ein Vermehrer von Weiblichkeit und Faulheit, ein Verschwender der Jugend und eine Ursache für Jammer im hohen Alter» war). Der Schriftsteller G. K. Chesterton schrieb einst, dass «Cobbetts größtes Talent in dem Gebrauch einer besonderen Gattung Sprache lag: die Art von Gebrauch, die man im Allgemeinen als Schmähung bezeichnet».

Kann das Scheitern des Treffens zwischen Heine und Cobbett wirklich nur an ein paar Schimpfwörtern gelegen haben? Oder liegen hinter diesem Missverständnis viel tiefere Differenzen? Schaut man sich die Werke der beiden Schriftsteller etwas genauer an, wird klar, dass sie zwar Freiheit verehrten, dass ihre Vorstellungen von Freiheit sich jedoch grundsätzlich unterschieden. Für Heine versprach Freiheit nicht nur ein Entkommen von frommer Obrigkeit, sondern auch ein neues Wertesystem: «Die Freiheit ist eine neue Religion, die Religion unserer Zeit.» Cobbett dabei zuzuschauen, wie er diesen neuen Glauben auf das Niveau dumpfer Pöbelei herabzog, grenzte für Heine an ein Sakrileg. Für Cobbett wiederum war Freiheit nicht abstrakt, sondern materiell: Es war das Recht, das eigene Land zu begehen und zu bebauen – zu sagen, was man wollte, auch wenn es noch so obszön war. Das abstrakte Konzept Freiheit an sich war für ihn kaum erwähnenswert: «Wörter wie Recht und Freiheit, die Wörter an sich, sind nicht mal einen Strohhalm wert», schrieb er 1831, «und werden oft zum Schummeln missbraucht.»

Im Vergleich dazu ähnelte Heines Freiheitsideal eher eines Schuljungens Vorstellung vom anderen Geschlecht: eine romantische Idée fixe, welche weniger mit wirklicher Erfahrung zu tun hat als mit der eigenen Vorstellungkraft und dadurch relativ leicht durch das wahre Leben über den Haufen geworfen werden konnte. Die Art und Weise, wie der deutsche Dichter mit seinen aufgewühlten Gedanken über Englands tollwütigen Hund umging, hatte unwidersprechlicherweise etwas von einem liebeskranken Jugendlichen. Nicht nur Cobbett, sondern ganz England sank plötzlich in Heines Ansehen. Wenn Heine das Land von nun an erwähnte, klang jedes Mal ein Misston an. Hier Heinrich Heine über englische Musik: «Diese Menschen haben kein Ohr, weder für Takt noch für Musik überhaupt, und ihre unnatürliche Passion für Klavierspielen und Singen ist umso widerwärtiger.» Über englische Kunst: «Sie haben weder Gehör noch Farbensinn, und manchmal steigt in mir der Argwohn auf, ob nicht ihr Geruchsinn ebenfalls stumpf und verschnupft sei; es ist sehr leicht möglich, daß sie Roßäpfel und Apfelsinen nicht durch den bloßen Geruch voneinander unterscheiden können.» Die Engländer: «ein graues gähnendes Ungeheuer, dessen Atem nichts als Stickluft und tödliche Langeweile, und das sich gewiss mit einem kolossalen Schiffstau am Ende selbst aufhängt.» England: «Ein Land, welches längst der Ozean verschluckt hätte, wenn er nicht befürchtete, dass es ihm Übelkeiten im Magen verursachen möchte.» Nichts mehr von wegen «Land der Freiheit», ab sofort war England nur noch die «Insel der Verdammnis». Manchmal formen Heines Sticheleien ein perfektes Spiegelbild der Klischees, welche Engländer heute gerne mit Deutschland assoziieren: «Schickt keinen Poeten nach London! Dieser bare Ernst aller Dinge, diese kolossale Einförmigkeit, diese maschinenhafte Bewegung, diese Verdriesslichkeit der Freude selbst, dieses übertriebene London erdrückt die Phantasie und zerreisst das Herz.»

Kurz nach seiner Englandreise zog es Heine in das Dorf Spinetta Marengo in Piedmont, wo Napoleon einst den Erfolg seines italienischen Feldzuges besiegelte. «Lasst uns die Franzosen preisen!», zog er schließlich Resümee und konnte es dabei doch nicht lassen, den Besiegern Bonapartes noch einen auszuwischen: «Sie sorgten für die zwei größten Bedürfnisse der menschlichen Gesellschaft, für gutes Essen und bürgerliche Gleichheit.»

*

Zurück im Jahre 1996, wurden aus einer Woche in Mortlake zwei und aus zwei Wochen drei. Tagein, tagaus besichtigten wir Wohnungen, organisierten Vorstellungsgespräche bei Schulen und verbrachten unsere Zeit generell damit, von einem Ende der Stadt zum anderen zu eilen. Mehr als einmal verguckten wir uns bei unserer wilden Jagd auf der Stadtkarte, standen auf der falschen Seite der Rolltreppe und stiegen in falsche Züge ein. Jene «geheime Übereinstimmung des ganzen Lebens und Webens in England», die Heine beschworen hatte, war für uns damals noch unergründlich. Wenn wir die anderen Passagiere in unserem Abteil fragten, ob wir uns im richtigen Zug befanden, warf man uns nur leere Blicke entgegen. Sowieso hatte der Menschenschwall der Londoner «Rush Hour» etwas Unheimliches: Jung und Alt standen hier dicht aneinandergepresst, ja teilweise intim ineinander verschlungen in der U-Bahn, ohne eine Miene zu verziehen oder ein einzelnes Wort zu verlieren. Zwischen Earls Court und South Kensington schmiegte sich ein ältlicher Mann mit Trenchcoat im Gedränge an die einladenden Formen einer jungen dunkelhäutigen Frau; bei der nächsten Station öffneten sich die Türen mit einem Zischen – «Mind the Gap!» –, und das vermeindliche Paar ging wieder getrennte Wege. Auf der Hammersmith and City Line bei Kings Cross lehnte ein betrunkener Mann seinen Kopf zum Nickerchen an die Schulter einer amerikanischen Touristin; niemand außer mir schien es überhaupt zu beachten. Bei Victoria lag eine Blutlache auf dem Bahngleis: Der Fußgängerstrom stoppte eine Sekunde lang, teilte sich dann und floss ununterbrochen weiter. Heinrich Heine hatte einst beim Lesen von Mary Shelleys *Frankenstein* angemerkt, dass der sagenumwobene Maschinenmensch mit dem schnarrenden Akzent und den mechanischen Bewegungen ein typischer Engländer sei – «zu einem echten Menschen fehlte ihm gar nichts als eine Seele».

Auf der Central Line zwischen Holborn und Chancery Lane fragte ich mich: Hatte Heine so unrecht?

Vor den Schulpforten empfing mich in der Regel ein Oberstufenleiter und führte mich durch das Gebäude. Die Bauart der meisten englischen Schulen war identisch, egal, ob sie aus den Zeiten Queen Victorias stammten oder ob es sich um Neubauten handelte: In der Mitte lag stets eine große Aula oder «Assembly Hall», in der sich alle Schüler jeden Morgen vor Beginn des Unterrichts versammelten. Auch dies hatte etwas Unheimliches, erinnerte es doch mehr an eine Kaserne als an das bunte Treiben in meinem alten Hamburger Gymnasium. Die Schuljungen, die in streng geordneten Reihen an mir vorbeimarschierten, kamen mir vor wie Roboter: Allesamt trugen sie die gleichen dunkelblauen Blazer, grauen Pullover mit V-Ausschnitt und gelbgestreiften Krawatten. Die Lehrer in meiner Begleitung wurden mit kurzen, zackigen Worten begrüßt, wie man es sonst nur in der Armee erwarten würde: «Yes, sir», «Thank you, sir», «Of course, sir». Diese Engländer konnten sich sicherlich gut benehmen, aber hatten sie auch eine Seele?

In der letzten Schule, die wir besuchten, begrüßte uns zu meinem Entsetzen ein milchgesichtiger Pennäler in Tarnjacke. In seinen Händen hielt er nichts anderes als ein anscheinend echtes Gewehr. War England ein Militärstaat? Der Schulleiter wusste mich gleich zu beruhigen: Dies sei ein ganz normales Ritual für den «Armistice Day», sagte er, den Tag der Veteranen am 11. 11. des Jahres. Ich bekam vor lauter Staunen den Mund kaum zu: Zelebrierte man das Kriegsende hier damit, Schülern Waffen in die Hände zu drücken?

Nach dem letzten Vorstellungsgespräch fuhren wir zurück zum Flughafen. Ich drückte meinen Kopf an die Fensterscheibe, während unser Taxi an Reihe um Reihe von identischen Wohnungsblöcken vorbeifuhr. Jedes Reihenhaus sah gleich aus, mit einem kleinen, gefliesten Pfad, der zur Haustür führte, weißem Stuck an der Fassade und Erkerfenstern, durch die man direkt ins Wohnzimmer schauen konnte. Auf jeder Türstufe befand sich ein kleines Drahtgestell mit sechs leeren Milchflaschen. Die einzige Abwechslung, die es gab, waren Türen, die mit einer anderen Farbe angemalt waren. An der nächsten Kreuzung mussten wir warten, damit eine Gruppe Vorschüler die Straße überqueren konnten: Allesamt trugen sie identische Duffel Coats und kurze Hosen, genau wie die Kinder in den Romanen von Enid Blyton. Sowieso sah hier alles genau so aus, wie man es schon aus Büchern und Filmen kannte. Veränderten sich die Menschen hier nie?

Während wir in Hamburg auf Antworten auf meine Schulbewerbungen warteten, tauschte ich in der Bücherei Heines *Englische Fragmente* mit einer Sammlung von Theodor Fontanes Reiseberichten aus. Vor Beginn seiner Schriftstellerkarriere unternahm Fontane Mitte der 1850er als Pressekorrespondent der preußischen Außenbehörde mehrere Reisen nach Großbritannien. Wie Heine brach auch Fontane mit viel Begeisterung nach England auf, wie Heine fand er ein anderes Land, als er erwartet hatte. Die englische Begeisterung für Gesang und Tanz verwirrte ihn besonders in Hinsicht auf das offenbare Fehlen an künstlerischer Begabung: «Die Musik, wie jedermann weiß, ist die Achillesferse Englands.» Schnell begriff Fontane, dass am Herzen des britischen Lebens eine gähnende Leere herrschte: «England und Deutschland», schrieb er, «verhalten sich zueinander wie Form und Inhalt, wie Schein und Sein.» Das perfekte Symbol für diese erdrückende Eintönigkeit Englands war für ihn «der englische Sonntag»: «Die großen Tyrannen sind ausgestorben; nur in England lebt noch einer – der Sonntag.» Das Land, in dem man angeblich Freiheit anbetete, entpuppte sich in Wahrheit als ein frommer Kirchgängerstaat. Der englische Sonntag verhielt sich zum Rest der Woche wie der Sonntagsbraten zum Hauptgericht: etwas unglaublich Fades dort, wo man Romantik und Unterhaltung erwartet hätte. Fontane lädt seine Leser dazu ein, sich erst einen Abend voll Wein, Gesang und hübscher Frauen vorzustellen und dann den Morgen danach, wenn die ersten Sonnenstrahlen durch die verkaterten Fenster strahlen und abgebrannte Kerzen und zerbrochenes Glas preisgeben: «Das sei ein Sonntag in London.»

Aber nicht alles, was Fontane über London zu sagen hatte, war negativ. Wenn die Engländer auch von Natur aus noch so grau und langweilig sein mochten, so war London das Gegenteil: majestätisch und seelenruhig aus Sicht der Themseboote, wimmelnd und verwegen in den Gassen der City im Osten der Stadt und märchenhaft verwünscht im erleuchteten West End. London hatte grüne Parks, proppevolle Pubs, Kirchen aus Marmor, Paläste aus Glas und mehr Nachtwächter als ganz Sachsen Soldaten. Englands Hauptstadt, gibt Fontane letztendlich zu, sei «großartig und unvergleichlich».

Das klang spannend. War London etwa das Gegenstück zum englischen Sunday Roast? Heißt: eine exotische, spannende Mitte, umrahmt von immer langweiliger werdenden Kreisen des Mittelmaßes? Als eine Woche später ein Stapel Briefe mit englischen Marken auf der Fußmatte lag, fühlte ich fast schon so etwas wie Vorfreude. In den Umschlägen befanden sich vier Absagen und ein Angebot für einen Platz an der Schule mit den Robotersoldaten. Meine Eltern antworteten sofort mit einer Zusage. Es gab jetzt kein Zurück mehr.

*

Heinrich Heines hochgestochene Freiheitsideale ließen sich nicht nur schwer mit englischer Politik vereinbaren, sondern auch mit der Realität der Dinge in seinem Heimatland. Um das

Jahr 1830 brachten hohe Steuern und strenge Zensur viele Teile Deutschlands in Aufruhr. Die diplomatischen Beziehungen zu Dänemark im Norden und Frankreich im Westen waren zunehmend gereizt. Nationalistisches Gedankengut befand sich im Aufschwung und inspirierte Visionen eines neuen, vereinten Deutschlands – eine Idee, die unter anderem in einem beliebten Volkslied zum Ausdruck kam: «Deutschland, Deutschland über alles». Zwei große Denker starben – Georg Wilhelm Friedrich Hegel im Jahre 1831 und Goethe im Jahre 1832 – und ließen in Deutschland ein Gefühl zurück, dass die Zeit Hamlet'schen Insichgehens bald vorbei sein würde. 1848 kam das Fass schließlich zum Überlaufen. Im Februar führten öffentliche Unruhen zum Thronverzicht von König Louis-Philippe von Frankreich, was umgehend weitere Aufstände in deutschen Provinzen auslöste. Am 31. März fand die erste verfassungsgebende Nationalversammlung in der Paulskirche von Frankfurt statt. Das Resultat war eine konstitutionelle Monarchie, die dem englischen Modell nicht unähnlich war: Ein preußischer Erbkaiser sollte demnach innerhalb der Schranken der neuen Verfassung als Staatshaupt fungieren. Aber genau wie beim englischen Bürgerkrieg von 1642–1649 war die angepeilte Lösung und das wirkliche Ergebnis nicht immer das gleiche.

Vier Jahre zuvor hatte der deutsche Dichter Ferdinand Freiligrath ein Gedicht geschrieben, in dem er sich gefragt hatte, ob der deutsche Hamlet jemals den Geist der Freiheit wiederbeleben könne. Sein Fazit: Dieser deutsche Teenager hatte leider schon viel zu viel Zeit mit Büchern in seinem Schlafzimmer verbracht, als dass aus ihm noch ein echter Revoluzzer werden konnte: «Sein bestes Tun ist eben Denken.» Und Freiligrath sollte recht behalten, denn während liberale Fortschritte in deutschen Landen wieder rückgängig gemacht wurden, philosophierte und diskutierte das neue Parlament zahnlos vor sich hin. Im Juni 1849 wurde Deutschlands erstes Parlament entlassen.

Während deutsches Interesse an Englands politischem System abnahm, fand man plötzlich praktischen Nutzen an dem Inselstaat. König Louis-Philippe von Frankreich, Prinz Wilhelm von Preußen, Fürst Klemens Wenzel Lothar von Metternich: Alle sprangen 1848 bei der ersten Gelegenheit auf die Fähre nach London. Aber England gab nicht nur Aristokraten auf der Flucht vor der Revolution Unterschlupf, sondern auch Liberalen, die sich nach Ende der Revolution ein neues Zuhause suchen mussten. Karl Marx siedelte 1849 nach England über, Friedrich Engels 1850. Im Jahr 1800 lebten rund sechstausend Deutsche in London; 1861 hatte sich die Zahl verdoppelt. Zum Ende des Jahrhunderts war die Anwohnerzahl bis auf dreißigtausend angestiegen und machte damit bei weitem die größte westeuropäische Ausländergemeinde aus. «Little Germanies» blühten in den Stadtteilen Whitechapel, Stepney und Mile End auf; eine «German Gymnasts Soviety» wurde 1861 in King's Cross gegründet. Im East End gab es eine Singspielhalle namens «Sugar Loaf» («Zuckerbrot»), in der die deutschen Zuckerraffinierer, die den Großteil der Gastarbeitergemeinde bildeten, ein und aus gingen. Es gab sogar eine deutschsprachige Zeitung namens *Hermann*. Außer in den Bäckereien der Stadt waren englische Deutsche besonders im Dienstleistungssektor beschäftigt: So viele gab es von ihnen, dass sich ein deutscher Einwanderer beschwerte, dass die Engländer seine Leute als «eine Nation von Kellnern und Friseuren betrachten».

In Deutschland erinnert man sich an 1848 als das Jahr einer Revolution, die nichts veränderte. Aber immerhin veränderte Deutschlands Revolution das Deutschlandbild der Engländer. Vor 1848 mochte der typische Deutsche ein Dichter und Denker sein, aber er war tendenziell unpolitisch und deswegen auch ungefährlich. Die Einwanderungswelle deutscher Migranten nach 1848 änderte dies grundsätzlich. In Arthur Conan Doyles Roman *Eine Studie in Scharlachrot* aus dem Jahr 1887, dem ersten Buch in der Sherlock-Holmes-Serie, dreht sich die Handlung um eine grauenvolle Entdeckung in einer dreckstarrenden Wohnung an der Brixton Road: der leblose Körper eines Mannes, auf dessen Gesicht «ein Ausdruck des Horrors lag ... wie ich ihn noch nie auf einem menschlichen Antlitz erspähte». An der Wand gegenüber entdeckt Holmes an einer kahlen Stelle das Wort ‹R-A-C-H-E› in blutroten Buchstaben. Der anwesende Polizeiinspektor stellt fest, dass eine Frau Namens «Rachel» an der Tat beteiligt sein müsse. Holmes berichtigt ihn, indem er ihm die deutsche Bedeutung des Wortes erklärt. Erst nachdem Holmes und Watson die Wohnung verlassen haben, offenbart sich eine überraschende Wendung. Der Meisterdetektiv erklärt seinem verwirrten Assistenten nämlich, dass die Schrift gar nicht von einem Deutschen stammen könne: «Wie Sie sicher feststellen konnten, war das A im deutschen Stil gezeichnet. Nun ist es aber so, dass ein echter Deutscher beim Schreiben immer den Lateinischen Buchstaben benutzt, weshalb wir mit Sicherheit feststellen können, dass es sich hier um einen ungelenken Nachahmer handelt, der etwas über sich hinausgeschossen ist.» Der scharlachrote Buchstabe war also in Wirklichkeit ein *Red Herring*, «ein Ablenkungsmanöver, um die Polizei auf den falschen Pfad zu schicken, indem man auf Sozialismus und Geheimgesellschaften hindeutete».

Diese kurze Passage ist nur ein kleines Indiz darauf, dass jene nationalen Klischees, die noch Heine und Fontane so offensichtlich erschienen, im Jahre 1887 schon wieder verfielen. Neue Stereotypen formten sich. Die Engländer waren jetzt nicht mehr so öde, ernst und prosaisch wie Polizeiinspektor Lestrade, sondern auch ein bisschen wie Sherlock Holmes, soll heißen: mit einem scharfen Verstand und exzentrischen Zügen. Das Adjektiv «deutsch» wiederum war nicht nur ein Synonym für friedliche, romantische Verträumtheit, sondern auch für irrationales Handeln und allgemeine Heißblütigkeit.

Ab 1872 nahm das neue Deutschlandbild deutlicher Kontur an: Die kaiserliche Marine gewann unter dem Schifffahrtsfanatiker und Englandbewunderer Wilhelm II. immer mehr an Bedeutung. Der Begriff *Furor teutonicus*, mit dem ursprünglich der Dichter Lucan die schrecklichen Gemüter der germanischen Volksstämme der römischen Republik beschrieben hatte, zog in das Lexikon der Engländer ein. Deutschland, der Spätentwickler, wuchs langsam, aber sicher in die Rolle des impulsiven Teenagers. Das schwarze Schaf in der Familie Europas steuerte schnurstracks auf einen Haushaltskrach zu.

zwei

**Christopher Isherwood
hört sich Marlene
Dietrich an**

In den letzten Wochen des Sommers 1997 suchte Südengland eine gnadenlose Hitzewelle heim. Ich befand mich zu dieser Zeit schweißgetränkt im Dachgeschoss eines schiefen Tudorhauses in einem Städtchen namens Bury St. Edmund im tiefsten Suffolk. Meine Eltern hatten beschlossen, dass ich vor Schulanfang einen Intensivsprachkurs belegen sollte – etwas, das ich für eine reine Verschwendung ihrer Finanzen und meiner teuren Zeit hielt. Jeden Tag musste ich endlose Präpositionstabellen und Listen von irregulären Verben abspulen. Eat – ate – eaten. Forgive – forgave – forgiven. Shake – shook – shaken. Take – took – taken. Englische Grammatik war manchmal etwas komisch (spell – spelt – spelt?), aber nicht wirklich kompliziert. Ich war in keiner Hinsicht überrascht, als ich den Test am Anfang des Kurses mit der Bestnote bestand.

Nach der Prüfung fragte mich unserer Lehrer Will, ob ich eine Minute Zeit hätte, um mit ihm im Lehrerzimmer etwas zu besprechen. Will hatte eine Cambridge-Ausbildung hinter sich, eine Mittelscheitel-Tolle wie Hugh Grant auf dem Kopf und stets eine Schachtel Marlboro Reds in seiner Hemdtasche. Es freue ihn, sagte Will, dass ich so gut in dem Test abgeschnitten hatte. Es würde mir jedoch guttun, im Unterricht etwas mehr Demut zu zeigen. Wenn ich wirklich der Meinung war, dass gutes Grammatikverständnis allein zur Beherrschung der englischen Sprache reichte, dann hätte ich etwas nicht ganz verstanden. *Gutes* Englisch, sagte er – und in diesem Moment zog er eine zerlesene Penguin-Ausgabe von *Hamlet* aus seiner Ledertasche –, sprach man nicht, indem man Satzstrukturen, verbale Konstruktionen und Kommaregeln auswendig lernte, sondern indem man mit den Regeln der englischen Sprache brach und aus ihren Trümmern etwas Neues schuf.

Wollte ich nicht lernen, so zu sprechen wie echte Engländer?

Ich nickte begeistert. Und wo sollten wir beginnen, wenn nicht bei William Shakespeare, jenem Schutzheiligen der deutschen Dichter und Denker?

Ich war etwas verwirrt, als das Buch sofort wieder in Wills Tasche verschwand, wo es auch für den Rest des Kurses verstaut blieb. Es stellte sich heraus, dass der Schlüssel zu den Geheimnissen der englischen Sprache sich nicht in Hamlets Monologen befand, sondern in einer Aufnahme des Fernsehprogramms *Blind Date* aus den frühen Neunzigern, des englischen Vorbilds von *Herzblatt*. Besonders nach einer Stelle in der Sendung hielt unser Lehrer wiederholt das Band an und spulte die Kassette zurück. Ein Mittzwanziger liest die folgende Frage vor: «What would you say if I tried to kiss you on our first date?», «Was würdest du sagen, wenn ich bei unserem ersten Date gleich versuche, dich zu küssen?» Eine Frau mit braunem Pferdeschwanz auf der anderen Seite der Trennwand antwortet: «You'll be pulling the HMS Belfast out into the open sea before you'll manage to pull me, mate», auf Deutsch in etwa: «Dir wird es eher gelingen, die HMS Belfast ins offene Meer zu schleppen, als mich abzuschleppen.» Lehrer Will erklärte, dass das Spiel mit der doppelten Bedeutung von «pull» – auf Englisch sowohl «knutschen» als auch «ziehen» – ein perfektes Beispiel für die englische Liebe für Wortwitz war. Gerade in ihrem Hang zu Hüllwörtern lag der Reiz dieser Sprache: Eine englische Toilette war eben nicht nur «a toilet», sondern auch «a lavatory», «a lav», «a restroom», «a loo», «a bog», «a john», «a water closet», «a WC», «the Gents», «the Ladies» und so weiter. Die englische Sprache, sagte er, sei die kreativste Sprache der Welt.

Ich war mir damals nicht sicher, ob ich wirklich verstanden hatte, was Will mir sagen wollte. Erst nach Ende des Kurses ereignete sich etwas, das mir seine Theorie näherbrachte. Ich hatte mich von meinen Lehrern verabschiedet, und meine Eltern fuhren mit mir von Suffolk zurück nach Surrey. Es war der erste Tag im September. Am Stadtrand von London hatten meine Eltern an einer Tankstelle angehalten, und ich schaute gelangweilt aus der Seitenscheibe. Neben dem Tankstelleneingang erspähte ich ein Poster für die aktuelle, am Nachmittag erschienene Ausgabe des Londoner *Evening Standard*. Die Überschrift war in großen handgeschriebenen Eddinglettern gedruckt – man wollte offenbar den Eindruck vermitteln, der Zeitungsverkäufer persönlich hätte sie eilig hingekritzelt. Auf dem Poster stand: «Dodi and Di Dead». Wir befanden uns schon längst wieder auf der Lower Mortlake Road, als mein Kopf anfing, die Buchstaben neu anzuordnen: Do-Di. Di-Do. Di-Die. (In meinem Kopf spielte dazu der Beatles-Song «Ob-La-Di, Ob-La-Da».) Hätte der Herr Zeitungsverkäufer auch nur eine einzige andere Silbe benutzt, dann wäre der Ton dieser Schlagzeile vom Tragischen ins Komische, nein, Alberne, gekippt: «Dodi and Di Die». Mir war, als hätte ich eine Erleuchtung. Für einen Moment war ich überzeugt, dass ich einen tiefen Einblick in die Geheimnisse dieser rätselhaften Sprache erlangt hatte, eine Sprache, die sich auch in unpassenden Momenten nicht der Verlockung des Wortspiels entziehen konnte. Im erweiterten Familienkreis der Sprachen war das Englische der peinliche Onkel, der einem am Beerdigungsbüfett schmutzige Witze zuflüsterte. Drehte sich Hamlets Komödie nicht letztendlich um den Totenschädel des Hofnarren Yorick, eines «Bursch von unendlichem Humor»? Vielleicht waren die Briten doch nicht so ausgetrocknet und humorlos, wie Heine und Fontane es empfanden. Dodi and Di Dead as a Dodo! Ich knackte die Geheimcodes der englischen Sprache mit bahnbrechender Schnelligkeit und unglaublicher Raffinesse. Wer wagte noch zu behaupten, dass ich mich nicht in dieses Land einfinden würde?

Ende der ersten Septemberwoche fielen die Temperaturen sturzartig, und Regenwolken bedeckten den Himmel wie ein permanentes Stirnrunzeln. Wegen des tödlichen Unfalls der Prinzessin von Wales erinnern sich viele Briten an den September des Jahres 1997 als einen Monat voll gemeinsamer Trauer und königlicher Unentschlossenheit. Für mich aber war es eine Zeit glückseliger Absonderung und eifrigen Treibens. Jeden Tag stieg ich früh aus dem Bett und blätterte sorgfältig durch Zeitungen, Zeitschriften und Romane. Mir unbekannte Worte umkreiste ich mit einem roten Stift und trug sie brav in ein kleines schwarzes Notizbuch ein. Einige Wörter, von denen ich dachte, sie seien englisch, waren schon lange nicht mehr in Gebrauch. Die meisten Briten trugen «jumpers», und keine «pullovers». Ein «handy» war kein modernes Mobiltelefon, sondern ein Adjektiv, welches «praktisch» bedeutete. Ein «beamer» war kein Gerät, mit dem man Filme auf weiße Wände projizieren konnte, sondern ein Kosename für einen BMW. Andere Wörter hörten sich verdächtig deutsch an, bedeuteten aber etwas vollkommen anderes. Ich lernte, dass «a brave man» nicht brav war, sondern mutig, ein «preserve» kein Präser, sondern Marmelade, und ein «puff» kein Bordell, sondern ein leichter Windstoß. Das englische Wort für Miete war nicht «meet», sondern «rent»; das Wort für Rente war «pension» und nicht «rent», und das Wort für Pension war «guesthouse» und nicht «pension». «To wink» hieß nicht winken, sondern zwinkern, und «to wank» bedeutete auf keinen Fall, dass jemand einen unsicheren Gang hatte.

Zum Glück gab es für jeden Faux ami auch Dutzende unerwartete Parallelen. Vor Schulanfang hatte man mir eine Liste von Büchern geschickt, die wir im ersten Semester planten durchzunehmen. Auf dieser Liste befand sich auch ein Sammelband mit Gedichten des 20. Jahrhunderts. Als ich eines Tages durch dieses Buch blätterte, stieß ich auf ein Gedicht des englischen Dichters und Romanciers Thomas Hardy mit dem Titel «The Pity of It». Es handelte von nichts anderem als einer inneren Verbundenheit zwischen der englischen und deutschen Sprache. Bei einem Spaziergang durchs ländliche Dorset offenbart sich Hardy im Lokaldialekt der Anwohner die deutsche Herkunft seiner Heimatsprache:

Ich wanderte durch Wessex's lehmige Wege, weitab
von Schiene und Straße, und ich hörte
so manches uralte Wort
hiesiger Herkunft wie «Thu bist», «Er war»,
«Ich woll», «Er sholl» ...

Schließlich kommt Hardy zu dem Schluss, dass der Erste Weltkrieg kein Kulturkampf sei, sondern ein tragisches Missverständnis zwischen zwei Völkern, die viel gemeinsam hatten:

Wer immer auch die Schuld trägt,
Wer immer dieses Feuer zündete,
Zwischen verwandten Völkern verwandter Mundart wie
    wir es sind,
Möge sein Ruf böse, hässlich, schrecklich sein.

War es mir nicht ähnlich ergangen, wann immer ich meine Großeltern im Alten Land an der Elbe besucht hatte? Waren Wörter wie «Buddel» im Plattdeutschen der englischen «bottle» nicht viel näher als der deutschen «Flasche»? Trank man hier nicht «Water» anstatt Wasser? War ich in Wirklichkeit vielleicht viel englischer, als ich es bisher gedacht hatte?

Zum Anfang des Schulsemesters strotzte ich vor Selbstbewusstsein. Am Morgen des ersten Schultages stand ich um halb sieben auf, was auf Englisch *half six* heißt und nicht *half seven*. Ich zog mir meine neuen Chino-Hosen an, knüpfte mein hellblaues Hemd zu, machte einen sauberen Knoten in die Senkel meiner schwarzen Lederschuhe und schlüpfte in das alte Nadelstreifenjackett meines Vaters: «suited and booted», würde man im Englischen sagen. Als Nächstes kam die blaugelb gestreifte Schulkrawatte, wobei mir das deutsche Wort «Krawatte» viel umständlicher erschien als das englische «tie», welches auf elegante Weise genau das beschrieb, was man mit ihr machen sollte. Nebenbei ist es durchaus bemerkenswert, dass das deutsche Wort «Binde» nur noch benutzt wird, um sich sprichwörtlich einen dahinterzugießen, dabei ist es doch weitaus eleganter als das dorftrottelige «Schlips», welches außerdem eine vollkommen verwirrende Ähnlichkeit zu dem Wort «Slip» aufweist, welches wiederum gar nichts mit englischen Hausschuhen, «slippers», zu tun hat und jede Menge mit dem, was die Engländer «Knickers» nannten. Im Englischen sagt man von Menschen, die mit dem falschen Bein aus dem Bett aufgestanden sind, sie hätten ihre «knickers in a twist», ihnen sei also der Slip verrutscht. Wenn man eine von diesen Redensarten verwechselte, dann spricht man in England von einem «slip of the tongue», aber ich war hundertprozentig überzeugt, dass Philip Oltermann an seinem ersten Schultag ein solches Missgeschick nicht zustoßen würde. Mein Vater fuhr mich bis vor das Schultor, klopfte mir ermutigend auf die Schulter, und ich gesellte mich zu den milchgesichtigen Gentlemen, die in die Aula strömten.

Die erste Stunde des Tages war Leistungskurs Englisch. Gleich zu Anfang entschuldigte sich der Lehrer, Mr. P, bei seinen Schülern: Zwar sollten wir uns im ersten Semester eigentlich mit Shakespeares *Hamlet* beschäftigen, doch leider war die Lieferung der Arden-Taschenbuchausgabe in der Post verschollen. Deshalb würden wir heute ein paar Gedichte lesen. Ein Stapel Fotokopien machte die Runde durchs Klassenzimmer.

Mr. P trug einen roten Pullunder, ein Kleidungsstück, welches man im Englischen komischerweise als «tank top» bezeichnete, obwohl «tank» doch das englische Wort für einen Panzer war. Ein paar Sekunden lang versuchte ich mir vorzustellen, wie Erwin Rommel und Bernard Montgomery bei der Schlacht von El Alamein in Kaschmirpullundern durch die Wüste von Nordafrika jagten. Mr. Ps Stimme unterbrach meinen Tagtraum. Um ein Gedicht wirklich zu verstehen, meinte er, müsse man es laut vorlesen. Würde der lange junge Kerl in der ersten Reihe uns den guten Gefallen tun, das erste Gedicht zum Besten zu geben?

Ich spürte, wie mich fünfundzwanzig Augenpaare fixierten. Ich überflog die Worte auf dem Blatt Papier. Bei dem Gedicht handelte es sich um ein Werk der englischen Dichterin Wendy Cope mit dem Titel «The Uncertainty of a Poet». Die ersten drei Strophen lasen sich wie folgt:

I am a poet,
I am very fond of bananas.

I am bananas,
I am very fond of a poet.

I am a poet of bananas.
I am very fond.

Nicht nur Dichter sind unzuverlässig, sondern auch die englische Sprache an sich. Der irische Autor George Bernard Shaw merkte einst an, dies ließe sich spätestens daran festmachen, dass man das Wort «fish» auch genauso gut «ghoti» buchstabieren konnte, wobei das «gh» so gesprochen wird wie in dem Wort «tough», das «o» so wie in «women», und «ti» wie in «nation». Das Wort «banana» kam mir in etwa so schlüpfrig vor wie Shaws Fisch. Natürlich wusste ich, dass «a banana» eine Banane war, aber wie sprach man sie aus? Streckte man den Buchstaben «a» in die Länge wie bei «father», oder hielt man ihn kurz und knapp wie bei «hat»? Sagte man «ay» wie bei «able» oder «ah» wie bei «umbrella»?

«Junger Mann, fangen Sie doch bitte an.»

Ich entschloss mich, auf Nummer sicher zu gehen, und einfach eine Variante nach der anderen auszuprobieren. Erst «I am very fond of bawnanners», dann «I am bannannahs», danach «A poet of baynanis» und schließlich «Very barnarners» ... Leider entpuppte sich Wendy Copes Banane in Wirklichkeit als eine sprichwörtliche Bananenschale. Ich merkte, wie mir das Blut in den Kopf schoss, während jede Banane wie ein Bumerang durch das Klassenzimmer flog und eine Welle des Kicherns auslöste, bis sie wieder an meiner hochroten Stirn landete. «O.k., das reicht, du musst nicht zu Ende lesen.» Bis zur Pausenklingel hielt ich meinen Kopf gesenkt und starrte stur auf die Tischplatte vor mir.

Ich traute mich auch nicht, meinen Kopf zu heben, als ein anderer Junge ein Gedicht der amerikanischen Dichterin Sylvia Plath vorlas. In «Daddy» setzt sich die Autorin mit der Sprache ihres Vaters auseinander, einem deutschen Einwanderer. «Die Zunge steckt in meinem Kiefer fest», heißt es da.

«Sie steckt in einer Stacheldrahtschlinge / Ich, ich, ich, ich» –
(so, wie es der Junge las, klang es wie «ick, ick, ick, ick») –

> Ich konnte kaum sprechen.
> Es kam mir so vor, als wäre jeder Deutsche du
> Und die Sprache obszön
> Eine Maschine, eine Maschine,
> Die mich wegpafft wie einen Juden

*

Bevor ich nach London kam, wäre ich nie auf die Idee gekommen, dass die Engländer nicht nur die Deutschen als hässlich empfanden, sondern auch ihre Sprache. Jetzt verging kein Tag, ohne dass ich daran erinnert wurde. Auf der Busfahrt nach Hause saß ich hinter einer Gruppe von Jungs, die sich gegenseitig aus ihrem Schulheft deutsche Wörter vorlasen, als handelte es sich dabei um perverse Sexspielzeuge: «Wunderbar» klang wie «wonderbra», und bei «Botschaft» dachten sie sofort an längliche Objekte, die einem ins Hinterteil geschoben wurden. Was war bloß los mit diesen Deutschen, dass sie die weibliche Anatomie mit so hässlich emotionslosen Worten wie «Brustwarze» versahen? Im Englischen gibt es die quirlige «butterfly», im Französischen den poetischen «papillon», im Spanischen den gehauchten «mariposa», einen flatternden «flutur» im Albanischen und einen flüsternden «chou chou» im Japanischen – nur die Deutschen könnten so eine delikate Kreatur als einen manisch-destruktiven «Schmetterling» beschreiben.

Besonders zwei Eigenarten der deutschen Sprache kommentierten die jungen Engländer mit viel Gelächter. Einerseits war da der raue Räusperklang des «ch»; andererseits die Überfülle von sanfteren «sh»- und «f»-Klängen. In der zweiten

Kategorie kannten die Jungs auf meinem Schulbus Hunderte von Beispielen: Flaschenpfand, Schadenfreude, Faschismus, Arschloch. Wo es im Englischen das Wort «damp» gab, hatten die Deutschen nur «Dampf». Nahm man die deutsche Sprache an sich, dann erzeugte sie das Bild eines Volkes, das sich permanent kurz vor dem Siedepunkt befand. Der mehrsprachige spanische Diplomat Salvador de Madariaga beschrieb es einst so: «Kein Deutscher kann ein Wort mit dem Buchstaben P beenden, ohne dass er danach den überflüssigen Hochdruck in seiner Seele ablässt.»

Nicht nur der Klang der deutschen Sprache nervte die Briten, sondern auch ihr Hang zu endlosen Schachtelsätzen. Alleine die Länge des durchschnittlichen deutschen Satzes schien eine verschwenderische Faulheit des deutschen Intellekts anzudeuten. Und woher kamen jene sogenannten «Modalpartikel», die diese Sprache mit verbalem Geröll vollschütteten? Füllwörter wie «halt», «eben», «nun», «mal», «schon», «doch», «eh», «ja» oder «irgendwie» komplizierten die grammatikalische Struktur eines Satzes, ohne ihren Sinn zu verdeutlichen. Wenn die deutsche Sprache eine Straße war, dann war sie ein langer, gewundener Küstenpfad mit Rüttelschwellen und Ampeln an jeder Kurve und Geschwindigkeitsbegrenzungen auf den Strecken dazwischen.

Das Englische kam vergleichsweise wie eine Schnellstraße daher, auf der hohe Geschwindigkeit nicht nur erlaubt war, sondern ermutigt wurde. An meinem ersten Schultag hörte ich zufällig mit, wie ein Junge sich darüber beschwerte, dass seine Mutter ihm seine «sarnies» nicht eingepackt hatte. Das Wort «Sandwich» an sich ist schon eleganter als das deutsche «Butterbrot», aber den Engländern schien dies nicht zu reichen: Ein noch praktischeres, noch einfacheres Wort musste her, und aus Sandwich ward Sarnie. Im Laufe der kommenden Monate lernte ich, dass der Junge seinen Sarnie im Falle des

Nichtvergessens seiner Mutter nicht als «delicious» bezeichnet hätte, sondern als «delish». Die Sofas im Gemeinschaftsraum der Oberstufe waren nicht «comfortable», sondern «comfie». Die englische Sprache glich einem teuren Formel-1-Wagen, an dem permanent geschraubt und gebastelt wurde, um seine Schnelligkeit und Manövrierfähigkeit zu verbessern. Die Fernsehsendungen, die ich mir nach der Schule anschaute, bestätigten diesen Eindruck. In deutschen Talkshows wurden Gäste nur selten vom Moderator unterbrochen: Man sprach in langen, klaren, scheinbar unzerbrechlichen Sätzen. Im Gegensatz dazu waren englische Talkshows pures Chaos: Ein permanentes verbales Tauziehen, in dem Wortschwälle permanent unterbrochen, aufgestaut und neu entfesselt wurden.

Aus meinem Englischlehrer Mr. P wäre in einem anderen Leben ein sehr guter Talkshow-Moderator geworden. Während seiner Jugend im Londoner East End und seinem Studium in Oxford hatte er sich zwei unüberhörbar britische, wenn auch sehr unterschiedliche sprachliche Eigenarten angewöhnt. Einerseits tendierte er dazu, seine Hs und Ts wie ein echter Cockney zu verschlucken. Aus «What is Hamlet's motivation in this scene?» wurde «Wha's 'amlet's mo'ivation in this scene?». Gleichzeitig affektierte er in ganz gewöhnlichen Situationen eine nervöse Disposition, die sich durch rasche Wiederholung des Wortes «the» ausdrückte («Hamlet believes that nothing is real apart from the-the-the the mind of the individual»). Diese Macke, welche man auch «Oxford stutter» nennt, erinnerte mich an einen Autofahrer, der an jeder Ampel seinen Motor aufheulen ließ. Letztendlich war der Oxford Stutter deshalb praktisch, weil sich Mr. P dadurch mehr Zeit zum Nachdenken verschaffte, ohne jedoch seinen Wortschwall unterbrechen zu müssen. Befand er sich im vollen Lauf, dann war P kaum aufzuhalten: Der nachweisbaren Schlüpfrigkeit der englischen Sprache zum Trotz gab der Mann Vollgas. Im Unterricht philosophierten wir über Hamlets «Der Rest ist Stille»-Monolog und lernten über die Wichtigkeit von «pregnant pauses» in den Theaterstücken von Harold Pinter – was aber Mr. Ps Sprache betraf, so hätten Stille und Pausen irrelevanter nicht sein können. So dicht war der Sprachstrom, der sich aus seinem Mund ergoss – man hätte meinen können, er würde von seinem Arbeitgeber pro Zeichen bezahlt.

Worum es genau bei seinen Vorträgen ging, das war nicht immer glasklar. Mr. P besaß eine außergewöhnliche Begabung dafür, die Eigenschaften eines Textes aus unerwarteten Perspektiven zu betrachten – eine Methode, die er einst mit einem Taucher verglich, der eine Kathedrale der italienischen Renaissance mit Wasser füllte, um die Deckenfresken aus der Nähe zu betrachten. Stundenlang befassten wir uns mit Detailfragen: Erinnerte der Klang der Phrase «moss'd cottage trees» in John Keats' Gedicht «To Autumn» eher an den Biss in einen knackigen Apfel oder in eine saftige Birne? Mr. P hielt sich selten an seine eigenen Pläne. Zum Ende des ersten Semesters befassten wir uns noch immer mit der zweiten Szene im ersten Akt von Hamlet.

Im Englischen gibt es einen schönen Ausdruck dafür, wenn man sich im Schwafeln verliert: «to ramble on», das rhetorische Umherbummeln. Deutsche sind dazu sicherlich auch fähig, aber mir schien es, als habe die Struktur der deutschen Sprache die Gabe, einer jeden Rede wenigstens den Anschein von Struktur und Zielstrebigkeit zu verleihen. Dies hatte vor allem mit der Flexibilität deutscher Baukastenwörter zu tun, die oft eine detailtreuere Beschreibung ermöglichten als im Englischen. Allein das Wort «Begriff» deutet an, wie fähig diese Sprache dazu ist, Gedanken sprachlich zu erfassen und festzuhalten.

Ähnliche Sicherheit wollte das Englische mir nicht verleihen, und zum Anfang der Winterferien musste ich mir eingestehen, dass ich den Kampf mit meiner neuen Heimatsprache verloren hatte. Es war mir nun klar, dass ich das Englische nie so gut meistern würde wie meine Mitschüler. Ein erweitertes Vokabular mit tausend verschiedenen Wörtern für Toiletten, Abendessen und Küsse: vielleicht. Ein mittelmäßiger Oxford Stutter: realistisch. Aber das gleiche Selbstvertrauen, dass das Deutsche mir verlieh? Niemals. Zu viele Bananenschalen boten sich mir. Deutsche Gehirne waren zu langsam für das Spiel mit englischen Worten; englische Sätze zu flexibel für sich nach Präzision und Vorhersehbarkeit sehnende deutsche Seelen. Die englische Sprache mochte elegant, witzig und verspielt sein, aber irgendwie gelang es ihr nicht, mir die Richtung in die Zukunft zu weisen.

*

Die Zielstrebigkeit, die man so leicht in der deutschen Sprache finden konnte, ließ Deutschland selbst lange vermissen. Das Außenseitertum, das Deutschland zum Anfang des 19. Jahrhunderts so zu schaffen machte, verfolgte das Land ins 20. Jahrhundert. Unter dem «eisernen Kanzler» Bismarck mochte Deutschland paradoxerweise liberaler geworden sein – inklusive Reichsgründung, Protosozialstaat und beeindruckender Industrialisierung –, aber in seiner Denkweise war man immer noch provinziell und in sich gekehrt. In Sachen Diplomatie zeigte sich Deutschlands Unerfahrenheit deutlich: So gab Kaiser Wilhelm 1908 dem *Daily Telegraph* ein Interview, in dem er vorhatte, den Briten zu schmeicheln und den Stand deutsch-englischer Beziehungen zu loben. Stattdessen gelang es ihm, sowohl die britische Öffentlichkeit als auch seine eigenen Berater gegen sich aufzubringen («Ihr Engländer seid verrückt, verrückt, verrückt wie Märzhasen» ist ein besonders oft zitierter Satz). Der deutsche Hamlet lernte nur langsam.

Einige Intellektuelle waren überzeugt, dass der Status des Außenseiters in Wirklichkeit keine Last, sondern ein Vorteil für Deutschland war. Im Jahre 1914, kurz vor Ausbruch des Ersten Weltkriegs, versuchten sich mehrere von ihnen daran, den deutschen Sonderweg zu preisen. Manche behaupteten, Deutschland wäre bedachter und philosophischer als andere Nationen: Thomas Mann war der Meinung, die Deutschen seien keine «Zivilisation» wie Italien oder Frankreich, sondern eine «Kultur». Andere glaubten, dass das Leben in Deutschland einfach anders strukturiert war als in seinen Nachbarländern. Die Deutschen lebten in eng gestrickten provinziellen Gemeinschaften, nicht in weltoffenen urbanen Gesellschaften, sinnierte der Soziologe Friedrich Tönnies. Andere wiederum waren der Meinung, der Unterschied sei viel grundlegender: Deutschland war eine tiefidealistische Nation von «Helden und Träumern», behauptete Werner Sombart, während die nüchternen Briten «Händler und Krämer» waren.

Erst nach dem Ersten Weltkrieg kam solches Gedankengut wieder außer Mode. Wäre etwas mehr Interesse an Deutschlands Nachbarstaaten vielleicht doch keine schlechte Idee? Die neue Verfassung, die am 31. Juli 1919 in Weimar unterschrieben wurde, war Ausdruck des Verlangens, deutsche Verhältnisse auf den Stand der anderen großen Demokratien Europas zu bringen: Es gab jetzt Menschenrechte, ein zentrales Steuergesetz, ein erstes Finanzministerium und – immerhin neun Jahre vor Großbritannien – Wahlrecht für Frauen. Deutschland trat wieder dem Völkerbund bei, bürgerte Tausende von Einwanderern ein und baute die Außenhandelskontakte zu Ungarn, Rumänien und Bulgarien aus. Die Kunst, besonders die Gedichte und Gemälde der Expressionisten, beschwor das Bild des «Weltmenschen» in seiner ursprünglichen, übernationalen Form. Carl von Ossietzky und Kurt Tucholsky publizierten eine Zeitschrift mit dem passenden Namen *Die*

Weltbühne, welche mehr Völkerverständigung und Austausch verlangte. «Man kann sich einen Franzosen vorstellen, der Englisch spricht. Man kann sich auch einen Amerikaner vorstellen, der richtig Englisch spricht», schrieb Tucholsky unter dem Pseudonym Peter Panter in einer Ausgabe. «Man kann sich zur Not einen Engländer vorstellen, der Französisch spricht. Ja, man kann sich sogar einen Eskimo vorstellen, der italienische Arien singt. Aber einen Neger, der sächselt: Das kann man sich nicht vorstellen.»

Kein Vertrag, kein Gedicht, kein Gemälde und keine Zeitung sagt jedoch mehr über die deutsche Selbstflucht nach dem Ersten Weltkrieg aus als ein Film: Josef von Sternbergs *Der blaue Engel*, eine Produktion der Berliner UFA-Studios, die in die Kinos kam, als die «Goldenen Zwanziger» eigentlich schon vorbei waren, am 1. April 1930. Von Sternbergs Film sollte der erste UFA-Streifen mit Welterfolg werden. Man wollte schließlich nicht tatenlos zusehen, wie die Konkurrenz Hit nach Hit feierte: 1927 hatten die amerikanischen Warner Bros. Studios mit *The Jazz Singer* den ersten kommerziell erfolgreichen Tonfilm produziert; den Franzosen und den Briten gelangen mit René Clairs *Sous les toits de Paris (Unter den Dächern von Paris)* und Alfred Hitchcocks *Blackmail* 1929 weitere Kassenschlager. Was Stummfilm betraf, hatte UFA in den Zwanzigern noch internationale Standards gesetzt: Plötzlich musste man aufholen.

Schaut man nur auf die Namen in der Abspannsequenz, so könnte man leicht annehmen, *Der blaue Engel* wäre in den USA produziert worden. Regisseur von Sternberg kam ursprünglich aus Wien, war aber schon als Zweijähriger nach Amerika ausgewandert und hatte sich dort mit einer Reihe von Gangsterfilmen einen Ruf verschafft. Emil Jannings, der männliche Hauptdarsteller, war zwar deutsch, arbeitete jedoch in Hollywood, wo er für seine Rollen in den Filmen *The*

Way of All Flesh und *The Last Command* 1928 den ersten Oscar gewonnen hatte. Den Soundtrack des Films lieferte ein Jazzorchester, was selbst Ende der Zwanziger noch kein typisch deutscher Musikstil war. Der Film basiert auf Heinrich Manns Roman *Professor Unrat*, doch ist es unwahrscheinlich, dass es den Produzenten wirklich um den literarischen Wert der Vorlage ging. Viel wichtiger waren die offensichtlichen Ähnlichkeiten zu den Kassenschlagern aus Frankreich und Amerika: Ging es in *The Jazz Singer* um einen jüdischen Musiker, der mit den orthodoxen Traditionen seiner Familie bricht, um sich als Kneipenpianist zu versuchen, und in *Sous le toits de Paris* um einen Sänger, der sich in eine rumänische junge Dame namens Pola verliebt, so handelt *Der blaue Engel* ganz zufällig von dem strengen Gymnasialprofessor Immanuel Rath, der eines Abends einer Gruppe seiner Schüler in ein Hafen-Varieté folgt und sich dort glatt in die Jazzsängerin Lola Lola verliebt. Bei Mann spielt die Geschichte in Lübeck – die Örtlichkeit von Sternbergs Film jedoch lässt sich kaum festlegen: Es ist, als spiele der Film nicht in Deutschland, sondern in dem dunklen Unterbewusstsein des Weltbürgertums. Bei Mann sprechen Gäste in Lola Lolas Bar Platt – bei von Sternberg redet man generell Hochdeutsch. Sowieso ist der Akzent der Schauspieler im *blauen Engel* das Faszinierendste am ganzen Film. Um seine internationalen Ambitionen zu unterstreichen, nahm Sternberg jede Szene zweimal auf: einmal auf Deutsch, einmal auf Englisch.

Das Ironische dabei ist, dass *Der blaue Engel* all seinen weltbürgerlichen Ambitionen zum Trotz wahnsinnig deutsch daherkommt. Wo es den Hauptfiguren in *The Jazz Singer* und *Sous le toits de Paris* am Ende des Films gelingt, die Spannungen ihres Lebens in einem eleganten Happy End zu lösen, treiben sich Emil Jannings' Professor Rath und Marlene Dietrichs Lola Lola in den Ruin. Lockert Rath erst einmal seine preußische Selbstdisziplin, wird er sofort zum Spielball seiner Gefühle. Nach der Verlobung der beiden Hauptdarsteller springt der Film ein paar Jahre in die Zukunft: Der alte Professor ist jetzt Mitglied des Ensembles, mit wirrem Haar, irrem Blick und kranker Eifersucht auf seine Frau, die inzwischen mit dem Artisten Mazeppa anbändelt. Überraschenderweise endet UFAs erster Tonfilm in kompletter Stille: Gymnasialprofessor Immanuel Rath erleidet in seinem alten Klassenzimmer einen Nervenzusammenbruch und verendet kläglich am Fuße der Tafel.

Sowieso lässt sich der Film leicht als eine Parabel über Deutschlands historische Entwicklung entziffern. Während der erzkonservative Professor Rath das alte wilhelminische Deutschland der Kaiserzeit symbolisiert, erinnern die aufmüpfigen Studenten an die Unruhestifter hinter dem Kieler Matrosenaufstand und der Novemberrevolution von 1918. Akzeptiert man so eine historische Interpretation, dann erscheint das Ende des Films nicht nur kulturell pessimistisch, sondern auch politisch reaktionär: Das alte, Rath'sche Deutschland erscheint zerbrechlich, das neue, studentische Deutschland verantwortungslos, ein Mittelding undenkbar – insgesamt ein eher pessimistischer Kommentar zur Lage der Nation.

Und es gibt noch mehr «typisch deutsche» Eigenschaften. Für einen Film, der angeblich von dem unsittlichen Leben in einem Nachtklub handelt, kommt *Der blaue Engel* wahnsinnig manieriert daher. Zum Vergleich braucht man sich nur die Marx-Brothers-Komödie *Animal Crackers* aus dem Jahr 1930 anzuschauen: einen Film, in dem Groucho Marx von afrikanischen Kriegern in einer Sänfte in einen Ballsaal getragen wird und in dem Harpo Marx in Unterhose, Hosenträgern und Zylinder mit einem Gewehr auf eine Kuckucksuhr schießt. Vier Jahre später brachte Jean Vigo *L'Atalante* heraus, in dem drei Schauspieler und eine kleine Armee von Katzen auf einer

Barkasse herumalbern. *Der blaue Engel* traut sich nie, das anarchische Element im Filmemachen so zu zelebrieren, wie diese Meisterwerke es taten.

Siegfried Kracauer ging in seiner Kritik noch einen Schritt weiter. Rückblickend schrieb er 1947, von Sternbergs Film schaute nicht nur nostalgisch auf das Kaiserreich zurück, er deutete auch schon die psychopathischen Züge von Hitlers Drittem Reich an: einem Deutschland, dass sich vor allem durch die sadistischen Tendenzen seiner Bürger auszeichnete. Lola Lola, «diese kleinbürgerliche Berliner Nutte», so Kracauer, drückte allein «abgebrühten Egoismus und Kaltschnäuzigkeit» aus; die Pennäler, die ihren alten Lehrer malträtierten, verglich er mit der späteren Hitler-Jugend.

Das Deutscheste am *Blauen Engel* ist jedoch weder seine Handlung noch seine Hauptdarstellung, sondern seine Musik. Das Lied, durch dessen Darbietung sich Rath in Lola Lola verliebt, ist nicht nur das berühmteste Element dieses Films überhaupt, es ist auch eine Art Hymne auf die Hässlichkeit der deutschen Sprache, eine Apotheose des schabenden, knarzenden Chs. Mit Ch fängt es an –

Ich bin von Kopf bis Fuß
Auf Liebe eingestellt …

– und Ch ist der Reim, der ihm seine Struktur verleiht:

… Denn das ist meine Welt,
Und sonst gar nichts …

Männer umschwirr'n mich
Wie Motten um das Licht,
Und wenn sie verbrennen,
Ja dafür kann ich nichts.

Die Zunge steckt in einer Stacheldrahtschlinge.

Hat der deutsche *Blaue Engel* manchmal etwas Bedrohliches, so ist die englische Version eher komisch. «Män claster tuh mi», singt Lola Lola, «laik moffs araund a fläim / änd if sehr wiengs börn / Ei no eim not to blä-im.» In Anbetracht von Marlene Dietrichs abenteuerlichem erstem Ausflug in die englische Sprache erscheint es nur logisch, dass ausländische Filme in Deutschland heutzutage konsequent synchronisiert werden. Kann man diese Szene in der englischen Version nur schwer ernst nehmen, ist sie doch immerhin nicht so vollkommen verwirrend wie die, in der Professor Rath mit einem starken deutschen Akzent den englischen Akzent seiner Schüler korrigiert: «Tu bi or not tu bi», sagt der Student, «sät iss se kweschtschn ...» Rath unterbricht ihn: «Halt, rong. Ju ar effidentally diss-satisfeit wis se acksepted pro-noun-si-äschn of se wörd ‹se›.» Vielleicht ist dies sogar die Szene im *Blauen Engel*, die die Situation in der Weimarer Republik am allerbesten auf den Punkt bringt: Deutschlands Versuch, sich als abgeklärt-kosmopolitisch zu präsentieren und das letztendliche Scheitern dieses Versuchs.

*

In Deutschland kennt jeder die Melodie und den Text von «Ich bin von Kopf bis Fuß» und das berühmte Kinoposter: Die Dietrich in Strapsen und Seidenstrümpfen, mit einem leicht angewinkelten weißen Zylinder auf dem Kopf, eine Ikone für die kuriose Mischung aus Selbstdisziplin und Selbstvergessenheit, die man heute mit den Zwanzigern assoziiert. Gesehen haben den Film eher weniger Leute, und ich selbst kam erst auf die Idee, ihn mir anzuschauen, als ich in England lebte und meine gähnend leeren Wochenenden zu füllen suchte. Eines Abends besuchte ich die Videothek an der Straßenecke, wo mir der Mann an der Theke sagte, dass *The Blue Angel* zurzeit ausgeliehen war. Wie wäre es denn mit *Cabaret*, das sei doch eigentlich der gleiche Film, sagte der Mann, und reichte mir eine abgegriffene Kassettenhülle. Das Bild auf der Hülle sah wirklich so aus wie das auf dem *Blauen Engel*: Der einzige richtige Unterschied war, dass die Frau in Strapsen keinen weißen Zylinder trug, sondern eine schwarze Melone.

Cabaret handelt von einem jungen höflichen Engländer, gespielt von Michael York, der nach Berlin zieht, um dort als Englischlehrer zu arbeiten. In der deutschen Hauptstadt freundet er sich mit einer Amerikanerin namens Sally Bowles an (Liza Minnelli), die dort als Kabarettdarstellerin in einem Nachtklub arbeitet. Untermalt wird die Geschichte ihrer Freundschaft durch musikalische Einlagen, die jeweils in eine von zwei Kategorien fallen: Lieder mit lebensbejahenden Texten, von Sally Bowles im American-Stage-Musical-Stil dargestellt; und Lieder mit anzüglichen Texten, die die bleichen androgynen Deutschen in Bowles' Kabaretttruppe zum Besten geben. Auf das Deutschlandbild der Briten hat *Cabaret* mindestens so viel Einfluss genommen wie *Monty Python* auf das Englandbild der Deutschen.

So ganz zufällig sind auch die Parallelen zwischen *Cabaret* und dem *Blauen Engel* nicht. Bob Fosses Film aus dem Jahr 1972 basiert auf einem Broadway-Musical, welches sich wiederum auf ein Theaterstück namens *I Am a Camera* bezieht, frei nach einem autobiographischen Buch des englischen Schriftstellers Christopher Isherwood. Isherwood, dessen Eltern aus der oberen englischen Mittelschicht stammten, hatte 1925 sein Studium in Cambridge abgebrochen und verbrachte zwischen November 1929 und Mai 1933 längere Zeit in Deutschland. An der Großstadt Berlin schätzte er besonders die unzähligen Kinos, in denen er sich unter anderem – *quod erat demonstran-*

dum – den *Blauen Engel* anschaute, der kaum fünf Monate nach seiner Ankunft seine Premiere feierte.

Während Deutschland sich mühte, den Rest der Welt auf seine neugewonnene politische Reife aufmerksam zu machen, begannen die Engländer sich für Berlin zu interessieren – aber aus etwas anderen Gründen. So teilen sowohl *Cabaret* als auch die Geschichten von Christopher Isherwood die Annahme, Weimar-Deutschland sei das Vaterland der sexuellen Befreiung und Berlin – frei nach dem Maler Wyndham Lewis – «ein Paradies für Perverse». Sex dominiert englische Literatur über Deutschland in den Zwanzigern. Einige ekelten sich davor: Nach seinem ersten Besuch in Berlin notierte der anglophile Schriftsteller Giuseppe di Lampedusa die «Unanständigkeit» der Stadt, ihre «unzähligen Schlampen» und «übermäßig eleganten und übermäßig glatt rasierten Kerle». Andere waren begeistert. Als Isherwoods Freund, der Dichter Stephen Spender, im Juli 1929 in Hamburg ankam, schrieb er sofort in sein Tagebuch: «Jetzt kann ich anfangen zu leben.» Ein weiterer Freund der beiden, W. H. Auden, schrieb sogar eine Reihe von deutschen Liebesgedichten an seinen Liebhaber Gerhart, einen Matrosen aus Hamburg («Er hat zwei nette Eier / Ein fein Schwanz auch dazu / Wenn wir ins Bett uns liegen / Dann gibt es da kein Ruh»).

Isherwoods persönliche Haltung lag wohl irgendwo dazwischen. Einerseits beschwerte er sich gerne mal, dass es mit dem Deutschland der «Dichter und Denker» nicht mehr viel auf sich habe und dass kitschige Kabarettlieder der Marke Marlene Dietrich doch bitte nichts mit deutscher Romantik zu tun hätten. «Das Wort Liebe», heißt es in einer seiner Berliner Geschichten, «hatte sich über den von Goethe gesetzten Maßstab emporgeschwungen und war längst nicht mehr den Kuss einer Hure wert» (und dass von jemandem, der sich zu dem Zeitpunkt auf Deutsch gerade mal ein Bier bestellen konnte). Andererseits bedeutete Berlin für den ehemaligen Public Schoolboy Isherwood auch ein Entkommen von den strengen sexuellen Spielregeln der Upper Class. In England spielte Klasse im Schlafzimmer immer eine Rolle, aber hinter den schweren Ledervorhängen der Berliner Schwulenbars – dem Cosy Corner oder der Adonis Klause – konnte ein Ausländer wie er seiner Vergangenheit entkommen. In der Geschichte «Christopher and his kind» beschreibt er seine Erfahrungen in der dritten Person: «Christopher litt an Hemmungen, die unter Homosexuellen der Oberschicht keineswegs ungewöhnlich waren; er konnte sich sexuell mit jemandem von seiner eigenen Klassenschicht oder Nationalität nicht entspannen.» Sobald er sich aber in der Gesellschaft von Deutschen befand, «dann konnte er, der auf Englisch Anspielungen machte und stotterte, klipp und klar verlangen, was er wollte. Sein limitiertes Beherrschen der Sprache zwang ihn zur Unverblümtheit, und er schämte sich nicht vor ausländischen Sexwörtern, da sie ihn nicht an sein Leben in England erinnerten.»

In Isherwoods Geschichten drücken sich Deutsche generell durch ihre Körper aus. In dem «Berliner Tagebuch» beschreibt er die Spuren, die vorherige Mieter in seinem Apartment hinterlassen haben: Da ist ein Fleck, wo Herr Noeske sich nach einer Geburtstagsfeier übergeben hat, die Kaffeeklekse an der Tapete, von damals, als Herr Rittmeister «sich in seinen Gefühlen ein bisschen zu sehr erregt hat», oder die Tintenflecken von Professor Kochs ejakulierendem Füller. Isherwoods Nachbarin ist eine Varieté-Jodlerin, deren «freie fleischige Arme unappetitlich hin und her schwabbeln», und seine Vermieterin Fräulein Schroeder gesteht ihm vertraulich, dass sie nicht mit ihrem brachialen Busen zufrieden ist. Man vergleiche damit die fahlen, blutlosen Engländer. Die Hände von Sally Bowles zum Beispiel (bei Isherwood noch eine Britin) sind «nervös, aderig und sehr dürr – die Hände einer Frau mittleren Alters».

Isherwood selbst ist so sanft skizziert – er ist praktisch unsichtbar. «Ich bin eine Kamera mit offenem Verschluss», heißt es in dem vielzitierten ersten Absatz der Geschichte, «nehme nur auf, registriere nur, denke nichts. Registriere den Mann, der sich am Fenster drüben rasiert, und die Frau im Kimono, die ihr Haar wäscht.» Das Praktische am Kameramannsein: Man selbst ist eher selten im Bild. Gen Ende der Geschichte fragt eine seiner Schülerinnen – ein «fettes hübsches Mädchen» mit einer «ungestümen Lache und einem wohlgeformten Busen» namens Fräulein Hippi: «Do you find German girls different than English girls?» Isherwood errötet und versucht, der Frage mit einem typisch englischen Instinkt auszuweichen: Um sein Unbehagen beim Thema Sex mit seinem Selbstbewusstsein beim Thema Sprache auszugleichen, korrigiert er ihre Grammatik. Das einzige Problem: Er ist so nervös, das er sich partout nicht mehr erinnern kann, ob man «different from» oder «different to» sagt. Fräulein Hippi besteht beharrlich auf eine Antwort: «Do you find German girls different than English girls?» Zu Isherwoods Erleichterung klingelt es an der Tür, und er entkommt dem Verhör in letzter Sekunde.

*

So schlecht ist Fräulein Hippis Frage eigentlich gar nicht: Sind deutsche Mädchen so anders als englische? Gibt es wirklich einen so großen Unterschied zwischen der englischen und deutschen Haltung zum Sex? Man tut zumindest so: In meinem Schulbus zum Beispiel waren die sexuellen Vorlieben der Deutschen mindestens ein so beliebtes Thema wie die Unarten der deutschen Sprache – besonders nachdem die Schule einen Austausch mit einer Schule in Wuppertal veranstaltet hatte. Deutsche Mädchen, da war man sich sicher, waren nicht unbedingt hübscher, aber sie waren auf jeden Fall «more up for it».

Man erzählte sich Geschichten von deutschen Stränden, an denen ganze Familien nackt herumliefen, von Pornos, die zur besten Sendezeit im Öffentlich-Rechtlichen liefen, und einer Zeitschrift namens *Bravo*, die quasi ein Pornoheft für Teenager war. «Und die Mädchen rasieren sich nicht einmal unter den Armen!»

Aber auch in Deutschland hält sich hartnäckig ein klares Bild vom Sexleben der Briten – oder besser gesagt, ein Klischee über das nicht existente Sexleben der Briten: «No sex, please, we're British.» Die «Insulaner», so besagt dies Klischee, seien ein von Grund auf prüdes Volk, welches im Schlafzimmer verklemmt und ungelenk sei, bei der bloßen Erwähnung des Themas nervös und verschämt. Ein berühmtes Pressefoto aus dem Jahr 1974, aufgenommen bei einem Rugbyturnier im Stadion von Twickenham, fasst dieses Vorurteil wunderbar zusammen: Vier Bobbies in schwarzen Uniformen nehmen einen splitternackten Flitzer fest, einer der Polizisten schirmt dabei die Genitalien des Mannes mit seinem Helm ab; im Hintergrund eilt ein weiterer Mann panisch mit einem Mantel herbei. Mit seinen langen Haaren und dem Vollbart könnte es sich bei dem Nackten gut um den Sohn Gottes handeln: Diese Briten waren so prüde, sie hätten sogar Jesus verhaftet.

Meiner eigenen Erfahrung nach haben diese Stereotype wenig mit der Wirklichkeit zu tun. Im Vergleich mit den Engländern und Engländerinnen, die ich in meinem ersten Jahr kennenlernte, waren es eher die Jungs und Mädchen an meiner deutschen Schule, die verklemmt erschienen. Auf meiner ersten Party zeigte ein Mädchen von der benachbarten Schule einer Gruppe von Jungs ihr Brustwarzenpiercing, als sei dies das normalste auf der Welt. Auf derselben Feier unterhielt ich mich unschuldig mit einer Gruppe Mitschüler, als ein Mädchen schnurstracks auf mich zukam und mich aus unserer Runde schubste. «Do you want to kiss?», fragte sie, und mir fehlte der Mut, mich ihrer Aufforderung zu widersetzen. Den Rest des Abends verbrachten wir knutschend auf dem Parkplatz. Was ich damals in den Zeitungen las, ging es im englischen Berufsleben ähnlich zu. Um die Weihnachtszeit hörte ich Anekdoten über die alljährlichen «Office Parties», bei denen sich die Engländer von ihren Inhibitionen befreiten und Kollegen knutschten, mit denen sie sich sonst nie etwas zu sagen hätten. Weihnachten in England hatte scheinbar weniger mit Tannenbaumschmücken und andächtigen Weihnachtsliedern zu tun als mit geschmacklosen Strickpullovern und albernen Papierhüten: Weniger «Stille Nacht» als «Ding Dong Merrily on High». Es ist gut möglich, dass das aggressive Flirtverhalten etwas damit zu tun hat, dass Jungs und Mädchen in vielen Teilen Englands weiterhin auf getrennte Schulen gehen. Sicherlich spielt die enthemmende Wirkung von Alkohol auch weiterhin eine wichtigere Rolle, als man es aus Deutschland gewohnt ist. Und natürlich kann man behaupten, dass solche Ausschweifungen nur deshalb stattfinden, weil sexuelle Triebe in der täglichen Routine unterdrückt werden. Aber je länger ich auf der Insel blieb, desto klarer wurde mir, das zwischen den FKK-Enthusiasten Deutschlands und den Wimbledon-Flitzern von Großbritannien keine so großen Unterschiede bestanden, wie man es gemeinhin annahm. Man empfand den eigenen Körper oft als lächerlich und Nacktheit eher als albern denn ernst, was aber nicht gleich bedeutete, dass man sich dafür schämte. Der Spruch «No sex please, we're British» hat inzwischen so wenig mit der Wirklichkeit zu tun wie das berühmte schlechte Essen.

Der russische Literaturwissenschaftler Michail Bachtin hat in seiner Studie «Rabelais und seine Welt» das Konzept der «Karnevalisierung» entwickelt. Der Begriff bezieht sich auf eine Zeit des Feierns, während deren Tabubrüche offiziell geduldet und gesellschaftliche Hierarchien kurzzeitig auf den

Kopf gestellt werden. In England redet man von der Zeit nach dem Mittelalter und vor der industriellen Revolution oft so, als wäre sie genau so ein Karneval gewesen: «Merrie England» ist die utopische Vision eines Zeitalters, in dem die Engländer sozial noch weniger gehemmt und sexuell offener waren. Wer aber an einem Samstagabend durch die Innenstädte von London, Newcastle oder Manchester geht, wird sich fragen, ob der karnevaleske Tumult keine einmalige Ausnahme mehr ist, sondern die neue Norm und ob «Merrie England» wirklich eine vergangene Zeit beschreibt oder vielmehr das England von heute.

Was sicherlich stimmt, ist, dass englische Jugendliche eine eigene Art haben, über das andere Geschlecht zu sprechen. Jeden Montagmorgen zählten meine Klassenkameraden ihre Errungenschaften des vergangenen Wochenendes auf: Wer wen geküsst hatte und wer wen wo anfassen durfte. Ich lernte dabei unter anderem, dass der Ausdruck «to pull» nicht, wie ich ursprünglich annahm, etwas mit flirten zu tun hatte, sondern mit dem damals noch sagenumwobenen Zungenkuss. Wenn einer am Ende einer Party mit einem Mädchen zu knutschen anfing, dann sagten wir in Deutschland dazu: «Die sind zusammen abgestürzt», als handelte es sich dabei um den biblischen Fall in Gottes Ungnade. Deutet der Absturz Kontrollverlust an, so sagt «I pulled her» genau das Gegenteil aus: der Zungenkuss als Kraftakt, bei dem das andere Geschlecht abgeschleppt wurde.

Wer also wirklich wissen will, ob Deutsche und Briten unterschiedliche Haltungen zum Sex haben, sollte sich nicht mit Sex beschäftigen, sondern mit Sprache. Zum Beispiel mit dem Text der Lieder von Marlene Dietrich im *Blauen Engel*. Anders als Liza Minnelli singt Dietrich ihre Texte kaum, sie säuselt sie. Die Melodie von «Ich bin von Kopf bis Fuß» klingt sowieso nicht wie die von einem Musical-Hit, sondern wie die einer ausgeleierten Spieluhr. In der ersten Nummer in von Sternbergs Film ist ihre Stimme noch quietschhoch: Bei ihrem größten Hit sinkt sie plötzlich ein paar Oktaven nach unten. Und das Allermerkwürdigste an diesem Liebeslied ist, dass es eigentlich gar nicht von Liebe handelt. In der englischen Version behauptet Lola Lola immerhin, sie würde sich verliebt haben («Falling in love again / Never wanted to / What am I to do? / Can't help it») – die Metaphorik in der deutschen Version aber ist die eines mechanischen Austausches. Lola Lola ist «auf Liebe eingestellt», aber Liebe kommt bei ihr nicht aus dem Herzen, es ist nur etwas, wozu sie programmiert ist: «Ich kann Lieben nur, und sonst gar nichts.»

Was die deutsche Haltung zu Sex komplizierter macht, ist, dass man sie eigentlich kaum verstehen kann, wenn man nicht auch eine Ahnung von dem Verhältnis der Deutschen zu ihrer Sprache hat. Schließlich setzt die Sprache an sich schon eine gewisse Einstellung zum Sex voraus: Während das Geschlecht in der englischen Sprache im grammatikalischen Sinn überhaupt nicht existiert («the man», aber eben auch «the woman»), unterscheidet man im Deutschen zwischen Maskulinum («der Mann»), Femininum («die Frau») und Neutrum («das Tier»). Ganz so klar wie diese Abgrenzung theoretisch vielleicht erscheint, ist sie aber nicht. Während es nämlich zum Beispiel im Spanischen oder Italienischen relativ offensichtlich ist, ob ein Nomen weiblich oder männlich ist, entbehrt im Deutschen die Geschlechteraufteilung fast jeglicher Logik. Besonders im anglophonen Raum führt dies oft zu Verwirrung oder auch Genervtheit. So beschwerte sich der amerikanische Schriftsteller Mark Twain einst, dass «in der deutschen Sprache ein Mädchen kein Geschlecht habe, eine Weißrübe aber schon». Das bedeutet auch: Schon auf sprachlicher Ebene herrscht im Deutschen eine gewisse Geschlechtsverwirrung. Der englische Kritiker Kenneth Tynan beschrieb Marlene Dietrich einst als «sex without gender», «Sex ohne Geschlecht» – ein Spruch, mit dem er nicht nur den Charme Dietrichs auf den Punkt brachte, sondern auch die Eigenarten der deutschen Grammatik.

Mark Twains Kommentare über «diese schreckliche deutsche Sprache» erschienen im Jahr 1880 in seinem Reisebericht *A Tramp Abroad*, der zwei Jahre später in Deutschland als *Bummel durch Europa* veröffentlicht wurde. Man kann sich schwer vorstellen, dass ein so kleines Buch eine so verheerende Wirkung auf das Selbstbewusstsein der Deutschen haben konnte. Wahrscheinlich ist, dass dies eher mit dem Aufstieg des Englischen zur internationalen Verkehrssprache zu tun hatte – auf Kosten des Deutschen und Französischen (wobei es natürlich herrlich ironisch ist, dass es im Englischen keine direkte Übersetzung für den Ausdruck «Verkehrssprache» gibt: Man sagt «lingua franca»). Trotzdem erschien es zumindest so, als löste Twains Buch in Deutschland um die Jahrhundertwende eine akute Sinnkrise darüber aus, was man mit Sprache eigentlich anfangen konnte. Dieses Phänomen ist unter Germanisten als «Sprachkrise» bekannt. Das beste Beispiel dieser Tendenz ist ein Brief, der im Oktober 1902 in der Berliner Literaturzeitschrift *Der Tag* veröffentlicht wurde. Der Text mit dem simplen Titel «Ein Brief» ist so geschrieben, als handele es sich um den Schrieb eines jungen englischen Dichters namens Philipp, Lord Chandos, an seinen Mentor, den Philosophen Francis Bacon. In Wirklichkeit ist der Autor des Textes ein junger Wiener Dichter namens Hugo von Hofmannsthal. In dem Brief beichtet Chandos Bacon, dass er den Glauben an seine Sprache verloren hat: Einfache Worte, deren «alle Menschen sich sonst ohne Bedenken geläufig zu bedienen pflegen», zerfielen ihm nun im Mund «wie modrige Pilze». Handelte es sich anfänglich noch um abstrakte Begriffe wie «Geist», «Seele» oder «Körper», so konnte er am Ende dieses Prozesses nicht einmal mit seiner vierjährigen Tochter sprechen, ohne zu haspeln und stottern, «so wie wenn mir unwohl geworden wäre». In der Tat handelte es sich bei dem Brief um die ersten Worte, die er in den letzten zwei Jahren auf Papier bringen konnte. Die Sprachkrise, so Chandos, breitete sich aus «wie ein um sich fressender Rost».

Chandos' Misstrauen gegenüber Worten habe aber auch eine Nebenwirkung, schreibt er weiter: eine wachsende Faszination mit stummen Objekten. Chandos vergleicht sich mit dem großen römischen Redner Lucius Licinius Crassus, der im Alter immer weiter verstummte und sich in eine zahme Muräne vernarrte. Alles in seiner Umgebung schien mit ihm kommunizieren zu wollen:

> In diesen Augenblicken wird eine nichtige Kreatur, ein Hund, eine Ratte, ein Käfer, ein verkrümmter Apfelbaum, ein sich über den Hügel schlängelnder Karrenweg, ein moosbewachsener Stein mir mehr, als die schönste hingebendste Geliebte der glücklichsten Nacht mir je gewesen ist. Diese stummen und manchmal unbelebten Kreaturen heben sich mir mit einer solchen Fülle, einer solchen Gegenwart der Liebe entgegen, daß mein beglücktes Auge auch ringsum auf keinen toten Fleck zu fallen vermag.

Selbst Chandos' eigene Körperteile schienen mit ihm sprechen zu wollen: «Es ist mir dann, als bestünde mein Körper aus lauter Chiffren, die mir alles aufschließen.»

Man sollte von Hofmannsthals Brief sicherlich nicht beim Wort nehmen. Schließlich ist der Text an sich Beweis dafür, dass die deutsche Sprache zum Anfang des zwanzigsten Jahrhunderts immer noch astrein funktionierte. Und trotzdem erklärt das Phänomen der «Sprachkrise» doch so manches, was den Engländern oft «typisch deutsch» vorkommt. Als Christopher Isherwoods Zug 1929 in Berlin ankam, war die Krise der Sprache und der Kult des stummen Körpers keineswegs nur auf literarische Kreise beschränkt. Die ersten Manifeste der Freikörperkultur wurden zu dieser Zeit geschrieben; eins der ersten davon, Hans Suréns *Der Mensch und die Sonne*, verkaufte sich sage und schreibe 250 000-mal. In Hans Falladas Bestseller *Kleiner Mann – was nun?* aus dem Jahr 1932 wird der Held von seinen Kollegen in einen FKK-Klub eingeladen. Deutsches Tanztheater und Ballett blühten auf; deutsche Studios produzierten Robert Wienes *Das Cabinet des Dr. Caligari*, Fritz Langs *Metropolis* und F.W. Murnaus *Der letzte Mann*. Hätte der deutsche Stummfilm jemals eine internationale Führungsposition erreicht, wenn man hier nicht geglaubt hätte, dass man sich mit Körpern besser ausdrücken konnte als mit Wörtern?

Falls der nackte Körper im puritanischen Großbritannien einst etwas von Grund auf Peinliches war, so war er im Deutschland der Zwanziger eine durchaus positive Sache, die Intellektuelle und Kulturschaffende dementsprechend feiern wollten. Bisweilen übertrieben sie es dabei. So lässt sich mit der Sprachkrise auch der romantische Mythos um die Figur der Prostituierten erklären: Gab es denn einen anderen Beruf, in dem man so intim durch seinen Körper kommunizierte, wie Dietrichs Lola Lola es tat oder Frank Wedekinds Lulu im *Erdgeist* oder die Huren, die Brechts Macheath in der *Dreigroschenoper* ans Schafott bringen? Man mag sich durchaus fragen, ob der deutsche Kult um den nackten Körper jemals ein Ende gefunden hat. Wäre Charlotte Roches *Feuchtgebiete* ohne den Chandos-Brief ein Bestseller geworden? Hätte der Dichter Wolf Wondratschek ohne die Vorarbeit von Hofmannsthal jemals in seinen Gedichten die Hamburger Prostituierte Domenica Niehoff gepriesen, diese «Hure bis hinein in ihr großes träges Herz»? Als Domenica 2009 starb, schrieb selbst *Die Welt* einen tränengetränkten Nachruf.

In Großbritannien wäre dies wohl vollkommen unvorstellbar, selbst bei einem Upperclass-Callgirl wie Christine Keeler. Keeler gelang in den Sechzigern durch ihre Affäre mit dem Kriegsminister John Profumo zu weltweitem Ruhm – der erste Skandal in einer langen Kette von Affären, die britische Politiker mit ihrem Job bezahlten. Man mag meinen, dies deute doch auf eine prüdere Moral im Vereinigten Königreich hin – in Deutschland kümmerte sich die Presse schließlich vergleichsweise wenig um das Liebesleben seiner Spitzenpolitiker. In Wirklichkeit hat aber auch das Faible der englischen Boulevardpresse für politische Liebeleien mehr mit Sprache zu tun als mit ihrer Einstellung zum Sex. Fragt man den Briten auf der Straße zu dem Thema, dann wird auch hier ein Großteil der Befragten sagen, es sei ihnen egal, welcher Politiker mit wem schlafe. Selbst der Redakteur, der die Schlagzeile schreibt, würde wahrscheinlich noch Desinteresse bekunden. Die geläufigste Ausrede ist, ein Artikel «habe sich ja von selbst geschrieben». Das Faszinierende an der Sprache der britischen Tabloids: wie altmodisch sie oft klingt und wie wenig sie die moderne öffentliche Haltung widerspiegelt und wie schwer sich die Nation trotzdem von ihr lösen kann. In der britische Boulevardpresse sind Affären immer «steamy romps», die Hotelzimmer, in denen sie stattfinden, sind immer «lovenests», und der weibliche Teilnehmer in einer Beziehung ist immer ein «sexpot». Produziert die Affäre ein Kind, dann ist dies nie ein «child», sondern immer ein «lovechild». Niemand redet im wahren Leben noch so. Und trotzdem gilt weiterhin, was Mr. P mir einst beibrachte: Der Strom der englischen Sprache reißt mit, und nur wenige können sich ihm entreißen.

Einer der wohl einflussreichsten Sexskandale der jüngeren britischen Geschichte dreht sich um den ehemaligen FIA-Präsidenten Max Mosley, Sohn des britischen Politikers Oswald Mosley, dem Anführer der British Union of Fascists. Im März 2008 berichtete die Sonntagsausgabe der *Sun*, die *News of the World*, dass Mosley junior (zu dem Zeitpunkt immerhin 68 Jahre alt) eine Sexorgie veranstaltet hätte, bei der Prostituierte in Nazi-Uniformen anwesend waren. Mosley klagte darauf erfolgreich gegen die rechtswidrigen Methoden der *News of the World* und unterstützte danach die Anklagen mehrerer anderer britischer Promis gegen das Blatt von Rupert Murdoch. Dass die *News of the World* im Juli 2011 geschlossen wurde, war einerseits das Resultat intensiver Recherchearbeit des *Guardian*-Reporters Nick Davies, anderseits aber auch ein Erfolgszeugnis für Mosleys Kampagne. Wenn man will, mag man es als eine Art sexuelle Revolution beschreiben: ein Triumph des Körpers über die moralischen Schranken der Sprache.

Vielleicht ist es reiner Zufall, dass die deutsche Sprache bei dieser Revolution eine zentrale Rolle spielte. Bei seinem Prozess wurde Mosley gefragt, ob sein sexueller Fetisch eine politische Dimension gehabt habe. Er antwortete darauf, das Wort «Nazi» sei bei seinen Partys nie gefallen. Das Rollenspiel sei rein sadomasochistischer Natur gewesen, und Deutsch wurde nur gesprochen, um «dem Szenario etwas mehr Spannung zu verleihen». «Deutsch passt einfach zu einem herrischen, dominanten Charakter. Die Sprache klingt harsch, nicht romantisch.» (Übrigens bezieht sich im internationalen Prostituiertenmilieu sowohl der Begriff «auf Deutsch» als auch «auf Englisch» auf sadomasochistische Praktiken. Nur in Deutschland verweist «Deutsch» auf die Missionarsstellung. Aber vielleicht ist auch das reiner Zufall.)

Von dem aus der Hafenstadt Hull stammenden Dichter Philip Larkin gibt es ein Gedicht mit dem Titel «Annus Mirabilis», das mit der folgenden schönen Strophe beginnt:

> Sexual intercourse began
> In nineteen sixty-three
> (which was rather late for me) –
> Between the end of the «Chatterley» ban
> And the Beatles' first LP

Falls der Wandel von «No sex please, we're British» zu «New Merrie England» wirklich im Jahr 1963 stattfand, dann kam der Impuls dazu nicht, wie man oft annimmt, aus den USA, sondern aus Deutschland. Die Beatles nämlich fanden erst auf der Hamburger Reeperbahn zu ihrer Reife – Paul McCartney beschrieb seine Zeit in Deutschland als sein «sexual awakening» –, und wenn es ein Vorbild für die sexuell neugierige Figur der Lady Chatterley in D. H. Lawrence' Roman gibt, dann wohl seine deutsche Frau Frieda von Richthofen, die von sich selbst sagte: «Mein lächerlicher Beitrag zu diesem Roman war meine religiöse (wenn man es denn so nennen kann) Einstellung zu körperlicher Liebe.» Genau wie der Aufstieg des Englischen in Deutschland eine Sprachkrise auslöste, wären die Swinging Sixties Großbritanniens ohne Deutschland wohl nur schwer in Schwung gekommen.

*

Marlene Dietrich verließ Berlin am Tag nach der Premiere des *Blauen Engels*, am 1. April 1930, und machte sich auf den Weg nach New York. Die «Goldenen Zwanziger» fanden damit auch symbolisch ein Ende. Ein paar Monate zuvor, am 3. Oktober 1929, war Kanzler Gustav Stresemann, dessen Reformen das kulturelle Auflodern der neuen Republik ermöglicht hatten, an den Folgen eines Schlaganfalls gestorben. Dietrich war auf Einladung von Paramount Pictures nach Amerika gekommen: In der Hoffnung auf einen neuen nordeuropäischen

Kassenschlager der Marke Greta Garbo hatte man ihr einen Vertrag für zwei Filme angeboten. In der Anfangssequenz ihres ersten amerikanischen Projekts, Morocco aus demselben Jahr, gibt es eine Szene mit Symbolwert für die Situation des liberalen Deutschland in den Dreißigern. Weit entfernt von der Heimat, auf dem vollgedrängten Deck eines Dampfschiffes, das irgendwo im Nebel vor einer fremden Küste verschollen scheint, löst sich eine junge Frau aus der Menge. Ihr Koffer entgleitet ihrem Griff, der Inhalt ergießt sich über den Boden. Ein amerikanischer Mann bietet ihr seine Hilfe an. «Ihre erste Reise nach Marokko?», fragt er, und dann: «Vielleicht kann ich Ihnen behilflich sein?» Ein Großteil der Künstler und Intellektuellen, die aus Deutschland in den Zwanzigern so einen interessanten Ort gemacht hatten, fanden eine einladende neue Heimat in Amerika. Der Börsencrash, der 1929 zur Weltwirtschaftskrise führte, hatte in Deutschland dunkle Impulse geweckt – in Amerika aber inspirierte er eine neue Art von Optimismus, der sich unter anderem in dem sozial fortschrittlichen New Deal ausdrückte. Während Deutschland zunehmend autoritär und nationalistisch wurde, entwickelte sich in Amerika ein liberaler Multikulturalismus, welcher sogar einer deutschen Schauspielerin eine erfolgreiche Karriere ermöglichte.

In Morocco antwortet die junge Deutsche auf das Angebot des Amerikaners mit den Worten: «I won't need any help.» Das, schrieb von Sternberg später in seiner Autobiographie, war, «was eingetrichtert wurde, aber nicht was wieder herauskam». Dietrich neigte weiterhin dazu, das englische «v» wie ein «w» auszusprechen, das «w» wie ein «v», das «j» wie ein «tsch», das «p» wie ein «b» und das «th» wie ein «s». Aus «help» wurde deswegen «helub» und blieb auch so, nachdem der Regisseur die Szene unterbrochen und sich mit Dietrich unter vier Augen unterhalten hatte. Die deutsche Sprache «hatte ihrem Charme den Todesstoß versessen», schrieb von Sternberg: Es sah ganz so aus, als hätte Dietrichs Hollywoodkarriere ihr Ende gefunden, bevor sie überhaupt begonnen hatte. Dass der Film trotzdem mit einer Deutschen in der Hauptrolle in die Kinos kam, hat etwas mit von Sternbergs Ausdauer zu tun, aber sicherlich auch damit, dass Marlene Dietrich irgendwann lernte, dass auch Deutsche einmal improvisieren können. Nach 48 Takes schrieb man ihr den Satz in Lautschrift auf («Ei wohnt nieht ännie help»), und kurze Zeit später war die Szene im Kasten. Ein Jahr danach wurde Dietrich für den Oscar nominiert. Im Laufe des Krieges half sie dabei, Spenden für die Armee zu sammeln; für ihre Auftritte bei der US Army verlieh man ihr die Presidential Medal of Freedom. Ihre Gedenktafel auf dem Hollywood Walk of Fame, auf dem Hollywood Boulevard Nummer 6400, zeugt davon, dass nationale Identität selten so fixiert ist, wie wir es glauben.

Amerika war nicht nur ein beliebtes Ziel für androgyne Deutsche, sondern auch für homosexuelle Engländer: Im Mai 1933 folgte Christopher Isherwood auf Dietrichs Spuren nach Kalifornien. Allerdings dauerte es weitere 35 Jahre, bis sich ihre Pfade endlich kreuzten. Im Mai 1968 ging Isherwood, inzwischen 68, auf ein Konzert im Ahmanson Theatre von Los Angeles. Den Auftritt der Sängerin an dem Abend beschreibt er in seinem Tagebuch als «Licht und Schatten und teilweise dadurch verdorben, dass sie dieselben Manierismen und Tricks öfters wiederholte». Trotzdem war er von der Intimität der Show seltsam berührt: «Wir waren aus unserer Haut, weil wir bewegt waren, und bewegt, weil wir aus unserer Haut waren.» Der Applaus, schreibt er, «war wie ein Gewitter, das während des ganzen Konzerts in der Luft lag und sich immer wieder entlud und damit sogar die Anfänge und Enden der Lieder unterbrach». Entzückt lief der Schriftsteller am Ende des Auftritts in den Backstage-Bereich, um die Künstlerin persönlich zu treffen, wurde aber vor der Tür zur Umkleide prompt von einem Reporter des Nachrichtenmagazins *Time* aus dem Weg geschubst, der die Sängerin um ein Zitat für die «People»-Seiten seiner Zeitschrift anbettelte. «Wollen Sie mir sagen, Sie würden Ihren Namen nicht gerne in ‹People› stehen sehen?», fragte er. Bei Marlene Dietrichs Antwort kam ihr ein perfekt geformter «pl»-Klang von den Lippen: «I am *not* People!» Und damit schlug sie die Tür vor den Nasen der zwei Männer zu.

drei

**Theodor Adorno
mag nicht mit A. J. Ayer
den Jitterbug tanzen**

In der Pförtnerloge des Merton College an der Universität Oxford liegt ein Stapel Notizbücher mit Glanzlederumschlägen, in denen Generationen von jungen Gelehrten den Studentenalltag kommentiert haben. So finden sich zum Beispiel in dem Buch aus den Jahren 1932 bis 1937 sowohl ein Appell für einen neuen Pingpongtisch, ein paar Einträge über «das große Türklopfrätsel» vom Dezember 1934, eine Diskussion zum Thema «Weibchen» und weshalb diese denn glaubten, sich in der College-Bar zeigen zu dürfen («Ist dies wirklich nötig?»), als auch ein Gedicht über Studenten, die sich auf den Toilettensitzen übergeben:

> Pray, what is a rear for,
> And why do we find ours
> So often bedewed by vomition?
> Behind a door bolted
> I've twice been revolted
> By the ‹Grand Old Oxford Tradition›.

Im Februar 1935 ertönt plötzlich eine etwas reifere Stimme über dem Geschnatter der Vordiplomler. Ein gewisser Th. Wiesengrund Adorno schreibt: «Sir, darf ich vielleicht vorschlagen, dass wir uns einen neuen Vorrat von diesen Postkarten mit dem Merton-Wappen anschaffen? Sie scheinen mir doch viel hübscher zu sein als die jetzigen.» Am 11. November ein weiterer Eintrag desselben Studenten: «Sir, es war wirklich gütig von Ihnen, eine neue Lieferung der Karten mit dem Wappen zu arrangieren. Aber sie sind gleich wieder verschwunden! Ist dies Beweis ihrer Beliebtheit – oder eher einer allgemeinen Abneigung?» Ein Jahr später, am 29. Juli 1936: «Was hielten Sie denn von Briefpapier mit einem Wappen, so in etwa wie diese Postkarten, welche Sie netterweise auf meinen Vorschlag nachliefern ließen?» Unter der Studentenschaft des Merton College bleibt Herrn Wiesengrund-Adornos Verlangen nach blau-gelbem Büromaterial nicht unbemerkt. Am 26. November um 22:15 kritzelt ein Witzbold den folgenden Eintrag mit gekünsteltem deutschem Akzent: «Oh vere, oh vere, mein lieber Herr, are our leetle envelopes gone?»

Der Name «Wiesengrund-Adorno» verschwindet bald danach aus dem Vorschlagsbuch. Grübe man etwas tiefer in den Unterlagen, dann würde man erfahren, dass ein Student mit demselben Namen sich im Jahr 1934 am Merton College eingeschrieben hatte. Verdanken konnte er dies mindestens teilweise einer persönlichen Empfehlung des britischen Ökonomen John Maynard Keynes, der den jungen Mann in einem Brief als «außergewöhnlich talentiert im Bereich Philosophie, besonders ästhetische Theorie, und von seltener musikalischer Begabung» beschrieben hatte. Schlägt man im College-Archiv seinen Lebenslauf nach, dann erfährt man, dass Wiesengrund-Adorno deutsch-jüdischer Abstammung war und dass es ihn nach Großbritannien verschlagen hatte, weil das nationalsozialistische Regime die Fortsetzung seiner akademischen Karriere in Deutschland unmöglich gemacht hatte. Man erfährt außerdem, dass sich Wiesengrund-Adorno in Oxford als «advanced student» immatrikulierte, obwohl er zu diesem Zeitpunkt bereits dreißig war und schon mit 21 promoviert hatte. Und schließlich erfährt man, dass Wiesengrund-Adorno nicht lange in England blieb: 1937 brach er seine Studium in Oxford ab und zog, wie Dietrich und Isherwood vor ihm, nach Kalifornien.

Der Name Wiesengrund-Adorno beschwört das Bild einer leicht zerrütteten, innerlich gespaltenen Persönlichkeit herauf. «Wiesengrund» klingt nach deutscher Landliebe, Almidyll oder Kleingartenstillleben mit Gartenzwerg – während bei «Adorno» mehr als nur ein Hauch mediterraner *joie de vivre* mitschwingt. *Je t'adore!* Der Name hört sich an, als hätte ihn sein Freund Thomas Mann erfunden, ein Liebhaber von Kunstfiguren wie Gustav Aschenbach oder Tonio Kröger, dessen innerliche Zerrissenheit ihnen in den Pass geschrieben stand. Mit so einem ominösen Namen wie diesem ist es vielleicht kaum verwunderlich, dass Theodor Wiesengrund-Adorno amerikanischen Gepflogenheiten folgte, nachdem er 1942 in den USA eingebürgert wurde: Seine soziologische Studie «The Authoritarian Personality» («Die autoritäre Persönlichkeit») aus dem Jahr 1950 erscheint in bibliothekarischen Katalogen unter «Theodor W. Adorno»: Ein wunderschön symmetrischer Name mit zwei radförmigen «Os» auf beiden Seiten, der einem von der Zunge rollt wie ein Matchbox-Auto.

In meiner Jugend war der Name Theodor Adorno allgemein bekannt. Vielleicht nicht in dem Sinne, dass man verstand, was der Philosoph Theodor Adorno für Weisheiten zu vermitteln hatte, sondern dass man mit dem Klang dieses Namens vertraut war. Ein Name, den man kannte, wenn man lange genug aufblieb, um die *Tagesthemen* zu gucken, oder wenn man die Oberstufler in der langen Pause belauschte. «Adorno sagt ...», «Also, Adorno meint dazu ...», «Adorno würde deine These nicht bestätigen ...» Für die Nachkriegsgeneration meiner Eltern war Adorno eine jener raren deutschen Spezies:

eine moralische Instanz, durch deren Zitate man den kompliziertesten Diskussionen einen Endpunkt setzen konnte. Ich wusste, dass das berühmteste Buch von Theodor Adorno – geschrieben mit Max Horkheimer, Erstausgabe in Amerika 1944, deutsche Ausgabe 1969 – *Dialektik der Aufklärung* hieß, und natürlich wusste ich genau, wie Adorno aussah: dicke Hornbrille, Mondgesicht, Kugelkörper in grauem Anzug. Aber was genau Adorno uns eigentlich sagen wollte, das war mir nicht nur unklar, ich hatte auch das komische Gefühl, dass es nicht besonders wichtig war. Adorno kam mir damals weniger wie ein Denker vor, der einem Ideen vermittelte, sondern wie ein Sound, den man wiedererkannte – in etwa so, wie man seine Lieblingsband wiedererkennen würde, wenn ein neues Lied von ihr im Radio gespielt wurde. Es ist vielleicht kein Zufall, dass ich zu der Zeit, als ich das erste Mal von Adorno hörte, ein großer Fan des schrammeligen Gitarrenrocks von Bands wie Nirvana, Pearl Jam oder Sonic Youth war. Denn der «Adorno Sound» und Grunge waren sich gar nicht so unähnlich. Genau wie das Feedback von Kurt Cobains E-Gitarre tendierten die Sätze von Theodor W. Adorno dazu, sich in ihr eigenes Innere zurückzuschrauben. Ihren ursprünglichen Sinn verschleierten sie dabei: «Kunst ist Magie, befreit von der Lüge, Wahrheit zu sein» ist ein Klassiker. Andere Perlen waren genauso gut: «Liebe ist die Fähigkeit, Ähnliches an Unähnlichem wahrzunehmen», oder «Der Splitter in deinem Auge ist das beste Vergrößerungsglas». Andere Zitate waren eher eine Art verbales weißes Rauschen: «Alle Verdinglichung ist ein Vergessen», «Der zeitgemäße Witz ist der Selbstmord der Intention», «Die vollends aufgeklärte Erde strahlt im Zeichen triumphalen Unheils». Am allerbesten kannte man Adornos berühmte Aussage, dass es nach Auschwitz keine Dichtung mehr geben könne. Warum der große Philosoph dachte, dass man nach dem Holocaust keine Gedichte mehr schreiben könne, das wusste ich auch nicht. Gerade die Rätselhaftigkeit dieser Worte verlieh ihnen jedoch eine gewisse Schlagkraft, und ich hörte den Satz zigmal, wenn die Jungs und Mädchen mit den Armeejacken, Pali-Tüchern und selbstgedrehten Zigaretten ihn in der Raucherecke zitierten. Was Sartre für Frankreich war, das war Adorno für Deutschland. Und Adorno verfolgte mich auch nach England. Denn als wir nach Wochen endlich dazu kamen, die Kartons in unserem Wohnzimmer auszupacken, entdeckte ich am Boden einer der Kisten eine Taschenbuchausgabe der *Dialektik der Aufklärung*. Ich schaute mir das blaue Buch mit dem hellblauen Schriftzug genauer an. Hatten meine Eltern es jemals gelesen? Auf dem Buchrücken ließen sich keine Falten erkennen. Weshalb hatten meine Eltern sich die Mühe gemacht, einen dreihundertseitigen Wälzer mit dialektischer Vernunftkritik über den Ärmelkanal zu schleppen?

*

Für jemanden, der in Deutschland aufgewachsen ist, ist es nicht unbedingt offensichtlich, was für ein merkwürdiges Verhältnis die Deutschen zu ihrer eigenen Kultur pflegen. Der Begriff «Dichter und Denker» ist weit bekannt, doch die wenigsten sind sich bewusst, wie stark Deutschlands Selbstwertgefühl mit diesem Konzept verknüpft ist. Der Soziologe Benedict Anderson schrieb einst, eine Nation würde sich erst dann als solche wahrnehmen, wenn Bücher oder Manuskripte in einer allgemein verständlichen Mundart durch den Staat zirkulierten und somit einen Dialog zwischen verstreuten Gemeinden ermöglichten. Deutschlands historische Entwicklung erläutert diese These beispielhaft: Dank Gutenbergs Erfindung des Buchdrucks und Luthers Bibelübersetzung im Jahr 1521/22 kursierten Schriften und Ideen bereits durch deutsche Staaten, bevor diese zu einer einzigen Nation vereint wurden. Als Kant im späten 18. Jahrhundert die «philosophische Revolution» einläutete, war die Lesefähigkeit im Lande schon ungewöhnlich hoch. Bereits im 18. Jahrhundert hatte man die ersten Grundschulen gegründet und Gesetze entworfen, die zu ihrem Besuch verpflichteten – in Großbritannien kam man erst in den 1880ern dazu. Überall im Land gab es Lesezirkel; man sprach von einer weitverbreiteten «Lesesucht». Zum Anfang des 19. Jahrhunderts gab es nirgendwo auf der Welt eine so hohe Dichte von Lesern wie in Preußen und Sachsen – allein Neuengland konnte noch mithalten. Zum Ende desselben Jahrhunderts war der Analphabetismus in Deutschland auf 0,5 Prozent geschrumpft – halb so niedrig wie in Großbritannien und ein Achtel der Zahl aus Frankreich. Man mochte hier im Bezug auf Industrie und parlamentarische Politik ein Spätzünder sein – wenn es aber um Lesen und Schreiben ging, dann war Deutschland oft ein Vorreiter.

Wann genau der Begriff «Dichter und Denker» sich zum geflügelten Wort entwickelte, ist unklar. Die bei weitem überzeugendste These ist jedoch, dass der Anstoß dazu aus Großbritannien kam. Im Jahre 1837 widmete der germanophile englische Dichter Edward Bulwer-Lytton seinen Roman *Ernest Maltravers* dem «großen deutschen Volk», «einer Rasse der Denker und Kritiker» («a race of thinkers and critics») – und beim Ausdenken von prägnanten Bonmots hatte Bulwer-Lytton Format: Von ihm stammt unter anderem auch das Klischee «the pen is mightier than the sword» («Ein scharfes Schwert schneidet sehr, eine scharfe Zunge noch viel mehr»). Was der Engländer an deutschen Schriftstellern und Philosophen so schätzte, war gerade ihre kompromisslose Hingabe zur Lehre und Belesenheit, was die Deutschen «Bildung» nannten: Die Formierung des Menschen im Hinblick nicht nur auf seine intellektuellen Fähigkeiten, sondern seiner «Menschheit». Im Englischen unterscheidet man nicht zwischen «Bildung» und «Erziehung»: Das Wort «education» deckt beides ab. Im Deutschen allerdings ist Bildung seit der Aufklärung gerade mehr als nur ein pädagogischer Prozess. Friedrich Schlegel brachte diese Entwicklung auf den Punkt, als er behauptete, Bildung sei ihm wichtiger als Religion: «Die Religion ist meistens nur ein Supplement oder gar ein Surrogat der Bildung ... je mehr Bildung, je weniger Religion.» Jeder ungebildete Mensch, meinte er, sei «die Karikatur von sich selbst». Die Dichter des Sturm und Drangs, die in Schlegels Fußstapfen folgten, stellten sich eine Art Bildungsstaat vor, in dem die Entwicklung des geistigen Lebens eine Vorrangstellung haben sollte. Goethe erfand eine neue Art von Roman, in dem genau diese Entwicklung in der Mitte der Handlung stand: der Bildungsroman. Schiller schlug vor, dass die beste Art von Bildung nicht im Klassenzimmer, sondern in einer Kunstgalerie stattfinden könne: Nur durch eine «ästhetische Erziehung» konnte der Geist des Menschen sich wirklich frei entwickeln. Die Romantiker erhoben Bildung zu einer Kunstform: Bildung war nun nicht mehr ein fortlaufender Prozess, sondern etwas, das in einzelne Werke oder Projekte eingeteilt werden konnte. Besonders an der Universität von Göttingen fanden Recherche und Seminare zunehmend in einem formellen Rahmen statt. Zwar wird heutzutage allgemein akzeptiert, dass der erste Doktorgrad 1219 an der Universität Bologna verliehen wurde, aber ebenso indiskutabel ist es, dass die Doktorarbeit an Deutschlands selbstverwaltenden Universitäten zu einer Art Kult wurde.

Besonders im Vergleich mit England wird immer wieder klar, wie ernst die Deutschen ihren Bildungstick nehmen. So nimmt man sich in Deutschland weiterhin mehr Zeit dazu: Die Absolventen des Studienjahrgangs 2000 brauchten im Schnitt

10,7 Fachsemester, also gut fünf Jahre. Zwar wurde der durchschnittliche Studiengang durch die Einführung von Bachelor- und Mastergängen 2010 verkürzt, allerdings erreichen in Deutschland nur 39 Prozent aller Studenten ihren Hochschulabschluss in der Regelstudienzeit, und der typische Student braucht für seinen Masterabschluss weiterhin insgesamt elf Semester. An britischen Universitäten hat man in den meisten Studiengängen nach drei Jahren seinen Bachelor, ein Master dazu dauert selten länger als ein Jahr. Studiengebühren sind hoch, freiwillig getrödelt wird daher wenig. Wer promoviert, macht dies oft noch in seinen Zwanzigern.

Wenn man den Doktor dann endlich hat, geht man damit in den beiden Ländern grundsätzlich anders um. In Deutschland trägt man den neuen Titel gerne zur Schau: Man ist «Herr Doktor» oder «Frau Professor» – selbst wenn man schon lange nicht mehr an einer Lehranstalt arbeitet. Man muss nur durch die Impressen der respektablen Tageszeitungen blättern oder die Lebensläufe der Abgeordneten im Bundestag durchschauen, um diesen Eindruck zu verfestigen: Im März 2011 besaßen rund 20 Prozent aller Bundestagsabgeordneten einen Doktortitel (unter ihnen Angela Merkel), verglichen mit 3 Prozent im amerikanischen House of Representatives. Das britische House of Commons führt leider keine öffentlichen Angaben über den Bildungsstand seiner Abgeordneten, was jedoch keineswegs überraschen sollte, denn selbst promovierte Briten tendieren außerhalb des akademischen Metiers dazu, ihren Doktortitel eher zu vertuschen, als damit zu prahlen. So wissen wohl nur die wenigsten Bürger, das sich in den Archiven der Universität von Edinburgh eine Doktorarbeit ihres ehemaligen Premierministers Gordon Brown finden lässt mit dem Titel «Die Labour-Partei und politischer Wechsel in Schottland, 1918–1929». Ausnahmen bestätigen die Regel: Über Politiker wie den Schotten John Reid, die darauf bestehen, dass man sie mit ihrem Doktortitel anspricht, macht man sich in der britischen Presse regelmäßig lustig. Wenn Engländer die Initialen «Prof. Dr. Ing.» auf der Visitenkarte meines Vaters sahen, waren sie meist verwirrt. Oft nahm man an, es handele sich bei ihm entweder um einen Mediziner oder besser gleich einen Hochstapler.

Natürlich sind Deutsche trotz des Bildungswahns nicht schlauer als Briten. Interessanterweise liegt der Prozentsatz von deutschen Bürgern mit Studium unter dem Industrienationendurchschnitt, während Großbritannien darüber liegt. Man mag sich durchaus fragen, ob akademische Titel in Deutschland vielleicht eine ähnliche Funktion haben wie die Verdienstorden des «Order of the British Empire» in Großbritannien: weniger ein Indiz für hohe Intelligenz als ein Statussymbol. So ergab eine Studie aus dem Jahr 2001, dass 58,5 Prozent aller Chefs deutscher Firmen einen Doktortitel besaßen – in Amerika waren es gerade einmal 1,5 Prozent. Aber auch wenn es töricht ist zu behaupten, dass Deutsche intelligenter seien als Briten, so kann man durchaus behaupten, dass der gebildete Mittelstand im deutschen öffentlichen Leben selbstbewusster auftritt als im britischen. Die moderne Reinkarnation des Dichters und Denkers ist der Bildungsbürger: der *Citoyen*, der eben gerade kein *Bourgeois* ist und sich nicht durch sein finanzielles Einkommen definiert, sondern durch seine kreativen Tätigkeiten und kulturellen Vorlieben: Lehrer, Pastoren, Juristen; *Zeit*-Leser, Film-mit-Untertitel-Gucker und Italienisches-Essen-Liebhaber.

In Deutschland ist das Bildungsbürgertum eine relativ breit gefächerte Kategorie, die neben «kreativen» Berufen auch eher wissenschaftliche und handwerkliche Berufe umfassen kann, wie etwa Architekten, Ärzte und Ingenieure. Auch wenn mein Vater sich nie für Kunst interessierte, auch wenn meine Mutter nie an einer Universität studiert hatte, so waren sie doch typische Bildungsbürger. Ein Buch, so hatte man es mir von Kindheit an eingetrichtert, war nie eine schlechte Investition. Bücher hatten einen eigenen Wert, den man nicht anhand finanzieller Maßstäbe messen konnte. Schon Wochen bevor wir endlich die Pappkartons in unserer neuen Wohnung auspackten, hatten meine Eltern und ich in meinem Schlafzimmer ein neues Bücherregal aufgebaut. Unsere Billy-Bücherwand stand stolz und aufrecht in unserer englischen Wohnung, und wir kamen uns vor wie jene US Marines, die die amerikanische Flagge auf der Pazifikinsel Iwo Jima gehisst hatten. Wir Deutschen, Dichter und Denker im Lande Shakespeares.

*

Insofern erklärt Deutschlands Bildungskult die Anwesenheit von Theodor Adornos *Dialektik der Aufklärung* in unserer Umzugsbox. Aus dem Karton wanderte das Buch auf mein neues Bücherregal zwischen eine Reihe von orange Penguin-Taschenbüchern, von wo es mich über die nächsten Wochen vorwurfsvoll anstarrte. An einem regnerischen Freitagabend lenkte ich schließlich ein und setzte mich mit Adorno an den Schreibtisch. Überraschenderweise stellte sich heraus, dass das Bildungsbürgeridol Adorno einiges an dem deutschen Selbstbildnis als Nation der Dichter und Denker auszusetzen hatte. Die *Dialektik* war nichts anderes als eine detaillierte Abrechnung mit der aufklärerischen Idee, die Menschheit könne durch Kultur vollendet werden. An einer Stelle verglich Adorno das traditionelle Bildungsmodell mit der Sage von Odysseus und den Sirenen. Der griechische Held und seine Besatzung müssen mit ihrem Boot in einem Engpass an der Insel der Fabelwesen vorbeifahren. Weil Odysseus aber weiß, dass die Sirenen versuchen werden, ihn zu betören und in den Tod zu locken, denkt er sich einen raffinierten Plan aus: Nachdem er die Ohren seiner Besatzung mit Wachs verstopft hat, lässt er sich selbst an den Mast seines Schiffs binden. Er kann somit den Gesang der Sirenen hören, allerdings nicht darauf reagieren. Genau so, schreibt Adorno, verhalte sich der typische Bildungsbürger: Sein Genuss von Kultur wird nur dadurch ermöglicht, dass er seine Ruderer versklavt und ihnen den Zugang zur Kunst verwehrt. Das war die finstere Wahrheit hinter den Visionen der Aufklärer und Romantiker: Bildung ging nicht ohne Barbarei. Ein weiteres Beweismittel für die untrennbare Verbindung zwischen idealistischer Hochkultur und negativem Populismus fand Adorno bei *Hamlet*: Der Prinz Dänemarks verdeutlichte, dass Selbstreflexion direkt zu Selbstzerstörung führen musste, er war «das erste ganz seiner selbst bewußte, sich schwermütig reflektierende Individuum».

Für Adorno und Horkheimer waren das gute Deutschland der Dichter und Denker und das böse Deutschland des Dritten Reichs nicht zwei Gegensätze, sondern voneinander abhängige Zustände: Von der Existenz des einen ließ sich die Existenz des anderen erschließen. Gab es einerseits den «Bildungsstaat» am Weimarer Hof, so gab es andererseits das Konzentrationslager Buchenwald: Die Entfernung zwischen den beiden beträgt gerade einmal sieben Kilometer. Bildung nützte den geschätzten 56 000 Gefangenen, die dort zwischen 1937 und 1945 ums Leben kamen, herzlich wenig. Das berühmte Auschwitz-Zitat von Adorno ging etwas anders, als ich es in Erinnerung hatte: «Nach Auschwitz ein Gedicht zu schreiben ist barbarisch.» Es machte außerdem nur in Hinblick auf eine Tradition deutschen Denkens Sinn, das Dichtkunst und Kultur als das Gegenmittel gegen das Böse stilisierte. Der Deutschlandfunk fragte Adorno einmal, was er denn für typisch deutsch halte. «Wenn man etwas als spezifisch deutsch vermuten darf, dann ist es dies Ineinander des Großartigen, in keiner konventionell gesetzten Grenze sich Bescheidenden, mit dem Monströsen», antwortete der Philosoph. «Das Absolute schlug um ins absolute Entsetzen.»

Wenn es sich jetzt so anhört, als hätte ich all das wirklich beim Lesen der *Dialektik der Aufklärung* gelernt, dann ist das leider eine Lüge. Als ich das Buch das erste Mal las, verstand ich nämlich überhaupt nichts. Die bereits erwähnte Vorliebe für Sätze, die sich in ihr eigenes Schneckengehäuse zusammenrollten, produzierte zwar wunderbare Bonmots, nervte aber schon bald, wenn ganze Absätze in diesem Stil geschrieben waren. Adorno war der Meister des Schachtelsatzes, der sich nur durch ein «aber», ein «durchaus», ein «trotz allem» in der Balance hielt. Immer wieder fand ich mich am Ende einer Seite wieder, ohne den Sinn des Textes verinnerlicht zu haben. Erst Jahre später, während des Studiums, lernte ich, dass dieser kryptische Stil, der «Adorno-Sound», etwas damit zu tun hatte, was der Autor eigentlich sagen wollte. Adorno beschrieb die *Dialektik der Aufklärung* einst als «Flaschenpost», deren Bedeutung seiner Leserschaft im Erscheinungsjahr 1944 unklarer sein würde als einer späteren Generation. Grund dafür war sein Glaube, dass Kultur und Barbarei sich in seiner Lebenszeit bis zur Untrennbarkeit miteinander verschlungen hatten: Kultur war nicht mehr Kultur, sondern eine «Kulturindustrie», deren Methoden den Industrieprozessen ähnelte, die Adorno bereits im Faschismus erkannte: Aus Menschen wurden hier Maschinen. Falls ein Philosoph also den wahren Stand der Dinge beschreiben wollte, konnte er dies nicht durch herkömmliche Wege tun, sondern musste sich sozusagen selbst verschlüsseln.

Adorno glaubte fest an eine Alternative zur Kulturindustrie: moderne Kunst. Er wollte mit Philosophie machen, was Samuel Beckett mit Theater, Arnold Schönberg mit Musik und Franz Kafka mit Fabeln gemacht hatten: Die Sprache des Werkes sollte die komplexe Natur seines Inhaltes ausdrücken. Besonders Samuel Becketts *Endspiel* hatte es Adorno angetan, denn hier fand er endlich einen passend kryptischen und zynischen Kommentar über die moderne Welt: Prinz Hamlet war zeremonielos entzweit worden, er hieß in dem Stück nur Hamm. Zwar versuchte Beckett selbst Adorno zu überzeugen, dass er mit seiner Interpretation des Stückes falsch lag, aber der Philosoph ließ sich nicht beirren. Genau so ein Kunstwerk hatte er sich vorgestellt, als er geschrieben hatte, dass «der Splitter in deinem Auge» das beste «Vergrößerungsglas» sei: Um etwas über den zerschmetterten Zustand der Welt aussagen zu können, musste man die Sprache selbst zerschmettern. Diese Schlussfolgerung ist interessant. Obwohl Adorno meinte, dass der blinde deutsche Glaube an die positive Wirkung von Kultur der Ursprung der deutschen Misere war, glaubte er trotzdem, dass sich die Antwort auf Deutschlands Probleme in der Kultur finden ließ. In dieser Hinsicht, wie auch in Betracht seiner Vorliebe für das feine Briefpapier des Merton College, war Theodor Adorno letztendlich doch ein typischer deutscher Bildungsbürger.

*

Wie liest sich Adorno in England? Die kurze Antwort: Nicht besonders einfach. Je länger ich in England blieb, je mehr englische Musik ich hörte, je mehr englische Filme ich sah, je mehr ich über englische Kunst lernte, desto weniger Sinn machten Adornos Theorien über die Kulturindustrie. Für den ehemaligen Studenten des Merton College Oxford waren die Kunstwerke des Modernismus die Latte, an der sich die kommerzielle Kultur der Gegenwart nicht messen konnte. Moderne, «autonome» Kunst – jene Kunst also, die die Kulturindustrie unmöglich machte – hatte sich einst durch eine innere Zerrissenheit ausgezeichnet. «Die großen Künstler waren niemals jene, die Stil am bruchlosesten und vollkommensten verkörperten», schrieb Adorno, «sondern jene, die den Stil als Härte gegen den chaotischen Ausdruck von Leiden, als negative Wahrheit, in ihr Werk aufnahmen.» Kultur der Gegenwart duldete keine Brüche: Alles musste uniform verpackt sein, um maximalen Profit zu erzielen.

Viele Kulturwissenschaftler behaupten, Adornos Modernismus-Ideal sei auf der Insel nie angekommen. Die britische Moderne habe ein weicheres, weniger kantiges Antlitz als die europäische: die geblümte Tea-and-Cucumber-Sandwiches-Ästhetik des Bloomsbury-Kreisels um Virginia Woolf oder die verregneten Landschaften und melancholischen Kirchtürme der Gemälde John Pipers. Natürlich gab es radikalere Ausnahmen, doch meistens waren dies, wie im Fall James Joyce oder Samuel Beckett, nur Iren, die sich zufällig in London aufhielten. Die Literaturwissenschaftlerin Alexandra Harris nennt die typisch englische Eigenform der modernen Kunst «romantischen Modernismus».

Eine weniger verbreitete Theorie besagt, dass der Modernismus irgendwann doch vom Kontinent nach Großbritannien überschwappte: Nur halt etwas später, und mit weniger Bedeutungsschwere. «Das Land ohne Musik» nannte Oscar A. H. Schmitz seine 1904 erschienene Studie über englische Gesellschaftsprobleme. Aber als ich nach England kam, hätte dieser Spruch absurder nicht klingen können. Der Modesound Grunge war in London längst out. Stattdessen hörte man britische Bands, die sich mit ihrer Musik, ihrer Kleidung und ihren Haarschnitten explizit auf die sechziger Jahre bezogen, auf Bands wie The Jam, Secret Affair oder die Purple Hearts. Im Englischen heißt dieser Stil «Mod», kurz für «Modernists».

Das Mod-Revival der Neunziger brachte Bands hervor,

die mit britischen Regionalakzenten über typisch britische Alltagserscheinungen sangen. Oasis aus Manchester hatten einen riesigen Charterfolg mit einem Lied, dessen Refrain aus der nichtssagenden Floskel «Do you know what I mean?» bestand – man stelle sich vergleichsweise eine deutschen Hit mit dem Titel «Sach ich mal so, ne» oder «Verstehst?» vor. Pulp aus Sheffield setzten sich in «Common People» mit einem einmaligen britischen Phänomen auseinander: dem Neid der Mittelklasse auf das Proletariat («I want to be like common people, I want to do what common people do»). Arab Strap aus Glasgow sangen ihre Lieder mit unverständlichen schottischen Akzenten; die Super Furry Animals aus Wales schrieben ihre Songs lieber gleich auf Walisisch. Blur aus London produzierten eine Hymne über die Schifffahrts-Wettervorhersage, die jeden Morgen nach Mitternacht auf dem BBC-Sender Radio 4 läuft («This is a Low») oder besangen gleich die weißen Kreidefelsen von Dover («Clover over Dover»). Es war auch der Sänger von Blur, Damon Albarn, der 1993 in einem Interview äußerte, er wolle mit seiner Musik Großbritannien von dem Einfluss amerikanischer Kultur befreien: «Wenn es Punk darum ging, die Hippies loszuwerden, dann wollen wir mit unserer Musik Grunge loswerden.»

All dies geschah mit einer hohen Dosis Selbstbewusstsein. Im Sommer meiner Ankunft hatte eine Band namens The Verve aus dem nordenglischen Städtchen Wigan einen Hit, der aus jedem Autoradio und in jedem Einkaufszentrum schmetterte. In dem Video zu «Bittersweet Symphony» sieht man dem Sänger Richard Ashcroft dabei zu, wie er in einer zerknitterten Lederjacke eine Einkaufsstraße hinunterschlendert. Nein, ganz stimmte das nicht: Ashcroft «schlendert» nicht, er stolziert, auf überheblich lässige Art und Weise. Kann man lässig stolzieren? Ashcroft kann es: Andere Passanten sind ihm egal, er rammt sie einfach aus dem Weg. Ein

Auto hält vor ihm auf einer Seitenstraße an: Ashcroft steigt einfach auf die Motorhaube und stolziert weiter. Ein einziges Mal unterbricht er seinen forschen Schritt, aber auch nur um sein eigenes Spiegelbild in einer Autoscheibe zu bewundern. Ashcrofts Arroganz ist nicht die gockelhafte Eitelkeit des deutschen Bildungsbürgers, es ist eine rauere, proletarischere Form von Stolz. Ashcroft ist für mich noch immer ein Symbol der Kulturnation Großbritannien: selbstherrlich, ohne sichtbares Interesse an seiner Außenwelt und doch auf seine eigene Art und Weise unglaublich verlockend.

Hätte Adorno den Mod-Stil verstanden? Die wichtigste Quelle meines Wissens über englische Popkultur damals war ein winziger Plattenladen in Twickenham, in dem sich Schallplatten, CD-Hüllen und Band-Poster bis unter die Decke stapelten. Mindestens einmal pro Woche stieg ich vorzeitig aus meinem Schulbus aus und verbrachte eine Stunde damit, die verschiedenen Kategorien und Charts zu studieren. Suchte man Bands wie The Verve, Oasis und Blur, dann fand man sie meistens in der Sparte «Alternative», «Independent» oder «Indie»: Musik also, die sich über ihren Außenseiterstatus definierte. Bands der Indie-Szene ging es gerade nicht nur um kommerziellen Erfolg, sondern auch um künstlerischen Wert. Man könnte sagen, «Independent» sei ein modernes Überbleibsel des «autonomen Kunstwerks», mit dem sich die *Dialektik der Aufklärung* befasst. Das Problem dabei: In den Neunzigern war Indie längst nicht mehr so unabhängig, wie es tat.

Im Herbst 1995 hatte sich Damon Albarn mit dem Vorsitzenden der Labour-Partei Tony Blair in dessen Büro in Westminster auf ein paar Gin Tonics getroffen und über Politik geplaudert: Blair und Blur, diese Mischung passte nach Meinung von Pressesprecher Alistair Campbell wie die Faust aufs Auge. Nachdem Blair bei den Unterhauswahlen von 1997 einen Erdrutschsieg erzielt hatte, veranstaltete Campbell eine Party in der Downing Street, zu der man die größten Stars der Indie-Szene einlud. Fotos von Blair und Oasis-Gitarrist Noel Gallagher gingen um die Welt; der Slogan «Cool Britannia» geriet in Umlauf. Eine Musikrichtung, die sich einst durch das Abstoßen von Bürgertum definiert hatte, fand sich plötzlich in einer engen Umarmung mit Politik und Patriotismus wieder. Kein Wunder, dass der Genre-Begriff «Independent» schon bald aus der Mode fiel: In Plattenläden redete man Mitte der Neunziger nur noch von «Britpop». Die Alben von Oasis erschienen zwar bei der «unabhängigen» Plattenfirma Creation Records und Blur bei Parlophone, einem Label, das ursprünglich 1896 unter dem Namen «Parlophon» in Deutschland gegründet worden war. Unabhängig waren aber beide nicht mehr. Parlophone gehörte schon lange EMI, einer Firma mit rund tausend Mitarbeitern; Creation-Chef Alan McGee hatte 1992 die Hälfte seiner Firma an Sony verkauft. Der Höhepunkt der Britpop-Manie fand im August 1995 statt, als sowohl Blur als auch Oasis neue Singles veröffentlichten. Die britische Presse stellte den «Battle of Britpop» als eine Wahl zwischen südenglischer Bourgeoisie und nordenglischer Arbeiterklasse dar, zwischen London und Manchester, zwischen Ironie und Pathos. Letztendlich war dies aber nur eine Scheinwahl – egal, für welche Platte man sich entschied, der Gewinner war die Kulturindustrie. Hätte Adorno den «Cool Britannia»-Kult noch selbst erlebt, er hätte ihn wohl als «Massenbetrug» bezeichnet: Kunst war nicht nur Ware, sondern Ware durch und durch. Die Idee eines «autonomen Kunstwerks» erschien vollkommen unmöglich. Hatte Adorno vielleicht doch recht, als er schrieb: «Kultur heute schlägt alles mit Ähnlichkeit»?

Bei einem meiner ersten Beutezüge nach Twickenham hatte ich mir das Album *Parklife* von Blur gekauft, und jene ersten Monate in England entwickelten sich schon bald zu einer Art sokratischen Dialogs zwischen der CD in meiner Stereoanlage und Adornos Buch auf meinem Schreibtisch. Am Ende landete Adorno wieder im Bücherregal. Songs wie «Girls and Boys» waren ja ein Ausdruck genau der inneren Zerrissenheit, die Adorno verloren glaubte. Sie vereinbarten mit spielerischer Leichtigkeit Disco-Pop und Post-Punk-Geschrammel, Hedonismus und Schmerz, Ordnung und Chaos. Im Sommer 1997 veröffentlichten Blur ein neues Album mit dem schlichten Titel *Blur*, das ich bereits heiß erwartet hatte. Einer der Songs auf *Blur* war besonders bemerkenswert: «Essex Dogs» war neun Minuten lang und hörte sich an, als hätte jemand einen Rasenmähermotor an einen kaputten Lautsprecher gekoppelt. Über den ganzen Krach murmelte Damon Albarn einen wirren Monolog über vorstädtische Müllhalden und die innere Leere im Nachtbus nach Hause. Mir kam dieses Lied wie das Werk eines wahren Dichters vor – nicht nur weil ich die urbane Landschaft, von der dieses Lied erzählte, wiedererkannte, sondern auch weil die Musik selbst ein Bild einer zerbrochenen Welt malte. Was war dies, wenn nicht der Klang von Adornos «negativer Wahrheit»?

Viele Gegensätze, die den Deutschen oft unüberwindbar erscheinen, erkennen Briten gar nicht als solche. Der Gegensatz «Kunst» und «Unterhaltung» ist einer davon. In dem bildungsbürgerlichen Haushalt, in dem ich aufwuchs, war mir die Teilung zwischen Büchern («gut») und Fernsehen («Schund») von klein auf eingetrichtert worden. In Großbritannien war der Unterschied weniger klar. Im Zeitungsfeuilleton las ich seitenlange Rezensionen von Fernsehprogrammen. Mein Englischlehrer unterhielt sich mit meinen Mitschülern über die neuesten Drum'n'Bass-Kompilationen und redete oft mit mehr Begeisterung über die neue Single von Roots Manuva als über ein altes Sonnett von Keats. Als wir am Ende des Semesters mit dem Kurs eine *Hamlet*-Vorstellung der Royal Shakespeare Company in Stratford besuchten, merkte ich nicht nur, wie anders das englische Publikum aussah als im Hamburger Thalia-Theater – gemischter, jünger, heiterer –, sondern dass es selbst bei Shakespeare keine strenge Grenze zwischen Hochkultur und Entertainment gab. Die erste Szene im fünften Aufzug von *Hamlet* ist einerseits der tragischste Teil des ganzen Stücks, geht es hier doch um die Beerdigung von Ophelia und Hamlets philosophische Rede mit dem berühmten Totenschädel. Andererseits verhalten sich die Totengräber hier so albern, dass selbst Hamlet sich verdutzt fragt: «Hat dieser Kerl kein Gefühl von seinem Geschäft? Er gräbt ein Grab und singt dazu.»

Ein weiterer Gegensatz, mit dem man sich im Vereinigten Königreich überraschend leichttut, ist der zwischen Tradition und Rebellion. Der englische Ausdruck «kitchen sink» stammt von dem Titel eines Gemäldes des surrealistischen Künstlers John Bratby. «The Kitchen Sink» ist ein Bild, wie man es aus jeder Studenten-WG kennt: ein Küchenwaschbecken voll mit schmutzigem Geschirr und schimmeligen Essensresten. Unter dem Begriff «kitchen sink drama» versteht man in Großbritannien jene Theaterstücke der sechziger Jahre, die ähnlich wie Bratbys Gemälde gegen die romantische Tradition in der Kunst rebellierten: Schriftstellern wie John Osborne, Stan Barstow und Alan Sillitoe ging es in ihren Werken darum, das Leben der proletarischen Unterschicht Großbritanniens so realistisch wie möglich darzustellen. Heute sind Osborne, Bratby und Sillitoe hauptsächlich unter Akademikern bekannt, aber der «kitchen sink»-Stil lebt trotzdem weiter. Ihre Errungenschaft ist es, dass Kultur auf der Insel nicht nur vom Bildungsbürgertum bestimmt wird, sondern auch von der Arbeiterklasse. Der britische Mainstream ist breit genug, dass er auch die kritische Stimme des «working class anger» vertragen kann, ob im Theater von Sarah Kane und Mark Ravenhill, den Tierkadavern des Künstlers Damien Hirst, den Romanen von Irvine Welsh oder den Filmen von Mike Leigh und Ken Loach. Bleibt man auf der Waterloo Bridge über der tosenden Themse stehen, dann sieht man im Westen die erhabene Architektur des britischen Parlaments und die Silhouette von Big Ben, während sich im Osten eine Reihe von Betonblocks am Themseufer festklammern: «Brutalism» heißt der Stil, in dem man in den Fünfzigern und Sechzigern hier das National Theatre, das British Film Institute und die Royal Festival Hall baute, eine Art architektonische Variation von «kitchen sink». Das ständige Aneinanderreihen dieser beiden Tendenzen, zwischen Tradition und Innovation, das ist die Essenz von London, und es ist der Grund, weshalb Großbritannien im Laufe des 20. Jahrhunderts der Kulturnation Deutschland den Rang ablief.

*

So weit das Dichten. Wie stand es aber mit dem Denken? Was Witz und Wortspiel betraf, zweifelten meine Mitschüler keine Sekunde an ihren Fähigkeiten. Es war klar, dass sie eine Doppeldeutigkeit in einem Wordsworth-Gedicht schneller erkennen konnten als ich, dass ihnen die genaueren Ausdrücke einfielen, um Hamlets Dilemma zu beschreiben. Wenn es aber um große, abstrakte Ideen ging, dann wurden die selbstsichersten Schüler oft schüchtern. Manchmal versuchte einer vorsichtig, eine Theorie über Hamlets «psychologische Innerlichkeit» oder den «existenzialistischen Zustand» des Stücks zu formulieren, aber seine Mitschüler kümmerten sich prompt darum, dass er wieder auf den Boden der Tatsachen zurückgeholt wurde. Wer übermutig das Wort «Philosophie» in den Mund nahm, war in der ganzen Schule als «der Professor» bekannt – wenn man Glück hatte. Wenn nicht, dann reichte der Kommentar «what a pretentious twat».

«Pretentious», das war für viele meiner Mitschüler das schlimmste Schimpfwort, das man sich vorstellen konnte – ein Wort, das mir zwar bekannt vorkam, dessen genauen Sinn ich jedoch in meinem Wörterbuch nachschlagen musste. Auch im Deutschen beschwert man sich über prätentiöse Buchtitel, hochgestochene Hochzeitsreden oder aufgeplustertes Benehmen, wenn jemand durch betont gewichtiges Auftreten Eindruck machen will. Aber besonders bei Engländern löst ein solches Verhalten instinktive Empörung aus. Dies hatte etwas mit jenen vielen ungeschriebenen Regeln zu tun, die das Leben der Briten regulieren: Während eine außergewöhnlich hohe Intelligenz nämlich vollkommen akzeptabel, ja bewundernswert war, so war das Zurschaustellen dieser Geisteskraft ein absolutes Tabu. Wenn sich zum Beispiel ein Journalist in der englischen Presse zu pompös und prunkvoll ausdrückt, dann muss er damit rechnen, dass ein Zitat von ihm in der «Pseuds Corner» des Wochenmagazins *Private Eye* landet. *Private Eye* ist eine Mischung aus einer Satirezeitschrift im Stil der *Titanic* und einer ernst recherchierten Wochenzeitung, die in Großbritannien vom Großteil der Medienmacher treu gelesen wird; das Äquivalent der «Pseuds Corner» wäre der «Hohlspiegel» im *Spiegel*. Der wichtige Unterschied: Der «Hohlspiegel» macht sich über dumme Journalisten lustig, in «Pseuds Corner» lacht man über Journalisten, die intelligent klingen wollen. Erst langsam bemerkte ich, wie streng sich die Menschen in meiner Umwelt an diesen Verhaltenskodex hielten. Besser gesagt: Anfangs merkte ich es gerade deshalb nicht, weil sie sich so streng daran hielten. Der Trick war anscheinend, dass man am Anfang einer Unterhaltung sein Unwissen über ein bestimmtes Thema bekundete, nur um dieses Unwissen dann im Laufe der Unterhaltung zu widerlegen. «Ich habe gar keine Zeit gehabt, mich auf die Prüfung heute vorzubereiten» hieß in Wirklichkeit: «Ich beherrsche den Prüfungsstoff so gut, dass ich mir gestern freigenommen habe.» «Ich hab von den Victorians überhaupt keine Ahnung» hieß: «Ich weiß wirklich alles über die Victorians, inklusive die Namen von Königin Victorias Cousins zweiten Grades.» «Ich bin ja so neidisch, dass du so fließend Deutsch sprichst» bedeutete: «Ich beherrsche fünf Sprachen. Mein Deutsch ist praktisch fließend, allein meine Beherrschung des Plusquamperfekts lässt noch etwas zu wünschen übrig.» Ein perfektes Beispiel der britischen Tendenz zum Understatement war die Form, in der wir in der Oberstufe lernten, unsere Gedanken auf Papier zu bringen. In Wirklichkeit war der «Essay» nichts anderes als ein einziges Bewerbungsschreiben für das eigene Genie, ein langer, subjektiver Aufsatz, in dem man großköpfig seine Meinung kundgeben durfte. Aber das Wort Essay – von «to assay», ausprobieren oder versuchen – tat so, als handele es sich um ein bescheidenes, kleines Gedankenexperiment.

Anfangs wirkte mein Unwissen der englischen Angst vor intellektuellem Pomp durchaus zu meinem Vorteil. Ich sagte zwar im Unterricht nicht mehr, als nötig war, sah aber auch bei unseren ersten Prüfungen keinen besonderen Grund, weshalb ich mich zurückhalten sollte. In der Ethikprüfung schrieb ich eine grandiose Polemik gegen den Patriotismus an sich. Als unser Lehrer unsere Aufsätze am letzten Tag vor den Ferien wieder zurückgab, hatte ich eine der besten Noten in meiner Klasse. Nachdem die Pausenklingel geläutet hatte und meine Mitschüler sich aus dem Staub gemacht hatten, fragte mich unser Lehrer, ob ich denn nicht Lust hätte, in den Philosophieleistungskurs zu wechseln.

Von der Philosophiegruppe hatte ich bereits einige Gerüchte gehört. Der Rest der Schule kannte sie nur unter ihren Spitznamen. Zum einen gab es da «Supernanny», einen Jungen mit dem Körper eines erwachsenen Mannes und dem

Gesicht eines Kleinkinds, der stets jene beigefarbenen Dreiteiler aus Leinenstoff trug, die Afrikaforscher im 19. Jahrhundert trugen. Dazu kamen «Toryboy», der schon damals wie eine Karikatur eines Spitzenpolitikers aussah, inklusive wippendem Seitenscheitel, eiskaltem Blick und erbärmlicher Akne; «Winegum», der sich für Goth-Rock und mittelalterliche Rollenspiele begeisterte und behauptete, er sei Atheist; und zu guter Letzt «Jonesy», ein bibeltreuer Church-of-England-Christ, dessen Gesichtsausdruck von permanentem Schrecken und Verwirrung sprach. Zum Anfang des zweiten Semesters fand ich mich mit diesem Ensemble von ehrenwerten Exzentrikern in einem Klassenzimmer wieder: Supernanny, Toryboy, Winegum, Jonesy und Phil-the-German. Unser Lehrer war Mr. C: Ein gedrungener, eulenhafter Mann mit Pinocchio-Pausbäckchen und ärmellosen Strickjacken, der während des Unterrichts oft seine Augen schloss und leise summte, als gleite er gerade in ein warmes Schaumbad. Zur ersten Stunde brachte Mr. C einen Stapel von Fotokopien in den Unterricht. «Heute wollen wir uns mit A. J. Ayer und dem Problem mit metaphysischer Sprache beschäftigen.»

Mein Unwissen über A. J. Ayer wusste Mr. C schnell zu korrigieren. Ayer war Anhänger der sogenannten «logischen Positivisten», einer philosophischen Bewegung, die ursprünglich aus Wien stammte. Trotz des kontinentalen Einflusses auf sein Denken war Ayer einer der wichtigsten englischen Philosophen in der Geschichte seines Landes. Die fotokopierten Seiten stammten aus *Language, Truth and Logic* («Sprache, Wahrheit und Logik»), einem Buch, das Ayer 1934 angefangen und kaum zwei Jahre später, im zarten Alter von 25, fertiggestellt hatte. Der Text bestand aus kurzen, knappen Sätzen, die ein klares, rationales Argument formulierten. So einladend war Ayers Schreibstil, dass ich fast schon schockiert davon war, wie einfach ich dem Argument des Autors folgen konnte. Im

Vergleich zu Adornos Grunge-Gitarre war Ayers Schreibstil purer Zuckerwatten-Pop.

Adorno und Ayer hatten manches gemein: So suchten sie zum einen beide den Bruch mit traditioneller Philosophie. Während sich Adorno jedoch im Besonderen mit dem aufklärerischen Bildungskult beschäftigte, fing Ayer mit einem viel grundsätzlicheren Problem an. Ayer zufolge gab es nur zwei Arten von sinnvollen Äußerungen, die wir über die Lage der Welt machen konnten. Die erste Art waren empirische Äußerungen, welche mittels der eigenen Sinnesorgane investigiert und bestätigt werden konnten. «Ich habe meinen Arm gebrochen» war eine sinnvolle Äußerung, weil ein Doktor meine Gliedmaßen untersuchen konnte, um festzustellen, ob der Knochen wirklich gebrochen oder nur verstaucht war. Die zweite Art waren Äußerungen, deren Wahrheitsgehalt sich durch logische Ableitung feststellen ließ: «Dreiecke haben immer drei Seiten» ist deshalb eine sinnvolle Aussage, weil die Definition eines Dreiecks festlegt, dass es drei Seiten hat.

Jegliche Aussagen, die nicht in diese beiden Kategorien passten, so Ayer, müsste man «den Flammen übergeben»: Es handelte sich bei ihnen nicht um sinnvolle Äußerungen, sondern um «Pseudo-Statements». Es gibt einen Sketch in der beliebten britischen Revueshow *Beyond the Fringe* mit dem Titel «Oxforder Philosophen», der sich genau mit dieser Art von «Pseudo-Statements» befasst, für die sich die logischen Positivsten so interessierten. Ein Beispiel für ein «Pseudo-Statement», sagt der Komiker und spätere Schriftsteller Alan Bennett in dem Sketch, sei die Aussage «Da ist zu viel Dienstag in meinem Rote-Bete-Salat». Und damit lag Bennett gar nicht so falsch: Der einzige Unterschied zwischen Parodie und Wirklichkeit lag darin, dass für Ayer nicht nur offensichtliche Nonsens-Sätze wie «Da ist zu viel Dienstag in meinem Rote-Bete-Salat» keinen Sinn ergaben, sondern auch Aussagen, die vollkommen ernst klangen, wie zum Beispiel: «Es gibt einen Gott.» Da weder die eine noch die andere Aussage mit empirischen Mitteln bestätigt werden konnte, waren sie praktisch sinnlos. Dass Ayer sein Bestätigungsprinzip nicht nur für Rote Bete und Religion verwendete, sondern für jegliche Form von Sprache, machte ihn zu einem der wenigen wirklich radikalen Philosophen der englischen Tradition, so Mr. C. Selbst gewichtige moralische Äußerungen wie «Du sollst nicht morden» ließ Ayer nicht aus. Weil es nun einmal keine empirische Methode gab, mit der man etablieren konnte, ob Mord schlecht war oder nicht, so Ayer, konnte man diese Aussage nur als einen Ausdruck der Gefühle des Sprechers verstehen: «Du sollst nicht morden» bedeutete in Wirklichkeit: «Ich bin vollkommen überzeugt davon, dass man nicht morden soll.» Kurz gesagt, Ayer verlangte, dass sich Philosophie von Grund auf neu aufbauen sollte.

Mich beeindruckte dies erst mal wenig. Ayer kam mir dann doch wie ein sehr englischer Philosoph vor. Dadurch, dass er sich nur auf Sprachkritik konzentrierte, stufte er die Einflusskraft von Philosophie wesentlich ab. Wenn man Ayers Ansichten folgte, dann war Philosophie bestenfalls eine Art Schwachsinn-Meldegerät: eine Methode, mit der man jemanden korrigieren konnte, wenn er sich ungenau ausdrückte. Die wirklich spannende Arbeit jedoch – die Nachweisführung, die Beweismittelsuche –, die wurde der Naturwissenschaft überlassen, während die Philosophie die zweite Geige spielte. In *Sprache, Wahrheit und Logik* macht sich Ayer über die überambitionierte Haltung der Metaphysiker lustig. Er schreibt: «Um herauszufinden, ob es morgen regnen wird, muss ich nicht den aktuellen Seelenzustand des Kaisers von China in Betracht ziehen.» Aber ein Wissenschaftler konnte immerhin herausfinden, ob es morgen Regen oder Sonnenschein gäbe; Ayer konnte nur kluge Kommentare darüber abgeben, wie wir über das Wetter sprachen – auch in dieser Hinsicht war er ein typischer Engländer.

Die Pausenklingel schellte. Mr. C packte Bücher in seine Ledertasche und verabschiedete sich. Auch ich packte meine Sachen zusammen und wollte gerade aufstehen, als ich bemerkte, dass meine Mitschüler noch immer auf ihren Stühlen saßen. «Hat der wirklich gesagt, dass wir uns nicht sicher sein können, ob man morden darf oder nicht?», fragte Jonesy, sichtbar verstört. «Glaubt ihr das etwa auch?» – «Nun ja, einige Satanisten sind voll überzeugt, dass sie zum Morden geboren sind», erwiderte Winegum und schärfte dabei zwei imaginäre Messer. «Aber Morden *ist* nun einmal schlecht», sagte Toryboy und strich sich dabei seinen Seitenscheitel nach hinten. «Höret die Worte unseres Herrn», schrie Supernanny, sprang von seinem Stuhl auf und begann, mit Predigermiene das Klassenzimmer auf und ab zu schreiten, «der uns da saget, dass wir uns gegenseitig keine Dolche in die Leiber stecken sollen.» Seine Darbietung erntete Buhrufe, Pfiffe und schallendes Gelächter. Die Szene erinnerte mich etwas an einen Sketch von Monty Python oder eine Szene aus dem englischen Parlament: Das Ganze hatte etwas Theatralisches und Albernes, aber dumm war es sicherlich nicht. Plötzlich drehte sich Toryboy um seine eigene Achse und fixierte mich mit seinen Vogelaugen: «Und, was sagt unser neuer Klassenkamerad dazu?» Ich räusperte mich mehrmals und gab meine differenzierte Meinung zu unserer Diskussion ab, aber schon bevor ich zum Ende meines Satzes gekommen war, wusste ich, dass meine Antwort die strengen Kriterien des englischen Verifikationsprinzips nicht erfüllt hatte: «Also, Adorno sagt dazu nur: ‹Nach Auschwitz ein Gedicht zu schreiben ist barbarisch.›»

*

In Großbritannien wird das Klischee der Deutschen als «Dichter und Denker» meist unkritisch übernommen. Selbst euroskeptische Briten, die den Deutschen politisch nicht über den Weg trauen würden, zollen dem «German genius» in Sachen Kultur oft überraschend großzügig Respekt. Vom «English genius» hingegen redet man heutzutage weder in Deutschland noch auf der Insel. Das ist schade, denn hinter der uniformen Fassade versteckt sich meistens ein heller Kopf. Die milchgesichtigen Parlamentarier in meinem Philosophiekurs waren allesamt formidable logische Positivisten im besten Sinne des Wortes: versierte Rhetoriker, die verstanden, dass die klügste Idee wertlos war, wenn man sie nicht in Worte fassen konnte, aber auch Realisten mit einer instinktiven Skepsis gegenüber reiner Phrasendrescherei. Entpuppte sich eine scheinbar wasserfeste These als fehlerhaft, dann wurde sie prompt kritisiert und fallengelassen.

Vor allem genossen die Briten aber den Wettstreit des Debattierens. Philosophie wurde in ihren Händen zu etwas Lebendigem: Eher eine Aktivität als etwas, was sich in Büchereien archivieren ließ. Meine englischen Freunde waren überzeugt davon, dass die Deutschen in ihren Stammkneipen permanent über Philosophie diskutierten, während sie selbst nur über Fußball und Fernsehen tratschten. Meine eigene Erfahrung belegte eher das Gegenteil. Gerade im englischen Pub kam das angelsächsische Talent für Diskussion und Lernen richtig zur Geltung. Es gibt kein besseres Beispiel dafür als das traditionelle «Pub-Quiz»: Einmal pro Woche treffen sich Gruppen von Freunden in ihrer Stammkneipe und spielen gegen andere Teams ein Quiz. Die Fragen werden von dem Kneipenbesitzer per Mikrophon gestellt: Es geht um Allgemeinwissen, Wortspiele und Bilderrätsel. Wie oft fand ich mich schon in einer scheinbar hoffnungslosen Mannschaft wieder, dessen Mitglieder mir vor Quiz-Beginn ihr Unwissen beteuerten. «Also tut mir leid, Jungs, von Erdkunde habe ich wirklich überhaupt keine Ahnung.» Kaum hatte der Ansager die erste Frage gestellt, entpuppten sich dieselben Mitspieler als Universalgenies, denen die Einwohnerzahlen von Malawi genauso leicht über die Lippen kamen wie die Geburtsdaten von Fjodor Dostojewski. Was war denn das englische Pub-Quiz, wenn nicht Bildung unter der Tarnkappe nichtintellektuellen Wettbewerbs?

A. J. Ayer war vielleicht für deutsche Verhältnisse kein besonders ambitionierter Philosoph, aber er war sich sehr bewusst, dass Philosophie nach dem Schock des Ersten Weltkriegs in persönlicher Erfahrung verwurzelt sein musste. Sein Lebenslauf belegt dies genauso gut wie sein Werk. Während seines Studiums in Oxford fuhr Ayer regelmäßig nach London, wo er als Stammgast in die Kellerbar The Nest auf der Kingly Street einkehrte. Ayer trank, rauchte und tanzte zu der Musik schwarzer Jazzmusiker, die aus Amerika zu Besuch kamen. In den späten Dreißigern produzierte er mit dem damals 18-jährigen Modell Lauren Bacall eine Schallplatte, auf der sie den «Chattanooga Choo-Choo» sang, während er das Gedicht «To His Coy Mistress» von Andrew Marvell rezitierte – eine Liebeserklärung an den Empirismus sinnlicher Art: «Let us roll all our strength and all / Our sweetness up into one ball, / And tear our pleasures with rough strife / Thorough the iron gates of life.»

In den späten Vierzigern hatte Ayer regelmäßig eine Dauerkarte bei den Tottenham Hotspurs in Nordlondon – unter den treuesten Fans kannte man Ayer dort nur unter dem Spitznamen «The Prof». Eine oft wiederholte Anekdote besagt, im Jahre 1987 habe Ayer eine Party besucht, auf der sich auch der Boxer Mike Tyson und das Supermodel Naomi Campbell befanden. Als Ayer bemerkte, dass Tyson der jungen Campbell mehr Bemerkung schenkte, als es ihr lieb war, stellte er den damaligen Weltmeister zur Rede. Tyson antwortete angeblich: «Weißt du eigentlich, wer ich bin? Ich bin der beste Schwergewichtsboxer der Welt.» Glaubt man den Überlieferungen, dann antwortete Ayer wie folgt: «Und ich bin der ehemalige Wykeham-Professor für Logik. Wir sind beide in unseren Feldern unübertroffen. Wir sollten diese Kleinigkeit wie vernünftige Menschen besprechen.» Man kann sich kaum vorstellen, dass Theodor Adorno so geistesgegenwärtig gehandelt hätte, allerdings fällt es überhaupt schwer, sich Adorno auf einer Party vorzustellen.

Adornos und Ayers Aufenthalt in Oxford überschnitt sich um fast drei Jahre; die beiden Philosophen teilten sogar den gleichen Doktorvater, Gilbert Ryle. Man kann versuchen, sich vorzustellen, wie die Wege der beiden Männer sich auf den Straßen dieser verträumten Stadt kreuzten. Teilten sie eine Flasche Port am High Table? Winkten sie sich kurz zu, als sie auf ihren Fahrrädern am Kings Arms in der Church Street vorbeifuhren? Standen sie in der gleichen Schlange, wenn sie im Covered Market Gemüse kauften? So richtig überzeugend ist keins dieser Szenarien. Viel wahrscheinlicher ist, dass sich die beiden Vordenker aus der Distanz betrachteten und die Entfernung zwischen einander eher schätzten als bedauerten. In seiner Autobiographie *Part of My Life* erinnert sich Ayer an Adornos «dandyhaftes Gehabe und Auftreten und seine konstanten Bemühungen herauszufinden, ob man anderen Einwanderern das Privileg gestattet hatte, das ihm bisher verwehrt war, nämlich sein Abendessen am High Table einzunehmen». Der Inhalt der «leetle envelopes», die Adorno von seinem Zimmer im Merton College aus verschickte, ändert diesen Eindruck kaum. Wusste er, schrieb er an den österreichischen Komponisten Ernst Křenek, dass es sich bei dem Merton College um eines der «ältesten und eines der exklusivsten von Oxford» handelte (was nur halb stimmte: Merton teilte sich diesen Ruhm mit Balliol und University College)? Einem Engländer «meine eigentlichen philosophischen Dinge» zu erklären, schrieb er in demselben Brief, sei praktisch unmöglich. Um sich überhaupt verständlich zu machen, müsse er sein Denken «auf ein Kinderniveau» zurückschrauben. Die gemeinsamen Mahlzeiten in dem antiken Essenssaal aus dem 13. Jahrhundert erinnerten Adorno an seine Schulzeit: Seine Existenz in der idyllischen Stadt mit den vielen Kirchtürmen, schrieb er, «ist die eines mittelalterlichen Studenten und teilweise der verwirklichte Angsttraum, dass man wieder in die Schule muss, das verlängerte dritte Reich».

Bei all dem Briefeschreiben gelang es Adorno, in Oxford nur eine ernste akademische Arbeit fertigzustellen: einen Aufsatz mit dem Titel «Über Jazz», der 1937 in der *Zeitschrift für Sozialforschung* unter dem Pseudonym Hektor Rottweiler erschien. Es handelt sich dabei um eine unbarmherzige Attacke auf den Sound der Zwanziger und Dreißiger. Jazz, behauptete Adorno, war eine «pseudo-demokratische» Musikform, welche Klassenunterschiede übertünchte und Versprechen von individualistischer Befreiung machte, die sie selbst nicht halten konnte. Improvisierte Stellen im Jazz waren nur eine Fassade – in Wirklichkeit lag Jazz der Marschmusik viel näher als autonomer Kunst. Hatten beide Musikrichtungen nicht eine Vorliebe für das Saxophon? Und tanzte man zu Jazz nicht den sogenannten «Step», also den Gleichschritt? Die Nazis mochten Jazz als «negroide Musik» beschimpft haben – Adorno war trotzdem überzeugt, dass es sich um die ideale musikalische Untermalung für totalitäre Regime handelte: Jazz war ideal für «faschistischen Gebrauch».

Adorno arbeitete seine Jazztheorie im Laufe des Jahres 1937 in einer Reihe von Briefen mit dem Merton-Wappen weiter aus. Könnte es sich bei der Vorliebe für Synkopen im Jazz nicht um einen musikalischen Ausdruck des frühzeitigen

Orgasmus handeln? Gleichzeitig symbolisierte Jazz jedoch auch eine «Kastrationsdrohung», welche nicht nur durch das rasierklingenhafte Schriftbild mit dem Doppel-Z zum Ausdruck kam, sondern auch durch die einladende Schnappfalle des aufgestellten Flügeldeckels im Jazzorchester. «Plausibel wäre», schreibt Adorno, dass das englische Wort «Jazz» von dem deutschen Wort «Hatz» kommt «und die Verfolgung eines Langsameren durch Bluthunde entwirft». Deutete das Wort «Ragtime» nicht an, dass eine Kreatur in Streifen zerrissen wird? Das berühmte jazzähnliche Debussy-Stück «Général Lavine, eccentric» erinnerte den Deutschen an das Wort «Lawine»; es bezeichnete «das Losbrechende, regellos Stürzende; auch das Beängstigende zugleich». Der Klang einer Dämpfertrompete war für ihn ein «parodierter Angstschrei». Als besonders problematisch empfand Adorno den «Tiger Rag», einen Jazzstandard, der ursprünglich von der Original Dixieland Jass Band aus dem Jahre 1917 stammte und im Laufe der folgenden 20 Jahre mehr als 52-mal neu aufgenommen wurde, unter anderem von Louis Armstrong, Duke Ellington, Glenn Miller und Art Tatum. «Tiger Rag» erinnerte Adorno an «den Brunstschrei des Tigers» und zugleich an «die Angst, von ihm gefressen oder kastriert zu werden». Am Schlimmsten war der Begriff «Jitterbug», der diverse Arten von Swingtanz bezeichnete: «Er bezieht sich auf ein zitterndes Insekt, welches passiv auf einen Impuls wie zum Beispiel Licht reagiert. Der Vergleich zwischen Menschen und Insekt deutet schon an, dass diesen Menschen ihr autonomer Wille bereits abhandengekommen ist.»

Natürlich ist es einfach, Adornos Hysterie über Jazz im Nachhinein zu belächeln. Man tut gut, sich daran zu erinnern, dass er seine Thesen aufstellte, bevor Charlie Parker, Charles Mingus oder Miles Davis aus Jazz komplizierte, schwierige, adornohafte Musik machten. Und trotzdem wird man das

Gefühl nicht los, dass Adornos spektakuläre Fehleinschätzung von Jazz sein allgemeines Beurteilungsvermögen in Frage stellt. Liest man die Karten aus Merton heute, dann könnte man fast glauben, der Zweite Weltkrieg hätte schon 1937 in Oxford begonnen und nicht 1939 in Polen. Der Mensch, der sich durch seine Kritik der Ohnmacht des deutschen Bildungsbürgers einen Namen machte, verbrachte einen Großteil der Zeit zwischen 1934 und 1937 damit, nicht den Faschismus zu bekämpfen, sondern die Beliebtheit einer harmlosen Musikrichtung. Liest man Ayer und Adorno nebeneinander, dann erhält man den Eindruck, dass die Jahre zwischen den Kriegen eine durchaus unterschiedliche Wirkung auf den Charakter der beiden Nationen hatten. Erweckten die Dreißiger in England einen gesunden Zynismus, so entwickelte Deutschland in demselben Jahrzehnt einen fast schon nihilistischen Hang zum Weltschmerz.

Was mich aber persönlich beim Lesen des Jazzaufsatzes am meisten enttäuschte, war die Erkenntnis, dass Adorno nie wirklich versucht hatte, Engländer zu verstehen. Denn in Wirklichkeit war «Über Jazz» viel weniger ein Seitenhieb auf Jazzmusik als auf den typischen Jazzhörer. Adorno nannte diesen einen «Excentric»: einen Jazz-Enthusiasten, der seinen Nonkonformismus zur Schau stellte und sich trotzdem den gesellschaftlichen Erwartungen anpasste. Hätte Adorno wirklich versucht, die Engländer zu verstehen, dann hätte er kapiert, was mir schon nach drei Monaten klargeworden war: An echten englischen Exzentrikern und Spinnern wie A. J. Ayer, Winegum und Supernanny war nichts Falsches – ihre tägliche Rebellion war echt.

vier

**Kurt Schwitters entdeckt
am See von Grasmere den
Dadaismus wieder**

Am Morgen des 22. Augusts 1944 zertrümmerte eine deutsche Fieseler Fi 103 ein Reihenhaus im Londoner Stadtteil South Kensington. Kaum zwei Stunden danach versammelte sich im direkt benachbarten Institut Français eine Gruppe von englischen Künstlern und Intellektuellen. Die Türen und Fenster des Gebäudes waren zwar von der Explosion aus ihren Rahmen gedrückt worden, aber man war zuversichtlich, dass die Struktur stabil genug sei, um die Veranstaltung wie geplant vonstattengehen zu lassen. Manche der Gäste hätten den Geruch von verbranntem Backstein wohl sogar als passende Untermalung empfunden – schließlich war das Thema der Tagung durchaus explosiv. Es handelte sich um ein Symposium des Londoner Zweiges von PEN, der «Association of Poets, Playwrights, Editors, Essayists and Novelists», zum Anlass des dreihundertsten Jahrestags der Veröffentlichung von John Miltons *Aeropagitica*. In diesem Traktat aus dem Jahr 1644 hatte sich der Dichter klagend an das englische Parlament gerichtet, welches kurz zuvor mit dem «Licensing Act» erneut die Vorzensur von Büchern eingeführt hatte: «Wer einen Menschen tötet, tötet ein vernünftiges Wesen, Gottes Ebenbild», schrieb Milton. «Aber wer ein gutes Buch vernichtet, tötet die Vernunft selbst, tötet das Ebenbild Gottes, sozusagen als Abbild.» Für die englischen Künstler, die während des Zweiten Weltkriegs weiterhin kreativ arbeiteten, stellten sich ein paar unangenehme Fragen: Hatten sie heutzutage mehr oder weniger Gedankenfreiheit als vor 300 Jahren? Während des Krieges übte die Ministry of Information fast komplette Kontrolle darüber aus, was in den Zeitungen stand und was im Radio gesagt wurde. War der Geist eines Künstlers in Großbritannien noch «frei zu wachsen, frei sich auszudrücken, frei Fehler zu machen, und frei noch mal von Vorne anzufangen», fragte sich der Dichter Herman Ould in einem der Vorträge an diesem Tag.

Der Romancier E. M. Forster eröffnete die Veranstaltung. In den Romanen von Forster geht es meistens um das Aufeinanderprallen von unterschiedlichen Welten: In *Wiedersehen in Howards End* lernen die bildungsbürgerlichen Geschwister Schlegel (eingebürgerte Deutsche, merke wohl) zufällig den ärmlichen englischen Bankangestellten Leonard Bast kennen; in *Zimmer mit Aussicht* trifft die verklemmte Lucy Honeychurch bei einem Dinner auf den Freigeist George Emerson; und in *Auf der Suche nach Indien* läuft die Britin Adela Quested dem indischen Doktor Aziz bei einer Gartenparty über den Weg. Wichtig dabei ist, dass diese Begegnungen nach sehr englischen Regeln verlaufen. Soll heißen: Die soziale Spannung wird meist durch ein Missverständnis oder vertauschte Kleidungsstücke so weit gedehnt, bis sie durch einen Witz gebrochen wird und die Protagonisten sich lachend die Hände schütteln. Laut wird es bei Forsters Begegnungen eher selten, und so richtig knallen tut es eigentlich nie.

Kaum überraschend deshalb, dass die Versammlung in South Kensington ähnlich verlief. Mit dem Thema Zensur mochten scheinbar doch die wenigsten Gäste etwas anfangen. Ein Professor stellte fest, dass Redefreiheit im Vergleich mit «der Beziehung zwischen Geist und Gemüt» relativ unwichtig war. Selbst Forster formulierte in seiner Auftaktrede nur eine zaghafte Kritik an der Ministry of Information und dem British Council: Im letzten Weltkrieg, erinnerte er sich, hatte man die Londoner Stadtbücherei strafrechtlich verfolgt, weil man dort zensierte deutsche Bücher ausleihen konnte. Letztendlich wurde der Prozess jedoch gestoppt, weil man sich zum Schreiben von Propagandamaterial selber Bücher ausleihen musste.

Der Abend war eher eine gutmütige Plauderstunde als ein passioniertes Streitgespräch. In einem Artikel über das Symposium fragte sich ein merklich frustrierter George Orwell: «Im Betracht auf das Zeitalter, in dem wir leben, und daran, wie man in den letzten 15 Jahren mit Schriftstellern und Journalisten umgegangen ist, würde man bei so einer Versammlung von Menschen nicht etwas mehr Vehemenz und präzisere Anschuldigungen erwarten?»

Trotzdem passierte an jenem Morgen etwas Bemerkenswertes – so bemerkenswert immerhin, dass es in den Tagebüchern der meisten anwesenden Literaten auftaucht. Das Verhalten eines großen, glatzköpfigen Mannes in der ersten Reihe erregte von Beginn der Veranstaltung an Aufsehen. Der Mann trug den «typischen grauen, abgenutzten Anzug eines deutschen Flüchtlings», wie ein polnischer Gast es später beschrieb, dazu Schuhe ohne Socken. In seinen Händen hielt er einen halben Meter Eisendraht, den er offensichtlich von dem schwelenden Trümmergrundstück vor dem Eingang aufgesammelt hatte. Anscheinend unbeeindruckt von Forsters Rede, verbrachte der Mann den gesamten Vortrag damit, den Draht in abstrakte Formen zu verdrehen. Wer war dieser Mensch? Ein verdeckter Ermittler der Ministry of Information? Vielleicht ein Verrückter, den die wochenlangen Bombardements in den Wahnsinn getrieben hatten? Einige Gäste einigten sich, dass es sich wohl um einen Klempner gehandelt haben musste, der sich zufällig in das Gebäude verirrt hatte.

Nachdem Forster seine Rede beendet hatte, verließ der Mann das Gebäude alleine.

*

Kurt Schwitters sah oft aus wie der richtige Mann im falschen Film. Es gibt ein Foto von ihm in seinen Dreißigern: Hände auf dem Schoß gefaltet, Rückgrat wie ein Lineal, weißes Hemd mit Tweed-Fliege, Versicherungsmaklerschnurrbart und gegelte Frisur. Das Ganze hat mehr von einem Klinkenputzer aus der Provinz als einem mondänen *Bohemien*: ein Look, der durchaus zu Schwitters' Lebensstil passte. Als begeisterter Briefeschreiber stand er zwar in ständigem Kontakt mit Künstlern in Holland, Russland, Paris, New York, Berlin und Hamburg, trotzdem hatte die Landkreishauptstadt Hannover in Kurt Schwitters seit seinem Geburtsjahr 1887 einen überaus treuen und lokalpatriotischen Einwohner. Umso verblüffender deshalb, dass sture Kunsthistoriker behaupten, es handele sich bei demselben Kurt Schwitters um einen der einflussreichsten Künstler des 20. Jahrhunderts, dazu um eine der Lichtfiguren einer radikalen Kunstbewegung namens Dada. Aber was war Dada eigentlich? Dem eingängigen Namen zum Trotz lässt sich dies notorisch schwer zusammenfassen. Die dadaistischen Manifeste, die führende Köpfe zur Glanzperiode der Bewegung in den frühen Zwanzigern veröffentlichten, sind voll von falschen Fährten: «Dada ist bejahend», «Dada ist negativ», «Dada ist eine jungfräuliche Mikrobe», «Dada ist ein Hund oder ein Kompass», «Dada ist idiotisch», «Dada ist tot». Schwitters selbst hat den Ausdruck Dada sowieso gemieden. Wer wissen will, was Schwitters wirklich dachte, fühlte und träumte, der sollte Fotos und Manifeste besser in Ruhe lassen und sich seine Kunstwerke anschauen.

Kurt Schwitters machte Kunst aus Fetzen. Eine typische

Collage enthielt zum Beispiel eine Spielkarte, eine abgewetzte Tramfahrkarte, eine herausgerissene Überschrift aus einer Tageszeitung und einen verrosteten Nagel: alles chaotisch im Bilderrahmen verstreut, aber eben chaotisch auf eine Art, dass man dahinter ein tiefes Interesse an den Regeln der graphischen Komposition erahnen konnte. So eine Arbeitsmethode «radikal» zu nennen ist durchaus nicht übertrieben – vor allem nicht in den zwanziger Jahren, einem Jahrzehnt, das sich noch von dem Schock des Ersten Weltkriegs erholte. Schwitters Ästhetik war die des Trümmerhaufens und voll mit Scherben und Schnipseln. Selbst ein altes Stück Metall hatte noch Platz in einer Galerie verdient. Der berühmteste Satz von E. M. Forster ist wohl das optimistische Epigraph am Anfang von *Wiedersehen in Howards End*: «Only connect ... Live in fragments no longer», «Verbinde! ... Lebe nicht weiter in Fragmenten». Nach dem Krieg war Schwitters' Motto viel schroffer: «Kaputt war sowieso alles, und es galt aus den Scherben Neues zu bauen.» Schwitters nannte seine eigene Form von Dada Merz, was an sich selbst eine Art Wortscherbe von «Commerzbank» war. Für Schwitters war Merz weniger eine künstlerische Methode als eine allgemeine Philosophie, die für Gedichte, Kindergeschichten, Theater, Skulptur, Journalismus, Werbung, Tischlerei oder auch Architektur verwendet werden konnte. Sein eigenes Haus in Hannover war die Verwirklichung dieser Weltanschauung, sein Gesamtkunstwerk: eine begehbare Collage, die er den Merzbau taufte.

Merz reimt sich sowohl mit Scherz als auch Herz und Schmerz, was wohl so manch einem deutschen Rationalistenhirn zu widersprüchlich daherkam. Ab 1933 schalteten die Nazis mehrere Hetzkampagnen gegen moderne Künstler, unter anderem auch gegen Schwitters. Seine Collage *Das Merzbild* aus dem Jahr 1919 bildete 1937 Teil der Ausstellung «Entartete Kunst» in München. An dem Bild hing ein Schild, auf dem stand: «Selbst das wurde einmal *ernst genommen* und hoch bezahlt!» Zum Glück war Schwitters zu diesem Zeitpunkt bereits außer Landes: Im Januar 1937 wanderte er von Hannover nach Norwegen aus. Als die Nazis 1940 in Norwegen einfielen, floh er gen Großbritannien, jene Insel in der Nordsee, die den Deutschen erneut wie eine Bastion der Freiheit erschien.

Das Merzkonzept den Briten beizubringen erwies sich jedoch als schwieriger als erwartet. Dada mochte eine internationale Bewegung mit Außendienststellen in Berlin, Paris, Zürich, New York und Tokio gewesen sein – doch Großbritannien verwehrte sich den Verlockungen der Avantgarde. Im Jahre 1940 gab es kein Dada London Headquarter. Als Schwitters die Galeriebesitzer Sohos um ein Vorstellungsgespräch bat, bekam er keine Antwort. Ein Kontakt zu dem Künstlerpaar Barbara Hepworth und Ben Nicholson, der den Einstieg in die lukrative Londoner Galerieszene versprach, wurde vernachlässigt, nachdem Nicholson den deutschen Einwanderer als «Esel und Langweiler» bezeichnet hatte. Um seinen Lebensunterhalt zu verdienen, blieb Schwitters nichts anderes übrig, als für ein paar Pennys Porträts von Fußgängern zu malen. Abends machte er das, was er schon in Hannover zu tun pflegte: Briefe in alle Welt verschicken. «Hier ist ein konservatives Land, Portrait und Aquarelle. Man hat nicht viel Ahnung von Kunst», schrieb er in einem Brief. «Wir Deutschen schätzen Shakespeare mehr, als der Engländer», erläutert Schwitters weiter (als hätte er *Abschied von Howards End* gelesen, in dem da steht: «Frieda, du verabscheust doch englische Musik. Du weißt es doch selbst. Und englische Kunst. Und englische Literatur, außer Shakespeare, und der ist ein Deutscher»).

Wie ironisch Schwitters Situation in England war, verbildlicht eine Collage aus dieser Zeit. In der Bildmitte befindet sich ein leicht verfälschtes Porträt von König Edwards ältestem Sohn, Prinz Albert Victor: Die Hälfte von seinem Gesicht ist übermalt worden, und auf seiner Brust klebt eine Rasierklinge – ein Hinweis auf die später widerlegte Theorie, der junge Adelige stecke hinter der Legende von Jack the Ripper. Die Collage sieht nicht nur schockierend neu aus, sondern auch unmissverständlich britisch: ein Stück Pop-Art, das sowohl an das Cover der Beatles-LP *Sgt. Pepper's Lonely Hearts Club Band* erinnert als auch an die berühmte Plattenhülle von *God Save the Queen*. Nur bohrte sich bei den Sex Pistols anstatt der Rasierklinge eine Sicherheitsnadel durch die Lippe von Queen Elizabeth. Unter das Schwitters-Bild hat der Künstler eine Erklärung gekritzelt: «Dies war einmal His Royal Highness der späte Duke von Clarence & Avondale. Jetzt ist es ein Merzbild. Sorry!»

Wenn die Collage von Prinz Albert andeutet, was hätte sein können, so bietet ein anderes Werk einen etwas realistischeren Einblick in Schwitters' Seelenwelt. Eine Skulptur aus dem Jahr 1944 besteht aus einem Gipsbrocken, aus dem ein Stück Draht herausragt. Der Draht wächst senkrecht nach oben, dreht dann aber wieder nach unten ab, als wollte er sich im Boden vergraben: ein Bild der Verzweiflung. Schaut man sich diese Skulptur so an, mag man spekulieren: War dies vielleicht das Stück Draht, das Schwitters vor dem Institut Français aufsammelte? Und man überlegt: Vielleicht war der Grund, weshalb der Deutsche nichts mit E. M. Forsters Rede über das Zensurwesen anfangen konnte, dass für ihn aktive Zensur viel weniger ein Problem war als passives Desinteresse. «Z. B. spricht man immer sehr leise in England, wenigstens die Mittelklasse», schrieb er in einem Brief. «Wer laut spricht gilt als ‹common›, kein Gentleman. In Deutschland spricht jeder laut. Lautes Reden ist hier ebenso schlecht wie unrasiert oder schwarze Fingernägel. Man tut es nicht. Das gibt aber eine charakteristische Haltung. Der Engländer verficht nicht eine Idee, weil er dann laut reden müsste. Er weiß, was richtig ist,

127

und das genügt ihm. Immerhin die Mittelklasse, in der ich lebe. Der Lord hat andere Gesetze.» Was noch viel schlimmer war: Jene Bomben, die E. M. Forster und Co. verfehlt hatten, trafen bei Schwitters ihr Ziel. Im Februar 1945 erfuhr er, dass der Merzbau bei einem Luftangriff der Royal Airforce zerstört worden war. Nach einem Schlaganfall im April 1944 entschloss Schwitters sich Mitte 1945 dazu, London zu verlassen und in einen kleinen Ort namens Ambleside im nordenglischen Lake District in der Grafschaft Cumbria zu ziehen. Es wäre kaum erstaunlich gewesen, wenn Schwitters' englische Reise hier ihr Ende gefunden hätte.

Im Archiv gibt es aber noch ein Bild, dessen genauere Betrachtung sich lohnt. Auf den ersten Blick sieht es nach einer Verwechslung aus: ein Bild von einem anderen Künstler, das jemand aus Versehen unter «Schwitters» eingeordnet hat. Es handelt sich um ein gemaltes Porträt eines älteren Mannes, teilweise mit betont grober Pinselführung, insgesamt aber sehr realistisch. Der Mann sitzt neben einer Art Schuppen oder Scheune auf einem Stuhl, Hände im Schoß gefaltet, ein unbeteiligter, leicht gelangweilter Ausdruck auf seinem Gesicht. Als ich das Bild zum ersten Mal sah, konnte ich daran nichts besonders Bemerkenswertes erkennen. Irgendwann zeigte ich es zufällig einem Freund, der Fotograf war. Dieser bemerkte sofort etwas Ungewöhnliches: «Wieso ist denn da eigentlich ein Schatten auf dem Gesicht von dem Mann?» Die goldene Regel eines Porträts, erklärte er mir, sei, dass man das Modell so in Position brachte, dass sich das Sonnenlicht in den Augen widerspiegelte. Der Schatten war also entweder ein Anfängerfehler oder ein beabsichtigter Effekt. Je länger ich mir das Porträt anschaute, desto eindeutiger erschien mir die Antwort: Es handelte sich hier gar nicht um ein Porträt des Mannes, sondern seiner Umgebung. Erst jetzt bemerkte ich den blühenden Garten auf der linken Seite der menschlichen

Gestalt. Über ihm hängt ein Dreieck aus blauem Himmel. Die Sonne knallte auf das aufkeimende Gewächs: Die Blätter der Bäume und Büsche leuchten hell wie ein Goldschatz in einem Märchenschloss.

Das Bild ist nicht nur typisch Schwitters, es ist auch ein treffendes Porträt des Modells: Harry Pierce, ein pensionierter Landschaftsgärtner, der einst von Thomas Mawson, dem Autor der bahnbrechenden Studie *The Art and Craft of Garden Making* ausgebildet worden war. 1942 hatte Pierce ein Anwesen in dem Dörfchen Elterwater gekauft, welches sich an einen Hügel im Lake District schmiegte – einen kurzen Spaziergang weit entfernt von dem See Grasmere, an dem der romantische Dichter William Wordsworth einst gewohnt hatte. Pierce wollte das Grundstück in einen Garten voll mit Blumen, Bäumen und Sträuchern verwandeln: keinen geschniegelten Park nach dem Geschmack der Franzosen und auch keinen traditionellen wilden englischen Garten, sondern «eine Kombination aus der Vorstellungskraft des Menschen und dem großzügigen Überfluss der Natur». Schwitters und Pierce hatten sich durch einen gemeinsamen Bekannten kennengelernt, und eines Sommertages im Jahr 1947 fuhr Schwitters mit dem Bus von Ambleside nach Elterwater, um dort Pierce' Porträt zu malen.

Was genau zwischen dem ersten und dem letzten Pinselstrich passierte, ist unklar. Sicher ist jedoch, dass irgendeine Verbindung zwischen den beiden Männern entstand, denn als die Farbe kaum getrocknet war, hatten sie sich bereits geeinigt, dass Pierce Schwitters den Schuppen in dem Bild vermieten würde. Das kleine Häuschen, das aus der Zeit stammte, als sich noch eine Schießpulverfabrik auf dem Grundstück befand, wurde jetzt nur noch gelegentlich zum Aufbewahren von Heu benutzt. Die Wände bestanden aus ungeschliffenen Steinen, der Boden aus festgestampfter Erde. Im Laufe der nächsten fünf Monate schafften Schwitters und Pierce einen winzigen Heizofen in den Innenraum, reparierten das Dach und fingen an, Zutaten für eine neue Collage zu sammeln: Steine, Glasscherben, Metallreste, zerbrochene Bilderrahmen, ein Porzellanei, einen Spielball für Kinder und einige von Pierce' Gartenwerkzeugen. Im Oktober desselben Jahres schrieb Schwitters einen Brief: «Ich arbeite jeden Tag 3 Stunden, mehr kann ich nicht leisten. Ich werde 3 Jahre arbeiten müssen.»

Der «Merzbarn» wurde nie fertig. Mitten im tiefsten Winter bekam Schwitters eine Lungenentzündung und wurde schließlich in das Krankenhaus von Kendal eingeliefert. Er verstarb am 8. Januar 1948.

*

Bevor ich nach England kam, hatte ich mir dieses Land irgendwie als eine riesige Stadt vorgestellt: ein sich unendlich ausdehnendes London, mit Manchester und Leeds als Vororten. Sagte jemand das Wort «England», dann dachte ich an den nebelumhüllten Big Ben, rote Doppeldeckerbusse und schwarze Taxis. Von den Sehenswürdigkeiten, von denen die Engländer selbst schwärmen, hatte ich noch nie etwas gehört: der Lake District oder die South Downs sagten mir genauso wenig wie die Cotswolds, der New Forest oder Mount Snowdon. Ein Grund dafür ist sicherlich das Klima: Deutsche begeistern sich schneller für spanische Küsten, italienische Berge und französische Täler als für englische Felder, weil wir aus eigener Erfahrung wissen, wie schnell ein paar Wolken einem im Norden Europas die schönste Sicht verderben können. Sieht man von der Architektur einmal ab, sind die Unterschiede zwischen dem Rheinland und den Yorkshire Dales eher überschaubar.

Es gibt noch eine andere Theorie, weshalb der Ruf der englischen Natur ihr nicht vorauseilt: Nämlich dass die Engländer selbst nicht besonders stolz auf ihre Naturschätze sind. Grund dafür ist zum einen, dass das ländliche England besonders in den Städten immer noch als Spielraum der feinen Leute, der «landed gentry», angesehen wird. Zur Zeit der industriellen Revolution hatte sich eine Gesellschaftsschicht entwickelt, die allein von der Verpachtung und Vermietung von Land lebte. Zwar verringerte im Laufe des zwanzigsten Jahrhunderts die Einführung von Erbschaftssteuern das Reichtum und den Einfluss der «landed gentry» deutlich, doch denken die meisten Engländer bei dem Begriff «the countryside» eher an begüterte Männer in Tweed-Hosen und Barbour-Jacken als an einfältige Landeier. Vergleicht man die Situation mit der in Deutschland, so ist es in der Tat so, dass in Großbritannien weniger Landbesitzer mehr Grundstücke besitzen. Während ein deutsches Bauerngut im Schnitt 25 Hektar groß ist, umfasst es im Vereinigten Königreich 68 Hektar. Ein allgemeines Betretungsrecht für Wälder und Fluren gibt es in Großbritannien genauso wenig wie ein Pendant zum Artikel 14.2 des deutschen Grundgesetzes, der die Allgemeinnutzung von Privateigentum vorschreibt («Eigentum verpflichtet»): So manch einem Urlauber ist es schon passiert, dass er bei einer Wanderung von einem Landbesitzer mit der Schrotflinte über den Zaun gejagt wurde. Ungefähr zur Zeit meiner Ankunft in London gründeten einige englische Landbesitzer die «Countryside Alliance», um gegen die zunehmende Einschränkung des ländlichen Lebensstils – und im Besonderen das Verbot der Fuchsjagd – durch die damalige Labour-Regierung zu protestieren. 400 000 Demonstranten marschierten im September 2002 durch London – bis heute eine der größten Demonstrationen in der Geschichte Großbritanniens.

In seinem Roman *Scoop* aus dem Jahr 1938 beschreibt der Schriftsteller Evelyn Waugh sehr trefflich das gegenseitige

Misstrauen zwischen den städtischen und dörflichen Lagern der Insel: «‹Das Land› war schon immer ein von Grund auf unenglisches und verdächtiges Konzept – ein Ort, an dem man nie von der einen Minute zur nächsten wusste, ob man nicht gleich von einem Stier in die Luft geschleudert, von einer Mistgabel aufgespießt oder von einem Rudel Hunde zerrissen würde.» Der Tscheche Karel Čapek meinte, die englische Natur sei höchstens ein Zufluchtsort für jene Stadtmenschen, denen vor der gähnenden Langeweile des erzfrommen «englischen Sonntags» grauste.

Die deutsche Haltung zur Natur ist in dieser Hinsicht vollkommen anders. Man muss sich nur genauer anhören, wie wir über sie reden. Geht man in England «to the countryside», also *zu* der Natur, so werfen die Deutschen sich kopfüber «*in* die Natur» oder «*ins* Grüne». Alleine schon auf sprachlicher Ebene hat der Vorgang eine romantischere Dimension. Während sich britische Familien bei einem Ausflug aufs Land vielleicht mit der Besichtigung eines nahegelegenen Landsitzes begnügen, so muss es bei den Deutschen oft ein riesiger See oder ein endloser Wald sein oder am besten noch eine Wanderung durch diesen. Das ist sowieso das deutscheste Konzept von allen: die Wanderung. In Großbritannien gibt es durchaus die Tradition der «Ramblings», doch haben solche Wanderungen meist eine politische Dimension, als Protest gegen die Sonderrechte der Landeigentümer. Einen Politiker, der nach seinem Rücktritt einfach einmal quer durch sein Heimatland wandert, ohne damit gegen irgendetwas protestieren zu wollen, wie Karl Carstens es 1984 tat, kann man sich in Großbritannien schwer vorstellen. In meiner Kindheit war der Wanderurlaub jedes Jahr ein fester Termin im Kalender: Immer am letzten Tag des Jahres stiegen wir allesamt in unseren metallblauen Volvo und fuhren zu einer Gaststätte im Harz. Am Neujahrsmorgen stapften wir dann stundenlang durch den jungfräulichen Schnee und bewarfen unsere verkaterten Eltern mit Schneebällen. Ich weiß noch genau, wie es schmerzte, wenn man zum ersten Mal die eiskalte Bergluft einatmete, und wie gut es sich anfühlte, wenn man nach stundenlangem Wandern vor dem Kamin saß und das Blut unter der Haut tanzte. Deutschlands Natur, das lehrten mich diese Ausflüge, war nicht nur dazu da, um bewundert zu werden: Man musste sie bezwingen.

Geographie erklärt diese unterschiedlichen Einstellungen zumindest teilweise. Britannias herausragendstes landschaftliches Merkmal ist nun einmal die Wassermasse, die ihre Landgrenzen definiert. Wenn die Briten Geschichten über sich selbst erzählen, dann wenden sie sich ihren Seen und Flüssen zu. Über die Schönheit der Themse zu London sind unzählige Oden gesungen worden, ob William Wordsworths «Upon Westminster Bridge», Charles Dickens' *Unser Gemeinsamer Freund*, T. S. Eliots *Das wüste Land* oder der Kinks-Song «Waterloo Sunset» («As long as I gaze on Waterloo sunset / I am in paradise»). Keine Gemälde werden auf der Insel so verehrt wie J. M. W. Turners Flusslandschaften. Es gibt einen ganzen Kanon von Büchern über den Wasserverkehr auf den Kanälen, die Großbritannien wie ein geheimes Straßennetz durchkreuzen – von Jerome K. Jeromes *Drei Mann in einem Boot* über George Eliots *Die Mühle am Floss* bis zu Kenneth Grahames *Wind in den Weiden* und Richard Adams *Unten am Fluss*. Die Küste ist und bleibt das Symbol des englischen Patriotismus: Kein Lied war zu Zeiten des Zweiten Weltkriegs so beliebt wie «The White Cliffs of Dover» von Vera Lynn, keine Rede so wirksam wie jene Radioansprache, die Winston Churchill am 4. Juni 1940 von sich gab: Der britische Premier beschwört darin den Mut seiner Landsleute zum Kampf in Frankreich, in der Luft, den Feldern, den Straßen, den Hügeln. An welche Zeile der Rede kann sich jeder Schuljunge in England erinnern? «We shall fight on the beaches», «Wir wollen sie auf den Stränden bekämpfen».

Deutschlands Landschaft hingegen definiert sich durch ihre Berge und Wälder, die beide ihre englischen Pendants in den Schatten stellen. So mag zum Beispiel der Brocken im Harzgebirge für deutsche Verhältnisse nicht besonders hoch erscheinen (die Zugspitze überragt ihn um mehr als das Doppelte), allerdings ist er mit 1141 Metern über dem Meeresspiegel immer noch 57 Meter höher als der Mount Snowdon, der höchste Gipfel südlich der schottischen Highlands. Beim Vergleich der Waldregionen schneidet Großbritannien noch erbärmlicher ab. Folgt man der Naturkunde, dann war England vor nicht allzu langer Zeit noch ein riesiges Waldgebiet: Schätzungen nach war der Andredsweald der Angelsachsen 120 Meilen lang und 30 Meilen weit und erstreckte sich von den Mooren Kents bis zum New Forest in Hampshire. Dem sogenannten «Domesday Book» zufolge, welches Wilhelm der Eroberer im Jahre 1086 schreiben ließ, waren zu diesem Zeitpunkt 15 Prozent der Insel von Bäumen bedeckt. Dank einer rapide wachsenden Bevölkerung, Landbau im großen Stil und einem feuchten Klima, das fruchtbaren Waldboden schnell in sumpfigen Morast verwandelte, schrumpfte der Wald von England aber über die Jahrhunderte rasant. Dazu kam, dass die meisten Engländer den Wald als nichts anderes betrachteten als eine riesige Holzfabrik. Sich nachhaltig um diesen natürlichen Schatz zu kümmern lohnte sich allerdings kaum, denn zu Zeiten des Empires war der Import von qualitativ besserem Holz aus Übersee relativ billig. Dass es sich bei Wäldern um natürliche Ökosysteme handelte, die man sorgfältig im Gleichgewicht halten musste, diese Idee setzte sich erst durch, als Queen Victoria mit Dietrich Brandis, Berthold Ribbentrop und Wilhelm Schlich drei deutsche Forstwissenschaftler importierte. Der letzte der drei gründete sogar das erste British Forestry Institute an der Universität von Cambridge und schrieb mehrere Bücher, in denen er leidenschaftlich dafür plädierte, dass sich die Briten besser um ihre Wälder kümmern sollten. Dafür war es damals aber schon zu spät. Zum Ende des 19. Jahrhunderts konnte man höchstens 4 bis 5 Prozent britischer Landschaft noch als Wald bezeichnen.

In Deutschland ist dieser Prozentsatz über die Jahre vergleichsweise stabil geblieben. Dass ein Eichhörnchen von Hamburg nach München wandern kann, ohne den Erdboden zu berühren, mag ein modernes Märchen sein. Trotzdem sind die meisten deutschen Wälder einfach größer als das, was von dem Andredsweald in Großbritannien übrig geblieben ist. Englands größter Wald, der New Forest, bedeckt 571 Quadratkilometer – der Schwarzwald dehnt sich über ganze 12 000 Quadratkilometer. Selbst der Harz ist in etwa viermal so groß wie der New Forest, und es gibt in Deutschland einige Orte, in denen es gar nicht so unrealistisch erscheint, dass sich Hänsel und Gretel einst im Wald verliefen. Die Zeitschrift, in der Jacob und Wilhelm Grimm ursprünglich ihre Märchen sammelten, hieß passenderweise *Altdeutsche Wälder*.

Das Besondere an der deutschen Beziehung zur Natur ist allerdings gerade, das sie sich nicht nur mit Erdkunde erklären lässt. Der englische Dichter Stephen Spender, der nach dem Krieg ausgiebig durch das zerbombte Deutschland reiste, war überzeugt, dass der Charakter der Landschaft mehr über das Gemüt der Anwohner aussagte als über das Land an sich: «Deutschland hat nicht das kultivierte Antlitz von Italien oder Frankreich, sondern ein *geschnitztes* oder *gehauenes* Aussehen; als seien die Kurven eines Hügels in Westphalen oder die Weinberge am Ufer des Rheins nicht über Jahre dort gewachsen, sondern als habe man sie aus Holz geschnitzt oder aus Stein gehauen.» Die Landschaft Deutschlands, beschloss Spender, war nicht zivilisiert, sondern «in Gedanken erschienen und aus Gedanken geformt» worden, ihre zerfurchten Konturen ein Produkt wilder Phantasien und lebhafter Tagträume.

Besonders der Wald hat in der deutschen Vorstellung so manchen merkwürdigen Reflex erwirkt. Ein endloser Strom von Gedichten, Liedern, Aufsätzen und Aphorismen befasst sich mit diesem Naturphänomen. «Menschen, die leiden, besuchen gerne den Wald», schrieb der Schriftsteller Robert Walser einst. «Es ist ihnen, als litte und schwiege er mit ihnen, als verstehe er sehr, zu leiden und ruhig und stolz im Leiden zu sein.» «Bäume sind Heiligtümer», meinte Hermann Hesse. «Wer mit ihnen zu sprechen, wer ihnen zuzuhören weiß, der erfährt die Wahrheit.» Ludwig Tieck erfand sogar ein neues Wort, «Waldeinsamkeit», um seine Gefühle beim Betreten des Waldes auf den Punkt zu bringen. In der Kunst gelang es keinem Maler besser, die deutsche Beziehung zum Wald zu beschreiben, als Caspar David Friedrich in seinem Bild *Der Chasseur im Walde* aus dem Jahr 1814, der Zeit der napoleonischen Kriege: Ein verlaufener Soldat der Grande Armée steht hier auf einer Waldlichtung und schaut verzweifelt hinauf zu den riesigen Tannen, die ihn umzingeln. Auf einem Baumstumpf hockt ein Rabe, der geduldig auf sein *petit déjeuner* wartet – ein kleiner Witz in einem ernsten Bild. Ernst, weil es daran erinnert, wie schwierig es in Deutschlands Fall oft ist, Romantik von Nationalismus zu trennen, Kunst von Politik.

So kommt man schwer darum herum, dass es sich auch bei den Nazis um große Baumenthusiasten handelte. Für Göring, Himmler und Rosenberg sollte der Wald als Inspiration für das politische Programm ihrer Partei dienen: Beständig, mystisch, mit einer klar definierten internen Hierarchie. Ihrer Meinung nach waren die Deutschen eine «Waldgemeinschaft», deren Charakter sich von Grund auf von dem «Wüstenvolk» der Juden unterschied. Im Jahr 1933 wurden auf deutschen Marktplätzen sogenannte «Adolf-Hitler-Eichen» gepflanzt, und Marschlieder stilisierten den Baum zu einem Symbol deutscher Stärke und Ausdauer («Am Adolf-Hitler-Platz steht eine junge Eiche, / sie strebt zur Sonne auf von Sturm und Not. / Sie ist uns Vorbild, treu und brav zu streiten / für unser Vaterland bis in den Tod»). Es gibt eine Collage von Schwitters' Dada-Kollegen John Heartfield, in der Hitler versucht, ein Hakenkreuz aus einem Tannenbaum zu basteln. Sicherlich wäre dies der ultimative Gag über den deutschen Wald-Wahn, wäre es den Nazis nicht gelungen, sich selbst noch viel besser zu persiflieren. In der Brandenburgischen Uckermark pflanzten sie inmitten eines Kiefernwaldes vier ineinandergreifende Reihen von Lärchen: Ein Hakenkreuz aus Bäumen, dass jeden Herbst nur für die Götter im Himmel und die Todesengel der Luftwaffe sein Antlitz verriet.

Wären die Deutschen ohne ihre Forst-Fixierung nie in das gutbewaldete Polen einmarschiert? Hätte es ohne deutsche Waldromantik keine Bomber über London gegeben? Man kann mindestens mit diesen Gedanken spielen. Kaum überraschend deshalb, dass so manch ein deutscher Flüchtling die Ufer von Großbritannien mit einem wahrhaftigen Baum-Trauma betrat. Schwitters, der während seines Aufenthaltes auf der Insel seine Träume in seinem Tagebuch notierte, skizzierte 1947 in gebrochenem Englisch die folgende Szene:

Wenn man auf einem hohen Berg steht, fühlt man sich froh und frei. Um sich herum sieht man größere und kleine Berge, man spürt die Musik, die sie zusammen erzeugen, nichts irritiert und nichts behindert die Sicht. Man ist glücklich.
Ich bin oft glücklich gewesen und konnte mir damals nicht vorstellen, dass mein Glück nicht ewig dauern würde. Ich war gesund, hatte all das, was ich wollte,

konnte um mich schauen und eine glückliche Zukunft erkennen.

Dann drängten sich plötzlich Wolken zwischen mich und den Horizont, sie kamen näher und verdeckten schon den nächsten Berg, und am Ende sah ich gar nichts mehr. Nach einer Weile verschwanden die Bäume wieder, und ich konnte wieder sehen. Aber ich befand mich nicht mehr auf einem hohen Berg. Ich befand mich in einem engen Tal mit vielen Bäumen, die schreckenerregende Schatten warfen. Die Wolken wanderten wie Gespenster zwischen den Bäumen, es war alles eintönig und düster, keine Hoffnung, kein Licht, kein Horizont. Ich wusste nicht einmal, wie ich den Weg zurück zu dem hohen Berg finden würde. Ich war sehr traurig und unglücklich. Alles, was ich versuchte, war falsch, es gab überhaupt keine Hoffnung.

Der deutschsprachige Romancier und Exil-Londoner Elias Canetti hätte Schwitters sicherlich bei der Deutung seines Traums behilflich sein können. «Das Massensymbol der Deutschen war das Heer», schrieb er 1960 in seinem Buch *Masse und Macht*. «Aber das Heer war mehr als das Heer: es war der marschierende Wald.»

Das Merkwürdige an Deutschland ist, dass die Waldromantik selbst nach dem Zweiten Weltkrieg kein Ende fand. Sie wechselte einfach nur das Parteibuch. Kaum war die «Deutsche Eiche» 1945 zurechtgestutzt, so vereinnahmte die deutsche Linke den Wald für sich: 1947 gründete sich die «Schutzgemeinschaft Deutscher Wald», um Deutschlands Bäume vor übereifrigen Feuerholzsammlern zu verteidigen. Ab 1983 hatte der deutsche Wald mit den Grünen auch eine Stimme im deutschen Parlament. Den Einzug in den Bundestag feierte man mit passenden Requisiten: Am 29. März marschierte ein Gruppe grüner Parteimitglieder durch die Straßen von Bonn. Vorneweg lief Petra Kelly mit einer zerrupften Tanne über ihren Schultern – man wollte mit dieser Aktion auf die Folgen von saurem Regen aufmerksam machen.

Sorgen um die Gefährdung des deutschen Waldes durch Schwefel- und Kohlendioxid in industriellen Abgasen erleichterten den Aufstieg der grünen Partei in Deutschland. Ein Jahr nach dem Einzug der Partei in den Bundestag berechnete der *Stern*, dass es in Deutschland ab dem Jahre 1990 keine Nadelbäume mehr geben würde, dass Laubbäume wohl bald danach verschwinden würden und dass es im Jahre 2002 «kaum noch Waldgebiete in Deutschland geben würde». Einige Politiker sprachen von einem «ökologischen Hiroshima». Heutzutage erwähnen die Grünen das Thema Waldsterben eher mit verlegenen Gesichtern. Schließlich waren Anfang der Neunziger die Waldgebiete Deutschlands noch intakt – im Jahre 1995 hatten außerdem mehrere Forstwissenschaftler eine Studie veröffentlicht, die bestätigte, dass der deutsche Wald nicht nur gesund war, sondern dass er schneller wuchs als jemals zuvor. Dank der Waldangst der Deutschen übertraf die Zahl der neugepflanzten Bäume die der absterbenden mit neun zu eins.

Betrachtet man das Waldsterben-Phänomen aus britischer Perspektive, fühlt man sich allzu leicht an jene Liste von Eigenschaften erinnert, die Margaret Thatchers Gruppe von Historikern mit dem deutschen Nationalcharakter assoziierte: Angst, Egoismus, Minderwertigkeitsgefühle und ein betonter Hang zur Sentimentalität. Nach dem Ende des Zweiten Weltkriegs hatte man sich einen kompletten Neustart des Systems ersehnt – die Mär vom Waldsterben jedoch deutete an, dass sich die tiefliegenderen Unstimmigkeiten in der deutschen Seele nicht so leicht korrigieren ließen. Deutschland erschien den Briten wie ein Land, dass sich zwar in der Öffentlichkeit verhielt wie ein rationaler Intellektueller, tief in sich drin aber immer noch wie ein romantischer Teenager dachte.

Zum Glück deutet das Treffen zwischen Kurt Schwitters und Harry Pierce an, dass sich die deutsche Seele nicht so einfach festzurren lässt, wie Thatcher es erhoffte. Der Berliner Dadaist Richard Huelsenbeck nannte Schwitters einst den «Caspar David Friedrich der dadaistischen Revolution», was damals spöttisch gemeint war, heute aber eher wie ein Kompliment klingt: Schwitters war ein romantischer Modernist, der sowohl abstrakte Kunst als auch einen traditionellen Garten zu schätzen wusste. Man kann diesen Vergleich noch weiter ausarbeiten: Nicht Caspar David Friedrich, sondern Kurt Schwitters ist der Künstler, der heutzutage die deutsche Einstellung zur Natur am besten auf den Punkt bringt. Während der Recherche für dieses Buch wuchs in mir der Wunsch, noch einmal die traditionelle Neujahrswanderung im Harz nachzuholen. Als ich einmal zu einem Seminar in Weimar war, dachte ich mir spontan eine Ausrede aus und nahm den nächsten Zug nach Ilsendorf, von wo ich an einem Maimorgen den Brocken bestieg. Für die Deutschen war der Brocken schon immer ein Symbolberg: Nach dem Mauerfall 1989 bestiegen Wanderer aus Ost und West den Gipfel mit Plakaten, auf denen stand: «Freier Brocken – Freie Bürger.» Caspar David Friedrich benutzte den Berg als Vorbild für den Mittelteil seines ultimativen Bergromantikgemäldes, des «Watzmanns», und Heine beschwor ihn einst als Sinnbild des deutschen Gemüts: «Der Brocken ist ein Deutscher. Mit deutscher Gründlichkeit zeigt er uns, klar und deutlich, wie ein Riesenpanorama, die vielen hundert Städte, Städtchen und Dörfer, die meist nördlich liegen, und ringsum alle Berge, Wälder, Flüsse, Flächen, unendlich weit.» Wie ich aber oben auf der Bergspitze stand, musste ich vor allem an Schwitters und seine Merzbilder denken: Die Welt vor mir war eine riesige Collage aus Provinzen, Dörfern,

Siedlungen; chaotisch, aber nicht ohne innere Harmonie. Der abgebrochene Brocken war die ultimative Schwitters-Scherbe, ein Fragment des Ganzen.

Heutzutage trägt die grüne Bewegung in Deutschland nicht nur die deutsche Waldromantik in sich, sondern eine gute Dosis Merz. Handelte es sich bei den Grünen nicht ursprünglich genauso um eine Anti-Politik-Partei, wie Dada eine Anti-Kunst-Kunstrichtung war? Und zählten die Grünen mit Joseph Beuys zu ihren Gründungsmitgliedern nicht einen Künstler, der Kunst aus gefundenen Objekten herstellte? Zur Documenta im Jahr 1982 ließ Beuys 7000 Eichen um und in der Stadt Kassel pflanzen: Das war nicht romantisch, sondern dadaistisch. Heutzutage haben grüne Werte allerdings weniger mit dem Mythos der Deutschen als «Waldgemeinschaft» zu tun, sondern mehr mit Merz-Philosophie. Die beeindruckendste Errungenschaft der Partei ist Deutschlands verbissener Hang zum Mülltrennen. Was ist Recycling, wenn nicht die Umsetzung des Schwitter'schen Prinzips, dass selbst Abfall noch neu verwendet und in etwas Schönes umgewandelt werden kann?

*

Kurz vor seinem Tod bemerkte Kurt Schwitters, dass die Engländer auf ihre eigene Art vielleicht viel romantischer waren als die Deutschen. Am 24. Juli 1946 schrieb er folgende Zeilen an seinen Freund Christoph Spengemann: «Dank England leben wir in einer Idylle. Das ist ganz recht. Besonders England ist idyllisch, romantisch, mehr als jedes andere Land. Der Engländer […] lebt wirklich romantisch […].»

Ein paar Jahre zuvor hatte ein anderer deutschsprachiger Künstler auf der Insel ein ähnliches Schlüsselerlebnis. Kurz nach Ausbruch des Zweiten Weltkriegs beschrieb Stefan

Zweig in seinem Aufsatz «Die Gärten im Kriege» die Einstellung der Engländer zur Natur. Zweig, der die Zeit von 1934 bis 1940 im Londoner Exil verbrachte, hatte die Ruhe, mit der die Engländer 1939 die Nachricht vom Kriegsbeginn empfingen, mit Verblüffung beobachtet. In Wien waren die Menschen 1914 bei Kriegsausbruch auf die Straßen geströmt; es hatte spontane Sprachchöre gegeben, Fahnen, Musik, Trubel, Chaos; die Kaffeehäuser waren voll von schwatzenden Menschen, die sich für Militärstrategen und Wirtschaftspropheten hielten. In England war das Bild vollkommen anders: Die Menschen gingen stoisch ihrer Arbeit nach, als sei nichts passiert. Zweig war überzeugt, dass das Geheimnis hinter dieser bemerkenswerten Eigenart des englischen Nationalcharakters in der ständigen, aber gemäßigten Verbundenheit mit der Natur lag – und erklärte damit praktisch auch die Freundschaft zwischen Kurt Schwitters und Harry Pierce: «Lange glaubte ich – wie die meisten –, des Engländers Liebe und Vorliebe sei sein Haus. Aber in Wahrheit ist es sein Garten.»

Was Zweig wohl nicht wusste, als er seinen Text schrieb: Ohne den Kriegsausbruch von 1914 hätte sich der Engländer Liebe für ihre Gärten in Grenzen gehalten. Bis dahin war die Entwicklung eigentlich eher umgekehrt gewesen: weg vom Land, hin zur Stadt. Um 1910 war das Vereinigte Königreich die erste Nation der Welt, in der mehr als 50 Prozent der Bevölkerung in Städten wohnten; die Volkszählung von 1911 ergab, dass gerade einmal 22 Prozent noch in ländlichen Regionen lebten. In *Abschied von Howards End* (1919) beklagte Forster, dass Künstler kein Interesse mehr an der Natur hätten und dass sich die Literatur der Zukunft eher mit der Stadt als dem Landleben befassen würde. Im Vergleich zum Gewimmel auf der Waterloo Bridge an einem Montagmorgen verblasse jedes Naturschauspiel. Der Ausbruch des Krieges bewirkte genau das Gegenteil: In den Gedichtbänden, die die Armee unter ihren Soldaten verteilte, ging es überwiegend um Wälder, Wiesen und stille Bächlein.

Wohl am einflussreichsten war eine Hymne, die der Komponist Hubert Parry im Jahre 1916 verfasste. Der damalige Nationaldichter Robert Bridges hatte ihn beauftragt, für eine patriotische Veranstaltung ein relativ obskures Gedicht von William Blake zu vertonen. «Jerusalem» handelt von der Legende, Jesus Christus habe als junger Mann die englische Stadt Glastonbury besucht: «Wurde Jerusalem hier erbaut, inmitten dieser finsteren satanischen Mühlen?», fragt es und schließt mit dem Aufruf, man solle nicht ruhen, bis auf Englands «green and pleasant land» ein neues Jerusalem entstanden sei. «Jerusalem» wurde nicht zum Erfolg, es wurde ein Phänomen. Nachdem er eine orchestrale Version gehört hatte, behauptete König George der Fünfte, ihm gefiele die Hymne besser als «God save the Queen». Sie entwickelte sich sowohl zur offiziellen Hymne der Emanzipationsbewegung der Suffragetten als auch zu einem traditionellen Kirchenlied und wird heutzutage sowohl auf den Parteitagen der Konservativen als auch der Labour-Partei gesungen. Linke und Rechte, Progressive und Konservative, erkannten sich in dieser Vision von einem grünen England, das von den satanischen Mühlen bedroht wurde, wieder.

Wie genau sieht dieses «grüne und liebliche Land» aus? Zu Beginn des nächsten Schulsemesters fragte ich meine Mitschüler. Langsam merkte ich, wie komplett falsch ich die Engländer und ihre Beziehung zur Natur eingeschätzt hatte. Die Natur war ihnen nicht nur wichtig, sie hatten auch eine ganz klare Vorstellung davon, was genau sie daran mochten. Kühe, Heuhaufen und Evelyn Waughs bellende Hunde passten zwar ganz gut in das Idealbild von «the countryside», waren aber nicht unentbehrlich. Bäche und Wiesen gehörten dazu, tiefe Wälder eher nicht. Absolut notwendig hingegen war «the village pub» und daneben «the village green»: ein perfekt gepflegtes Rasenviereck, das nicht zu matschig und nicht zu trocken sein durfte und auf dem sich Männer in weißer Cricketkleidung aufhielten, die dann und wann im Village Pub verschwanden, um eine neue Runde Bier zu kaufen.

Verstöße gegen die ästhetischen Kriterien des «green and pleasant land» toleriert man ungern. So gab es zwar ursprünglich auch in Deutschland Proteste gegen die Errichtung von Windparks: Noch 2004 schrieb der Schriftsteller Botho Strauß im *Spiegel*, Windkrafträder hätten eine «brutalere Zerstörung der Landschaft» verursacht wie keine vorherigen Phase der Industrialisierung. Doch trotz lokaler Proteste mauserte sich Deutschland zum Windparkweltmeister Europas, und die breite Öffentlichkeit steht hinter der Energiewende. In Großbritannien allerdings stießen Windenergiepläne auf weitaus vehementere Opposition. In Wales verweigerte die lokale Behörde 2012 gleich die Bauerlaubnis für drei Windparks. Im Juni wurde ein Windparkprojekt in der Meeresbucht zwischen South Wales und North Devon um ein Drittel verkleinert. Es gibt mindestens 285 Protestgruppen, die sich unter der National Opposition to Windfarms (NOW) auf nationaler Ebene vereinigen. Die Regierung hat inzwischen eingelenkt: Bis 2020 wolle man Subventionen für Windenergie vollkommen streichen. Meistens geht es bei den Argumenten gegen Windenergie um Ästhetik. Der konservative Energieminister John Hayes brachte dies kurz nach seinem Amtsantritt auf den Punkt, als er meinte, er würde es von nun an nicht mehr tolerieren, dass den Gemeinden Großbritanniens Windräder «aufgezwungen» werden: «Ich kann nicht einmännisch ein neues Jerusalem bauen, aber ich kann wohl unser ‹green and pleasant land› beschützen.» Im Englischen gibt es ein schönes Wort für die Einstellung hinter diesen Anti-Windenergie-Protesten: «nimby», kurz für «not in my back yard.» Und vielleicht ist der Nimbyismus ein Anzeichen, dass Schwitters recht hatte, als er meinte, die Engländer seien in Wirklichkeit eher romantisch als pragmatisch.

Wilde Aussichten gibt es trotzdem noch reichlich auf der Insel und nirgendwo mehr als im Lake District. Als ich zum ersten Mal in den Lake District fuhr, wurde mir plötzlich klar, dass die Grafschaft Cumbria das Ideal von «Jerusalem» besser verwirklicht als jede andere Ecke der Insel. Nirgendwo anders war die Landschaft so wild und rau und doch noch so bewohnbar und zivilisiert. Neben dem imposantesten Berg schlummert hier ein verschlafenes Dorf, und selbst bei einer strammen Wanderung weiß man, dass das nächste Village Green nie zu weit entfernt liegt. In Ambleside steht ein kleines Museum, in dem eine Hälfte der Räume Kurt Schwitters gewidmet ist: Ein paar Fotos hängen hier sowie auch das Original des Porträts von Harry Pierce. Die andere Hälfte des Museums enthält eine Sammlung von Skizzen und Zeichnungen der englischen Kinderbuchautorin Beatrix Potter. Potters Bücher sind ein perfektes Symbol für die englische Haltung zur Natur: eine Vision der Wildnis ohne Zähne und Krallen, aber voll mit Babykaninchen in Knickerbockers und Schlafhauben. Gingen die Deutschen in die Natur, um ihre innere Wildnis zu entdecken, so fanden die Briten hier nur eine Bestätigung der innewohnenden Höflichkeit der natürlichen Welt.

fünf

**Der Käfer
überholt den Mini**

An dem Tag, an dem wir in unsere englische Wohnung einzogen, stellte sich mein Vater im Wohnzimmer vor das englische Schiebefenster und schob den unteren Rahmen ganz behutsam nach oben. «Ein echtes *Sash Window*.» Hatte ich so etwas schon einmal gesehen? Er ließ den Messinghebel wieder los, aber anstatt nach unten abzusacken, blieb die Scheibe einfach in ihrer neuen Position stehen. Mein Vater kommentierte dies mit einem verdutzten Pfiff, gefolgt von einem kurzen Schnaufen und einem gnädigen Kopfnicken. In meiner Familie war dieser akustische Kode allgemein bekannt; es war ein sicheres Zeichen dafür, dass mein Vater die Robustheit eines Möbelstücks oder die Konstruktion einer Maschine bewunderte. Englische Schiebefenster, das hatte mein Vater mir schon vorher eingetrichtert, waren ein Geniestreich der britischen Handwerkskunst: ein komplexes Flaschenzugsystem aus Gewichten und Gegengewichten, welches auf eleganteste Weise in einem schlichten Holzrahmen versteckt war. Ein Meisterwerk, das jahrhundertealt war und trotzdem noch hochmodern.

Für meine Eltern demonstrierte der versteckte Charme des Sash Windows den Reiz unseres neuen Zuhauses. Die Wohnung mochte zwar klein sein – kleiner als das Eigenheim, das wir uns in Deutschland leisten konnten –, doch nutzte sie den letzten Quadratmillimeter mit atemberaubender Kreativität. Der Effekt beim Eintreten hatte etwas von Lewis Carrolls *Alice im Wunderland*: Der Innenraum war auf wunderbare Weise hundertmal größer, als es von draußen möglich erschien. Schon 1816 war der damalige Kulturattaché der deutschen Botschaft in London rundum begeistert von der Raffiniertheit britischer Wohnarchitektur. Die Wohnungen auf der Insel, meinte Herman Muthesius, fühlten sich hier auch dann wie Häuser an, wenn sie in Wirklichkeit nur so groß wie Apartments waren. Anders als die sterilen mehrstöckigen Wohnblocks Berlins oder Wiens, mit breiten Treppenhäusern und meterhohen Decken, hatten Großbritanniens Architekten es im 19. Jahrhunderts geschafft, einen einmalig «rumpeligen» Stil zu kreieren, der Enge und Dichte als positive Eigenschaften entdeckte. Durch die Erkerfenster und «cosy corners» der viktorianischen Baukunst entstand ein unvermittelter Eindruck von Freundlichkeit und emotionaler Nähe. England mochte einst das «Land ohne Musik» gewesen sein, was aber häusliche Baukunst betraf, da gab der Inselstaat die Marschrichtung vor. Deutsche, die heutzutage nach Großbritannien ziehen, sind oft erstaunt, wie viele Briten immer noch in den Gebäuden hausen, die Muthesius vor über 100 Jahren beschrieb. Aber genau wie Muthesius waren wir schon bald schwer begeistert von unserer neuen englischen Wohnung mit ihren versteckten Kabuffs, exzentrischen Treppenkonstruktionen und permanent feuchten Badezimmerteppichen. Für meine Eltern war es nichts anderes als der letzte Schritt in ihrer deutsch-englischen Metamorphose.

Der Pfad zum Englischsein verlief jedoch nicht immer gerade. Schon bald merkten wir, dass das gerühmte Sash Window auch einige negative Eigenschaften hatte. So klapperte es jedes Mal laut in seiner Fassung, wenn ein Flugzeug über unsere Wohnung hinwegstreifte – und dies geschah oft: Die

Wohnung lag direkt in der Einflugschneise von Heathrow. Einige der Fenster klapperten zwar nicht, doch auch nur deshalb, weil der vorherige Besitzer sie mit dicker weißer Farbe im Rahmen festgemalt hatte. Auch die Reinigung englischer Fenster erwies sich als komplizierter als ursprünglich erwartet. Wie man die beiden Scheiben auch verschob, ständig blieb eine Stelle zurück, die sich unmöglich vom Inneren des Hauses aus erreichen ließ. Nach nur wenigen Wochen bildete sich in der Fenstermitte ein nahezu perfekt symmetrisches Schmutzrechteck. Im Winter schoben wir die Sofas ins Zimmerinnere, um dem Zug zu entkommen, der durch die undichten Stellen im Rahmen eindrang.

Andere Details, die wir ursprünglich bewundert hatten, begannen bald zu nerven. Der Schlüssel meiner Mutter brach beim Aufmachen der Haustür im Schloss ab; noch Tage später fragte sie mich anklagend, weshalb denn niemand auf die Idee gekommen war, der Tür eine Klinke zu verpassen, damit der Schlüssel nicht als Hebel fungieren musste. Dann war da die peinliche Begegnung mit einem Klempner, der kam, um ein Rohrleck zu reparieren und nach einer Woche in Tränen ausbrach. Heulend gestand er uns, dass er keine Ahnung hatte, was er hier eigentlich machen sollte.

Straßenarbeiten vor der Haustür strapazierten die Geduld meiner Eltern zusätzlich: Auf unserer Straße entstand eine Patchworkdecke aus Asphalt und Zement, deren Komposition sich täglich veränderte, aber scheinbar nie ein Endstadium erreichte. «Eine Arbeitsbeschaffungsmaßnahme», murmelte mein Vater dunkel. Kaum überraschend, dass Großbritannien zu diesem Zeitpunkt weniger Arbeitslose hatte als Deutschland.

Der Liebe meiner Eltern für England bereiteten diese Ereignisse kein Ende. Trotzdem oder vielleicht gerade deshalb hatten ihre Bekenntnisse an ihr Gastland inzwischen einen verzweifelten Ton. Eines Abends schleppte mein Vater nach der Arbeit einen Klapproller nach Hause. Meiner verwirrten Mutter erklärte er, dass er sich von nun an auf zwei Rädern auf den Weg ins Büro machen wolle. «Engländer machen das so, die sind halt exzentrisch – frag Philip!» Und trotzdem: Irgendwie hing der Hausfrieden schief. Unser Zuhause, auf das wir uns so gefreut hatten, blieb uns letztendlich unerklärbar, aber beharrlich fremd. Nirgendwo war dies offensichtlicher als in unserem Badezimmer.

Für Menschen, die an deutsche Badezimmer gewöhnt sind, muss die Erstbenutzung eines englischen Badezimmers sich in etwa wie eine akute Nervenerkrankung anfühlen: Selbst die einfachsten Sachen musste man plötzlich von Grund auf neu erlernen. Erstens gab es in englischen Badezimmern keine Lichtschalter – auch wenn diese im Rest des Hauses existierten. Stattdessen hing hier ein dünner Faden von der Decke, der entweder in einer Holzkugel oder einem winzigen Knoten endete. Steckdosen gab es in englischen Badezimmern in der Regel ebenfalls keine, und wenn doch, dann für merkwürdige außerirdische Stecker. Ähnlich wie der typische englische Pub war das typische englische Badezimmer stets mit einem Teppichboden ausgestattet – «damit die Füße nicht kalt werden», erklärte mir eine Freundin später einmal. Um die Toilette herum hatte irgendein Genie ein quadratisches Loch geschnitten. Der größte Unterschied zwischen deutschen und englischen Toiletten war die Spülung. Während ein einfacher Tastendruck in deutschen Toiletten das stille Örtchen mit dem Rauschen und Blubbern der Wasserwelt Poseidons erfüllte, ließen sich englische Spülmechanismen nur zögernd erwecken. Oft verlangten sie so viel Fingerspitzengefühl und Geduld, als handelte es sich um einen Oldtimermotor.

Das Prunkstück des englischen Badezimmers war jedoch nicht die Toilette, sondern das Waschbecken. Es gab hier zwei

Wasserhähne: einen für heißes Wasser, einen für kaltes. Das kalte Wasser war eisig, das heiße Wasser war brühend. Wer ein Beispiel für den anhaltenden Protest des angelsächsischen Puritanismus gegen die moderne Welt suchte, musste weiter nicht suchen: Die Erfindung der Mischbatterie war einfach stur ignoriert worden. Es dauerte bei mir Jahre, bis ich eine Routine verinnerlichte, die ich inzwischen im Schlaf vollziehen kann: das Durchschnellen der beiden Wasserstrahlen mit meinen seifigen Händen, während ich dabei den Wasserdruck mit dem Handgelenk reguliere. In meinem Vokabelheft steht zwischen den Wörtern «Acquiescence» und «Bugle» ein hastig gekritzelter Eintrag, der sich wie folgt liest: «Bog standard: durchschnittliche Qualität, Tendenz fallend.» Ich weiß noch, wie stimmig mir diese Erklärung damals erschien, denn englische Badezimmer – auch «bogs» genannt – konnten im internationalen Wettbewerb einfach nicht mithalten.

An einem kristallklaren Januarmorgen zeigte die Liebesbeziehung zwischen meinen Eltern und dem «English way of life» die ersten Risse – metaphorisch und wortwörtlich. Beim Betreten unseres Wohnzimmers sah ich, dass der Nachtfrost einen armlangen Sprung im unteren Fensterglas hinterlassen hatte. Irgendwann hatte auch die Geduld meines Vaters ein Ende. Wir brauchten neue Fenster, verkündete er: Nicht irgendwelche englischen Schiebefenster, sondern echte deutsche Drehkippflügelfenster.

In diesem Augenblick hatte ich einen Geistesblitz. Ich schlug meinem Vater vor, dass er doch bei der Glaserei am Ende der Straße anrufen sollte, die dem Vater eines meiner neuen Mitschüler gehörte: Sam W. nämlich, der Skater-Sneakers mit seiner Schuluniform trug und hinter der Turnhalle Zigaretten rauchte. Und so geschah es: Handwerker tauchten in unserer Wohnung auf und installierten neue Fenster. Aber mein Plan ging nicht auf: Anstatt mein neuer bester Freund zu werden, ignorierte Sam W. mich am nächsten Tag an der Bushaltestelle. Erst viele Jahre später fand ich heraus, warum. Nachdem Schiebe- für Drehkippfenster Platz gemacht hatten, schrieb mein Vater einen Brief an Sams Vater. «Vielen Dank dafür, dass sie unsere Fenster repariert haben. Allerdings muss ich sagen: In Deutschland wird so was viel gründlicher gemacht.»

Im Nachhinein kommt mir diese Episode wie einer jener schlechten Witze vor, die meine Mitschüler über Deutsche erzählten. Wie der von dem deutschen Kind, das nie ein Wort sagte, bis die Mutter eines Tages vergisst, das Bettzeug zu wechseln («Mutter, mein Bett ist unordentlich.» – «Du kannst ja reden! Aber wieso hast du denn vorher nie etwas gesagt?» – «Deshalb, Mutter, weil bis jetzt in meinem Leben alles in Ordnung war»). Schon nach wenigen Wochen an einer englischen Schule hatte ich genau gelernt, wie Deutsche aus englischer Sicht aussahen: humorlos, effizient, roboterhaft. Angeblich schrien wir am Ende jedes Satzes «Ja!?», als ob uns mal eben eine Portion statischer Energie durch die Kanäle gehuscht wäre. Was genau war denn eigentlich deutsche Effizienz? War es Sorgfalt? Ich war nicht besonders sorgfältig. War es Pünktlichkeit? Ich verschlief meine erste Klassenarbeit in England um knapp zwei Stunden. Oder war es vielleicht gründliches Handwerk: Drehkippflügelfenster, Siemens, Miele, «Vorsprung durch Technik»? Auf meinen Vater traf diese Definition ganz gut zu. Als kleiner Junge verbrachte er Stunden auf dem Deich vor dem Haus seiner Eltern im Alten Land und beobachtete Schiffe, die die Elbe hinabzogen: Nicht die kleinste Barkasse fuhr im Hamburger Hafen ein, ohne dass Gerd Oltermann ihre Eigenschaften in einer Live-Version von Schiffquartett markierte. Für seinen Doktor in Ingenieurwesen hatte er sechs Jahre lang die Dichte von siedendem Wasser unter Hochdruck studiert. Wenn aus Wasser Dampf wurde, dehnte es sich aus, und wenn aus Dampf Wasser wurde, zog es sich zusammen – die Natur kam dabei immer einen Schritt zu spät und musste sich um den Druckausgleich kümmern. *Horror vacui* – der Natur Verabscheuung leeren Raumes – war die Schlüsselthese, die die Animation lebloser Materie erst ermöglichte. Normalerweise schaltete ich ungefähr an diesem Punkt ab: Nichts im Leben erschien mir langweiliger als Motoren. Mein Vater andererseits war ein Genie, wenn es ums Bauen und Reparieren von Maschinen ging. In unserer alten Wohnung in Norderstedt hatten wir einen Bastelkeller, dem er immer wieder triumphierend mit einem reparierten Stuhl oder Toaster in seinen Armen entstieg. Eines Nachmittags nahm mein Vater auch mich in den Bastelkeller mit, um mir beizubringen, wie man einen platten Reifen repariert. Viele Stunden später kamen wir mit hängenden Köpfen wieder die Treppe hinauf: Der Reifen immer noch platt; der Kopf meines Vaters hing vor Verzweiflung, meiner aus Scham.

*

Maschinen hatten für die Generation meines Vaters eine besondere Bedeutung. Er, der zwei Jahre vor Ende des Krieges auf die Welt kam, war im Jahrzehnt des Wirtschaftswunders geboren worden, als Marshall-Plan-Geld, die Einführung der D-Mark und Ludwig Erhards Arbeitsmarktreformen es Deutschland ermöglichten, den Übergang von Nachkriegskrise zu Wirtschaftsboom mit spektakulärer Schnelligkeit zu vollziehen. Nichts symbolisierte den rasanten Aufstieg des neuen Deutschland stärker als das Automobil: Zwischen 1951 und 1961 vermehrte sich die Zahl von Personenkraftwagen im Land siebenfach. Aus industrieller Sicht gelang nicht nur der Anschluss mit Mitstreitern, man lenkte sogar in die Überholspur ein: Bereits 1953 erlebte Deutschland seinen eigenen *sorpasso* und löste Großbritannien als Europas führenden Autohersteller ab.

Das erste Auto meines Vaters war ein VW Käfer, die deutscheste aller deutschen Maschinen. Wie alles andere in diesem Land hatte es eine Vergangenheit, über die man gerne schwieg: Dass die Idee für das Auto von einem Modell des tschechischen Herstellers Tatra abgekupfert worden war, ignorierten die Nazis bewusst. Hitler förderte die Produktion des VW-Prototyps und taufte es «Kraft durch Freude»-Wagen: Der Käfer war die Maschine, mit der das Volk motorisiert werden sollte. Dabei war ihr Antlitz fast schon eine Karikatur von Harmlosigkeit. Roland Barthes beschrieb Autos einst als «die gotischen Kathedralen der Moderne», aber der Käfer war weder furchteinflößend noch opulent. Mit ihren raketenförmigen Scheinwerfern und dramatisch gekurvten Seitenspiegeln ahmten amerikanische Autos damals die Raumschiffe aus billigen Hollywood-B-Movies nach. Käfer hingegen waren eher wie modernistische Büromöbel: Es ging hier weniger um das Markieren von Territorium als darum, so wenig Platz wie möglich einzunehmen. Konnte ein Auto mit solch traurigen Froschaugen überhaupt jemandem wehtun?

Meine Eltern zahlten ungefähr ein doppeltes Monatseinkommen für ihren ersten Käfer, etwa 2300 DM. Das war im Jahr 1967, als mein Vater noch Ingenieurstudent und meine Mutter gerade mit meinem älteren Bruder schwanger war. Es gibt ein Foto von meinem Bruder als Kleinkind, wie er während eines Urlaubs in Tirol auf dem Fahrersitz hockt und meine Eltern durch das offene Fenster anlächelt. Dieses Foto stammt aus dem Jahr 1969, als meine Eltern eigentlich auf den Straßen hätten protestieren sollen oder wenigstens in der Studentenkommune eine paar Joints hätten rauchen müssen. Stattdessen hatte ihr Leben etwas von der damaligen Volkswagenreklame, in der junge Familien mit breitem Grinsen durch die schicken Sechziger sausten: das Auto als eine Art motorisierter Picknickorb. «Der große Tag ... endlich Besitzer eines Volkswagens», lautete oft der Werbespruch. Das Einzige, was das Foto aus dem Tirolurlaub verzeihlich macht, ist die Farbe unseres Käfers. Der ist nämlich genau so eierschalenbeige wie der Käfer auf dem Albumcover von *Abbey Road*, welches im gleichen Jahr auf den Markt kam. Das Auto ist hier strategisch zwischen George Harrison im Jeans-Look und dem barfüßigen Paul McCartney platziert worden, ein naheliegender, aber trotzdem verzeihlicher Gag: der fünfte Beatle.

*

Die Briten hatten ihre eigene Version des Volkswagens. Der Mini hatte eine kastenhaftere Form als der Käfer und außerdem winzige Reifen; er sah ständig so aus, als drückte ihn eine unsichtbare Hand auf den Boden. Mehr noch als der Käfer war der Mini nicht nur eine Maschine, sondern ein Lifestyle-Symbol, untrennbar verstrickt mit Musik, Kunst und Mode. Dabei waren die anfänglichen Verkaufszahlen schlecht: Bei einem Verkaufspreis von 350 Pfund war das Auto für viele Arbeiter einfach nicht bezahlbar. Die Dinge änderten sich erst, nachdem die frisch verheiratete Prinzessin Margaret und ihr Mann Anthony Armstrong-Jones in einem Mini gesichtet wurden, den ihnen der Erfinder des Fahrzeugs, Alec Issigonis, persönlich geschenkt hatte. Schon bald wurde aus dem schlichten Auto ein Objekt der Begierde für sozial mobile Briten. Die Verkaufszahlen schnellten gen Himmel, nachdem Marianne Faithfull in einem Mini fotografiert worden war, als sie Mick Jagger aus der Entzugsanstalt abholte. Peter Sellers schenkte Britt Ekland zu ihrem Geburtstag einen Radford Mini de Ville GT. Steve McQueen hatte einen Mini mit Reifenkappen aus

Chromstahl und Sonnendach. Twiggy machte im Minirock Werbung für den Miniwagen.

Im gleichen Jahr, als der Käfer seinen Gastauftritt auf dem Cover von *Abbey Road* hatte, fuhr Michael Caine in einem Mini Cooper die Stufen von Turins Gran-Madre-di-Dio-Kirche hinab. Der Film hieß *The Italian Job* (deutscher Titel: *Charlie staubt Millionen ab*): ein Streifen, der auf einmalige Weise des Minis sehr britische Mischung aus Understatement und Arroganz demonstrierte. Wer sich den Film heute anguckt, dem fällt schon nach ein paar Minuten auf, dass in dem Streifen neben dem coolen Cocktail aus Musik, Mode und Slapstick auch Platz für einige fiese Seitenhiebe auf Großbritanniens kontinentale Nachbarn und deren Autos ist. Die meisten Witze gingen auf Kosten der Italiener: Gleich am Anfang gibt es eine köstlich ausgedehnte Sequenz, in der ein roter Lamborghini Miura einen Steilhang hinabstürzt und dabei vollständig zerdeppert wird. In einer anderen Szene spielen die Minis mit der italienischen Polizei Fangmich auf dem Dach der Fiat-Fabrik und entkommen den müden Südländern am Ende natürlich problemlos. Aber auch ein gewisses deutsches Auto hat eine Nebenrolle. Sekunden vor Ende der berühmten Anfangssequenz und deshalb leicht zu verpassen sieht man für einen Augenblick einen VW Käfer, der anscheinend am Straßenrand liegengeblieben ist. Immerhin waren die Italiener ernste Mitstreiter – die dummen Deutschen schafften es nicht mal über die erste Runde hinaus.

In der Tat entwickelte sich der Käfer in Großbritannien in den Sechzigern schnell zu einem Spottobjekt. Eine Nachrichtensendung der BBC aus dem August 1959 lobte an dem Mini nicht nur seine Fähigkeit, «Kurven mit unglaublicher Geschwindigkeit zu nehmen», sondern prophezeite auch, dass Issigonis neuer Wagen «dem Volkswagen und ähnlichen Eindringlingen schon sehr bald die Ausfahrt zeigen werde». Ein

Jahr später schrieb Issigonis sogar persönlich eine Broschüre mit dem Titel «Ein neues Konzept für Leichtfahrzeug-Design», die sich intensiv mit den Mängeln «dieser deutschen Maschine» befasste. Die Gewichtsverteilung, klagte er, war schon einmal komplett falsch konzipiert. Der Hinterteil des Fahrzeugs war viel zu schwer – Fahrer hatten chronische Probleme mit dem, was Autoexperten «übersteuerndes Lenkverhalten» nennen: Wenn das Auto zu schnell um Kurven fuhr, tendierte das Fahrzeug dazu, seitlich wegzurutschen. Dazu kam, dass der Schaltkasten sich am hinteren Ende des Vehikels befand, wodurch das Gangschalten unnötig kompliziert war. Es gab zwei Kofferräume – Issigonis Ansicht nach wäre einer viel praktischer gewesen. Der Tank wiederum befand sich im Vorderteil des Autos, was das Risiko eines Feuers bei einem Unfall vergrößerte. Der Motor musste ständig künstlich erwärmt oder gekühlt werden: Bei extremer Wetterlage war es im Autoinneren entweder brüllend heiß oder eiskalt. Im Mini andererseits teilte sich der Motor im Vorderteil des Autos einen Platz mit dem Schaltkasten, dazu ragten die kleinen Reifen kaum in das Fahrzeuginnere hinein. Dies bedeutete, dass die Maschinerie nur 20 Prozent des Gesamtraums einnahm: Die anderen 80 Prozent konnte der Fahrer nach Belieben nutzen. Issigonis war überzeugt, dass er und nicht die Deutschen den ersten wirklich effizienten Personenkraftwagen gebaut hatte, und es fällt schwer, ihm dabei zu widersprechen.

*

Nach dem Desaster mit dem kaputten Wohnzimmerfenster setzte ich mich an den PC meines Vaters und guckte im Internet die Bedeutung des Ausdrucks «bog standard» nach. Wie sich herausstellte, hatte der «bog standard» doch nichts mit Toiletten zu tun. In Wirklichkeit war es ein Kürzel für «British or German standard», ein Begriff, der angeblich aus der Autoindustrie der Sechziger und Siebziger stammte und einen hohen Grad fachmännischer Kompetenz versprach. Ich mochte diese Erklärung viel lieber. Sprach sie nicht von einer Ära, in der deutsch-englische Beziehungen sich nicht nur durch Spott und Hass auszeichneten, sondern durch gemeinsame Werte und gegenseitigen Respekt?

Einige Wochen später schaute ich mir in einem Programmkino in der Nähe der Waterloo Station einen Film von Jean-Luc Godard an. *British Sounds* aus dem Jahr 1969 beginnt mit einem zehnminütigen Tracking-Shot, der eine Gruppe Fabrikarbeiter an einem Fließband beim Zusammenschweißen eines Autos verfolgt. Die Kamera wird von einer Stimme begleitet, die (fast schon eine Parodie auf Agitprop-Kino) aus dem *Kommunistischen Manifest* vorliest: «Arbeitermassen, in der Fabrik zusammengedrängt, werden soldatisch organisiert.» Aus der Programminfo entnahm ich, dass Godard diese Szene in der BMC-Fabrik im Oxforder Vorort Cowley gefilmt hatte – der Fabrik, in der der Mini hergestellt wurde. Später fand ich heraus, dass die Fabrik in Cowley landesweit für ihre desaströsen Arbeitsbedingungen berüchtigt war. Alleine im Jahr 1969 kam es hier zu 600 einzelnen Streiks. Bedenken um die Sicherheit und Gesundheit der Arbeiter gab es scheinbar nicht: Die Beleuchtung in der Fabrikhalle war schlecht, der Boden mit Öl verschmiert und die Luft voll Bleistaub. Es gab ein Glasdach, welches an heißen Sommertagen geöffnet wurde: Wenn die Sonne schien, konnte man das Blei in der Luft glitzern sehen. Auf dem Nachhauseweg spuckten die Arbeiter schwarzen Schleim auf den Bürgersteig.

Eines Tages wurde die Arbeiterschaft von Cowley zu einer Besichtigung der VW-Hauptfabrik in Wolfsburg eingeladen. Während des Krieges war die Fabrik in Niedersachsen schwer bombardiert worden: Als die britischen Besatzungstruppen das Gelände 1945 erreichten, fanden sie 60 Prozent der Anlage in beschädigtem oder zerstörtem Zustand. Die Schließung der Fabrik war längst entschieden – wäre da nicht der britische Hauptoffizier Ivan Hirst gewesen. Hirst befahl die Reparatur des Gebäudes, ließ einzelne Maschinenteile nachbauen und fing schon 1947 wieder damit an, Käfer nach Holland zu exportieren. Britischer Pragmatismus bahnte somit den Weg für das deutsche Wirtschaftswunder. Als britische Arbeiter jedoch zwanzig Jahre später nach Wolfsburg kamen, waren sie schockiert davon, wie anders die Ansprüche der deutschen Fabrik waren. Die Haupthalle war hier hell und sauber; es gab einen offenen Platz in der Mitte der Fabrik, wo sich die gesamte Arbeiterschaft für Hauptversammlungen treffen konnte. Ein Drittel der Maschinerie, mit der die Autos gebaut wurden, wurde regelmäßig über Nacht gewartet, womit das Risiko von Fehlern und Unfällen erheblich verkleinert worden war. In Cowley benötigte man zwischen 15 und 20 Arbeiter, um eine Tür an einen Mini zu montieren. In Wolfsburg wurde der Käfer an einem mechanischen Kreuz befestigt und auf die Seite gelegt: Zur Türmontage brauchte man genau eine Arbeitskraft. David Buckle, einer der Arbeiter von Cowley, erinnert sich, wie ihm auf der Heimreise klarwurde, das «Deutschland uns Briten damals aus technologischer Sichtweise zehn Jahre voraus war». Während die Briten Probleme damit hatten, ihre genialen Pläne in funktionierende Produkte umzuwandeln, waren die Deutschen inzwischen richtig gut im Zusammenbauen ihrer schlecht konzipierten Autos.

Man könnte diese Entwicklung auch als Sash-Window-Phänomen beschreiben: Überalterte Methoden und Maschinen blieben aus reiner Gewohnheit und Sentimentalität in Betrieb. Diese Tendenz, gekoppelt mit der zunehmenden Bestreikung vieler Fabriken, bezeichneten Experten auch als «die englische Krankheit»: Das Land, das einst weltweit für seine Industrie bewundert wurde, hörte langsam, aber sicher auf, Dinge zu produzieren. Der Export von Gütern nahm ab, der Import von Waren stieg an. Woran genau dies lag, darüber streiten sich Historiker noch heute. Einige meinen, der Niedergang der britischen Industrie sei der Anti-Kriegs-Bewegung der Swinging Sixties geschuldet, welche den «militärisch-industriellen Komplex» mit Krieg und Zerstörung assoziierte und somit den Stellenwert des Ingenieurwesens herabsetzte. Andere, wie der Amerikaner Martin Wiener, behaupten, es handele sich beim Niedergang der britischen Industrie um einen längeren historischen Prozess, welcher sich bis auf die antiindustrielle Haltung der englischen Oberschicht im 19. Jahrhundert zurückführen ließ. Der Schriftsteller J. B. Priestley schrieb bereits 1970 in einem Artikel für den *New Statesman*, dass es so schien, «als richtete die Vorstellung, man müsse Maschinen dienen, in der englischen Psyche Schaden an». Sicher ist, dass Großbritannien es in den Nachkriegsjahren verpasste, so gezielt und langfristig in Infrastruktur und Industrie zu investieren, wie es Deutschland und Frankreich taten. Geld dazu war vorhanden, sogar mehr als in Deutschland: Durch den Marshall-Plan bekam Großbritannien 2,7 Milliarden US Dollar, Deutschland 1,7. Stattdessen gab man einen Großteil des Fonds für Projekte aus, die die damalige Regierung für wichtig hielt: Im Falle der Labour-Regierung der Vierziger war dies die Aufrechterhaltung von Gold- und Dollarreserven, durch die Großbritannien als Bankier von Europa fungieren konnte.

Besonders aus Deutschland beäugte man diese Tendenz kritisch. William Davies, ein ehemaliger Finanzredakteur des *Guardians*, erinnert sich, wie ihm 1966 eine Delegation von deutschen Ökonomen mitleidig erzählte, dass ihnen die Briten leidtaten: «Irgendwann fangen die Leute an, über euch zu lachen», belehrten sie ihn. Aus historischer Perspektive betrachtet, liest sich die Geschichte der britischen Industrie wirklich ein bisschen wie ein Witz. Am Ende des 19. Jahrhunderts hatte sich das Land, das der Welt die Dampfmaschine und das elektrische Licht geschenkt hatte, Sorgen über den Import billiger Produkte aus dem Ausland gemacht. Prompt führte man im August 1887 den Merchandise Marks Act ein, der befahl, dass jedes Produkt ein Siegel aus seinem Herkunftsland tragen musste – eine Regel, die während des Ersten Weltkriegs verschärft wurde, um den Boykott von Produkten aus dem Feindesland zu erleichtern. So waren es absurderweise die Briten, die den Deutschen das Gütesiegel verabreichten, das ihren Ruf als Exportweltmeister untermalte: «Made in Germany». Einer ähnlichen Anekdote nach soll Alec Issigonis Anfang der sechziger Jahre mit ein paar Freunden aus der High Society einen Skiurlaub in Davos verbracht haben. Nach einer ausgelassenen Schlittenfahrt fand sich der Ingenieur kurz vor Nachteinbruch am Fuße eines Berges wieder: Die einzige Möglichkeit, wieder in sein Hotel auf dem Gipfel zu gelangen, bot sich durch einen VW Käfer, der seinen Schlitten den Berg hinaufschleppen konnte. Issigonis lenkte letztendlich ein, aber nicht ohne beim Aufstieg böse über «diese deutsche Maschine» zu zetern. Im Nachhinein erscheint einem diese Anekdote wie eine tragische Parabel über die wirtschaftliche Wende in der Mitte des 20. Jahrhunderts: Während Deutschland neue Gipfel anpeilte, fanden sich die Briten plötzlich in einem tiefen Tal wieder.

Im Verlauf der nächsten dreißig Jahre verlor der «BOG standard» jede Bedeutung, die er mal gehabt haben mag. Unter Großbritanniens konservativer Regierung der späten Siebziger und Achtziger wurde das Schrumpfen der britischen Industrie nicht gestoppt, sondern angekurbelt. Der Mittelstand fühlte sich angesichts einer Karriere in der Industrie unwohl und strömte in den Bankensektor in der City, in dem es die feinen Büros und das soziale Renommee gab, nach dem man in den Fabriken im Norden lange suchen musste. Unter Thatcher stieg London zum mächtigsten Finanzmarkt Europas auf: Die englische Krankheit schien geheilt, und die britische Wirtschaft brummte wieder. Indessen schlossen Fabriken im ganzen Land ihre Tore. Traditionelle handwerkliche Berufsausbildungen wurden 1983 durch das sogenannte «Youth Training Scheme» ersetzt. Der Wahlsieg der Labour-Partei in den späten Neunzigern versprach diesen Trend umzukehren – tat es aber nicht. Im Gegenteil: Der Industriesektor schrumpfte sogar dreimal so schnell. Gab das Londoner Bankenviertel 1971 nur 56 Prozent der finanziellen und geschäftlichen Leistungen ab, so waren dies 2008 bereits 67 Prozent. Heutzutage ist die verarbeitende Industrie Großbritanniens zwar immerhin noch die achtgrößte der Welt, doch liegt dies hauptsächlich an der hohen Einwohnerzahl der Insel: In der Pro-Kopf-Version der gleichen Tabelle liegt Great Britain an 20. Stelle, hinter Luxemburg und Island – besonders erstaunlich, wenn man bedenkt, dass dasselbe Land einst 20 Prozent der weltweiten Industrieproduktion leistete.

Als ich und meine Eltern nach Großbritannien zogen, waren die britischen Hersteller, die noch existierten, größtenteils an globale Großkonzerne verkauft worden. Selbst der Mini befand sich nicht mehr in britischen Händen. 1994 war die Rover Group, in deren Portfolio sich auch der Mini befand, von BMW aufgekauft worden. Leiter der Akquise war der damalige BMW-Vorsitzende, ein gewisser Bernd Pischetsrieder, der zufälligerweise ein Cousin zweiten Grades von Alec Issigonis war. Pischetsrieder erzählte einem Interviewer einst, dass eine der prägendsten Erinnerungen aus seiner Kindheit der Moment war, an dem sein britischer Cousin ihm verboten hatte, mit seiner Modelleisenbahn zu spielen: eine Geschichte, in deren Licht die deutsche Übernahme der englischen Traditionsmarke wie ein Kinderspiel erscheint. In Wirklichkeit hatte der Verkauf von Rover eine viel ernstere Bedeutung: Zum ersten Mal in über neunzig Jahren hatte Großbritannien plötzlich keinen einheimischen Autohersteller mehr. Der romantische Aphorist Jean Paul spottete einst, englische Ingenieure würden wohl so lange in ihren Bastelkellern hocken, bis sie eine Maschine erfanden, die selbst Maschinen erfand – erst dann könnten sie sich eine Pause gönnen. Wahrscheinlich ahnte Jean Paul dabei nicht, wie sehr er mit seiner Prognose recht hatte: Die einzigen Maschinen, um die sich die englische Regierung in den Neunzigern noch etwas zu scheren schien, waren die Taschenrechner, mit denen sie ihren Profit kalkulieren konnte.

Dass die Zweckehe zwischen BMW und Rover nicht lange anhielt, hatte teilweise auch etwas mit der Labour-Regierung von Tony Blair zu tun, die nicht allzu viel Wert auf die Autobranche legte. Aber auch die deutsche Firma traf Schuld, mindestens deshalb, weil ihr es nicht gelang, dem guten Ruf deutscher Baukunst auf der britischen Insel gerecht zu werden. Durch das starke Pfund ließen sich englische Autos nur schwer verkaufen, und Rovers Fabriken verloren weiterhin fröhlich Geld – in Deutschland bezeichnete man die Marke schon bald als «den englischen Patienten». 1998 zog BMW schließlich die Reißleine: Pischetsrieder persönlich meldete sich beim Minister für Handel und Industrie, dem ehemaligen Fernsehproduzenten Peter Mandelson, und bat ihn um staatliche Hilfe für die brachliegende Autoindustrie. In Deutschland waren Subventionen dieser Art nichts Außergewöhnliches – Mandelson jedoch verweigerte jegliche Hilfe und läutete damit das Ende dieser deutsch-englischen Businessbeziehung ein. «Wenn er sich keinen Dreck scherte, warum sollten wir es dann?», sagte Pischetsrieder später in einem Interview. Rover wurde zwei Jahre später verkauft, auch wenn BMW den Mini behielt und später als sicheres, wenn auch etwas langweiliges deutsches Auto mit britischer Verpackung herstellte.

Es muss ungefähr um diese Zeit gewesen sein, dass ich herausfand, dass es den BOG-Standard möglicherweise nie gegeben hat. Beim Zappen durch englische Fernsehsender blieb ich eines Abends auf einer Quizshow hängen, in der der Moderator behauptete, dass der Begriff «bog standard» in Wirklichkeit eine Verwurstelung von «box standard» sei: einer Klassifizierung für massenproduzierte Spielwaren wie zum Beispiel die beliebte Meccano-Modelleisenbahn. Interessanterweise hatte man Meccano nicht nur eine, sondern gleich zwei umgangssprachliche Phrasen zu verdanken, erklärte der Moderator weiter. Für die Kinder von Eltern mit höherem Einkommen reichte eben nicht nur der «box standard», sondern es musste auch die «box deluxe»-Edition geben, die schließlich in den Begriff «dox beluxe» oder «dog's bollocks» verdreht wurde. Wenn etwas das Feinste vom Feinen ist, dann ist es immer noch «the dog's bollocks».

So wahnwitzig diese Erklärung auch erscheinen mag, irgendwie machte sie für mich damals Sinn. Denn für die anderen Jungs in meiner Schule waren Autos überhaupt nicht mehr jene utopischen Wundermaschinen, die sie einmal für die Generation unserer Väter gewesen waren. Was nicht heißen soll, dass Autos unbeliebt waren: Eine der beliebtesten Fernsehshows meiner Mitschüler war eine Sendung namens *Top Gear*, in der Autos dann doch wirklich in die Kategorien «box standard» oder «dox beluxe» fielen, also entweder übergroße Spielzeuge oder Ableiter für aufgestautes Testosteron waren. Was in *Top Gear* generell nie besprochen wurde, war allerdings die Frage, wie man denn eigentlich Autos baute:

Den Produzenten muss dieser Aspekt zu langweilig und schmutzig erschienen sein, zu genau das Gegenteil der schönen bunten Welt von New Labour.

*

In Deutschland wuchs die Industrie inzwischen so weit, dass sie unersetzbar wurde. Das Land, das einst mit existenziellem Neid die rauchenden Schornsteine der Insel bewundert hatte, durchlief eine wirtschaftliche Entwicklung, die mehr als nur ein pubertärer Wachstumsschub war. Von der Figur her ist der deutsche Hamlet inzwischen ein Riese, und auch wenn der Dienstleistungssektor inzwischen für rund 70 Prozent des Bruttoinlandsprodukts verantwortlich ist, spielt das Auto in der kollektiven Vorstellung immer noch eine zentrale Rolle. Die Autoindustrie ist weiterhin für mindestens die Hälfte aller deutschen Exporte verantwortlich: Ungefähr 4,8 Millionen Fahrzeuge rollen pro Jahr über die Fließbänder, und jeder siebte Job ist auf irgendeine Art mit der Branche verbunden.

Das Auto ist weiterhin das ultimative Symbol deutschen Selbstglaubens, und erneut bringt nichts seinen Stellenwert besser auf den Punkt als eine Schallplatte. Auf dem Cover von Kraftwerks Album *Autobahn* aus dem Jahr 1974 kann man einen fast vollkommen leeren Autobahnabschnitt erkennen. Im Vordergrund verschwindet ein schwarzer Mercedes gerade aus dem Bild, die Bühnenshow stiehlt ihm aber ein kleiner Käfer, der auf der gegenüberliegenden Fahrbahn in den glorreichen Sonnenuntergang fährt. Der Käfer ist allerdings nicht nur der Star auf der Plattenhülle, sondern auch Gastmusiker auf dem Album selbst: Der erste Titel beginnt mit dem charakteristischen Bierdosenknattern des VW-Motors. Kurz hupt das Auto noch fröhlich-mundharmonikamäßig, dann summt ein Vocoder-Chor die Worte «Autobahn, Autobahn, Autobahn». Das Knattern des Motors wird dann durch einen elektronischen Beat ersetzt, erst zögernd trabend, dann im vollen Galopp. Nach einer Minute und 18 Sekunden hört man eine kaum synkopierte Sequenz von hohen Synthesizer-Noten: Sonnenstrahlen, die in der Windschutzscheibe reflektieren. Nach einer Minute und 55 Sekunden wandert ein tiefer Synthesizer-Sound vom rechten zum linken Lautsprecher: Autos in der Gegenspur. Dann der Chorus: «Wir fahr'n, fahr'n, fahr'n auf der Autobahn.»

«Autobahn» ist zum Teil eine clevere Parodie auf das Beach-Boys-Lied «Fun, Fun, Fun», welches an sich schon eine Hymne über das Autofahren und die Flucht vom Alltag ist («And she'll have fun fun fun 'til her daddy takes the T-bird away»). Aber der Proto-Techno-Beat ist auch eine Art satirischer Seitenhieb auf die deutsche Liebe zu Maschinen. Kraftwerk gelang es, einen musikalischen Finger auf einen der merkwürdigen Nebeneffekte des deutschen Industrieerfolgs zu legen: Die Generation meiner Eltern bewunderte Maschinen nicht nur, sie wollte auch auf eigene Art maschinenhafter werden. Das Deutschland der Nachkriegszeit arbeitete hart, war aber auch zunehmend nüchtern, humorlos und einfach stinklangweilig. Metronomische Regelmäßigkeit wurde zur Tugend erklärt; ein verschlafen ausschauender Mann, mit dem unglaublich verschlafenen Slogan «Keine Experimente», wurde zum Kopf der Nation.

In Deutschlands Hast, in seine neue Rolle als Industrienation hineinzuwachsen, wurden heiklere Themen vernachlässigt – oder sie wurden einfach ignoriert. Nur selten wird erwähnt, dass im Jahr 1953 – als Deutschlands Wirtschaftswunder sich im vollen Gang befand – 10 936 Menschen bei Verkehrsunfällen auf deutschen Straßen starben. Im Laufe der nächsten zwei Jahrzehnte, als die Bundesrepublik mehr und mehr Autos produzierte, verdoppelte sich diese Zahl.

Während alle anderen großen Autonationen in Europa bis 1973 bereits Geschwindigkeitsbegrenzungen eingeführt hatten, weigerte sich Westdeutschland stur, seinen Autofahrern Einhalt zu gebieten. Was sind Deutschlands Autobahnen heute, wenn nicht ein Beleg für den blinden deutschen Glauben an die Perfektionierbarkeit von Maschinen? Es ist so, als wolle man in diesem Land einfach nicht glauben, dass einen auch Autos mal im Stich lassen können. Als mein Vater noch ein kleiner Junge war, saß er eines Tages unangeschnallt auf dem Schoss seines Großvaters, als dessen überfüllter Opel an einer Dorfkreuzung mit einem Krankenwagen zusammenstieß. Mein Vater flog durch die Windschutzscheibe und überlebte unversehrt; sein Großvater starb. Jahre später verlor mein Vater einen Bruder, als dieser in einer scharfen Kurve die Kontrolle über seinen Ford verlor. Ein zweiter Bruder starb wenig später bei einem ähnlich tragischen Unfall im Hamburger Hafen. In meiner Familie redete man davon nur wenig, und in meiner Jugend wusste ich wenig über die beiden Onkel, die ich nie getroffen hatte. Nur zwei fremde Gesichter in den Stehrahmen neben dem Porträt meines Vaters im Wohnzimmer meiner Oma deutete das Vakuum in meiner Familie an. Durch schnelles Ausdehnen gefolgt von schnellem Zusammenziehen erfolgt die Bewegung von Masse: *Horror vacui* erklärte nicht nur die Physik der Dampfmaschine, sondern vielleicht auch die deutsche Mentalität nach 1945. Jetzt, wo Masse in Bewegung war, schien man sich zu fragen: Wieso sollen wir da innehalten und in uns gehen?

1978 brachten Kraftwerk ein Album heraus, das die deutsche Maschinen-Fixierung ein Stück weitertrieb: *The Man Machine*. Und trotzdem wäre es falsch, abschließend festzustellen, dass die Deutschen wirklich so kalt und kalkulierend waren, wie sie taten. Heinrich Heine machte diesen Fehler, als er 1827 im England der industriellen Revolution nur «kolossale

Einförmigkeit» und «maschinenhafte Bewegung» sah. Hinter dem deutschen Auto-Kult steckt immer auch ein menschliches Herz, das zu einer sentimentalen Melodie klopft.

*

In England fing unsere englische Wohnung inzwischen langsam an, sich wie ein echtes Zuhause anzufühlen. Unsere neuen Kippfenster hielten es warm und gemütlich, ich bekam langsam den Dreh raus mit den englischen Waschbecken, und meine Mutter entdeckte die verborgenen Geheimnisse unseres englischen Gartens. In *Das englische Haus* hebt Hermann Muthesius das Fehlen von Türschwellen als die prägende Eigenschaft englischer Hausarchitektur hervor: «Es gibt hier nicht einmal die Andeutung einer Türschwelle, die Bodenbretter laufen einfach durch», schreibt er. Die Probleme dieser Konstruktionsweise sind vielleicht offensichtlicher als ihre Vorzüge, bedeutet es doch, dass in jedem Zimmer in einem englischen Haus ein dünner Spalt am unteren Ende der Türen verläuft: Es zieht oft in englischen Wohnungen, und bei Strickgruppen auf der Insel ist der «draft excluder», eine dicke Wollwurst, ein beliebtes Endprodukt. Es gab aber eben auch unerwartete Vorteile. Anders als unser großes Haus in Deutschland war unsere englische Wohnung als ein zusammenhängendes Ganzes konzipiert worden und nicht als eine Reihe von untereinander abgegrenzten Kämmerchen. Man konnte hier zwar kräftig die Tür zuschlagen, die Außenwelt aber vollkommen wegzuschließen, das ging einfach nicht.

Der Gedanke, mein neues englisches Leben in permanenter Anwesenheit meiner Eltern zu verbringen, hatte mich ursprünglich mit Schrecken erfüllt. Die Wirklichkeit entpuppte sich als weitaus angenehmer. In Deutschland war ich der Benjamin in unserer Familie gewesen: der Kleine, der sich noch nicht alleine die Schuhe schnüren konnte oder den seine Geschwister noch zur Schule bringen mussten. In England war ich nicht nur Einzelkind, sondern auch irgendwie ebenbürtig. Weil ich tagtäglich in viel direkterem Kontakt mit den Regeln des englischen Lebens stand als meine Eltern, waren sie plötzlich auf mich angewiesen. Wenn meine Mutter bei der Gasfirma anrufen musste, wartete sie, bis ich aus der Schule nach Hause kam. Wenn mein Vater eine wichtige E-Mail an seine Kollegen schreiben musste, durfte ich übersetzen. Wir waren eine Mannschaft. Mir war es inzwischen nicht mal mehr peinlich, mit ihnen ins Restaurant zu gehen.

Das deutsche Wort «Schwellenangst» lässt sich interessanterweise nicht direkt ins Englische übersetzen. Außer der wortwörtlichen Angst vor Schwellen bezeichnet Schwellenangst das Unbehagen, das dann entsteht, wenn man von einer Phase in seinem Leben in eine andere übergeht. Nach einem Jahr in England konnte ich mir keinen treffenderen Begriff vorstellen, denn wir hatten uns selbst dabei überrascht herauszufinden, dass es auch in dem Raum zwischen zwei Lebensstationen ganz angenehm sein konnte.

sechs

**Freddie Frinton
bringt den Deutschen
das Lachen bei**

Vielleicht ist es so passiert: später Nachmittag, August 1962. Es ist Sommer in Blackpool, und der Regen schüttet auf die Straßen nieder wie ein ungestümer Trommelwirbel. Peter Frankenfeld und Heinz Dunkhase laufen an der Strandpromenade entlang und versuchen dabei ohne sichtbaren Erfolg, ihre Haare mit wassergetränkten Zeitungen vor dem Regen zu schützen. An der Victoria Street biegen sie scharf rechts ein und sprinten die letzten 100 Meter bis zum Eingang des Winter-Gardens-Theaterpalasts. Im Foyer schälen sie sich aus ihren triefenden Mänteln. «Scheußliches Nest», sagt Dunkhase, der kleinere der beiden Männer. Frankenfeld zurrt seinen unverkennbaren Karo-Anzug zurecht und streicht sich über die graumelierten Koteletten.

Beide Männer arbeiten für den NDR: Dunkhase ist Produzent, Frankenfeld der berühmteste Schauspieler, Sänger und Entertainer, den die Bundesrepublik jemals gesehen hat. Als in den späten Fünfzigern für eine Studie Jugendliche zum Thema deutsche Prominenz befragt wurden, behaupteten ganze 100 Prozent, dass sie Frankenfeld auf Anhieb erkennen würden – nur Konrad Adenauer genoss zu diesem Zeitpunkt einen ähnlich hohen Bekanntheitsgrad (nur 9 Prozent hatten angeblich jemals von Karl Marx gehört). Frankenfeld, 1913 in Berlin-Kreuzberg geboren, begann seine Unterhalterkarriere als Entertainer bei den amerikanischen Truppen in Marienbad. Er war der erste deutsche Fernsehstar, der den Stil der US-amerikanischen «Late Night»-Pioniere Art Linkletter und Arthur Godfrey nachahmte. Zwischen den Jahren 1948 und 1975 trat Frankenfeld regelmäßig in mehr als 20 Fernseh- und Radiosendungen auf. «Toi, toi, toi», der Spruch, mit dem er seine Studiogäste auf abgehobene Abenteuer schickte, war landesweit bekannt. Im Sommer 1962 jedoch plagte Frankenfeld das Gefühl, dass es seiner aktuellen Show «Guten Abend, Peter Frankenfeld» an zündenden Ideen fehlte, und er entschloss sich, mit seinem Produzenten im Ausland nach Inspiration zu suchen.

Blackpool war für solche «Informationsreisen» ein nicht ganz so ungewöhnlicher Zielort, wie es sich anhört. Heutzutage weckt der Name der Stadt bei den wenigsten Briten positive Erinnerungen. Blackpool kennt man eher, weil es in kaum einer anderen englischen Stadt so viele sogenannte «Neets» gibt: Jugendliche, die «not in education, employment or training» sind, also weder in der Schule, Lehre noch im Beruf. Aber in der ersten Hälfte des 20. Jahrhunderts genoss der Küstenort im Nordwesten des Landes einen weltweiten Ruhm als eine der beliebtesten Touristenhochburgen Europas. Grund dafür waren vor allem die «Music Halls»: Varietétheater, in denen dem Publikum einzigartige Spektakel geboten wurden. Tausende zog es jeden Sommer in die Seebäder des Landes – in manchen Monaten war es so, als würden ganze Städte im Landesinnern die Rollos herunterfahren, um nach Blackpool auszuwandern. Sogar einige deutschsprachige Gäste fand man unter den Völkerwanderern: Sigmund Freud ging im Jahr 1908 am Strand von Blackpool begeistert Muscheln sammeln, und Marlene Dietrich ließ sich 1948 vor der neuen hölzernen Achterbahn fotografieren, dem «Big Dipper». Die

Vorstellungen in den größeren Music Halls von Blackpool – den Winter Gardens, dem Grand Theatre und dem Palace Theatre – waren extravagant und spektakulär. An den lauen Abenden der Sommersaison gab sich hartverdienter Arbeitslohn dementsprechend leicht und ohne Bedenken aus. Es gab zwei Vorstellungen pro Tag, die erste um zehn nach sechs, die zweite um zwanzig vor neun. An einem typischen Abend standen Jongleure, Zauberer, Glockenläuter und tanzende Tiller-Girls auf dem Programm, dazu ein 18-köpfiges Orchester, Wasserfontänen, die quer über die Bühne gepumpt wurden, sowie die Darstellung einer «spektakulären Szene» wie zum Beispiel eines Zugunfalls.

Leider waren die Varietétheater von Blackpool im Sommer 1962 nur noch ein Schatten ihrer selbst. Als 1955 mit ITV in London der erste Privatsender öffnete, zogen viele der Darsteller in der Hoffnung auf eine Fernsehkarriere gen Süden. Vielen Bühnen im Rest des Landes fehlte es plötzlich schlicht an Künstlern, um ihr Programm zu füllen. Im Herbst führte der Mangel an Darstellern schließlich zur vorübergehenden Schließung des Grand Theatre – das Palace Theatre schloss am Ende des Jahres endgültig seine Pforten. Variety, sagt man heute in Blackpool, starb im Winter 1955.

Als Peter Frankenfeld und Heinz Dunkhase das Auditorium des Winter Gardens Theatre betraten, konnten sie kaum die Bühne erkennen. An Regentagen fingen Vorstellungen oft mit Verspätung an, da das verdampfende Regenwasser, welches von den Köpfen und Kleidern des Publikums aufstieg, wie ein Nebel vor der Bühne stand. Aber selbst als sich die Sicht klärte, sahen die beiden Deutschen wenig, was sie wirklich in den Bann gezogen hätte. In den Winter Gardens gab es inzwischen kein Wasserspektakel mehr und keinen Zugunfall. Nur fünf Tiller-Girls waren noch da und eine Bigband, die ihren Namen nicht verdiente. Dunkhase rollte mit den Augen und fing an, ungeduldig auf seinem Sitz hin und her zu rutschen. Zwanzig Minuten vor Ende der Vorstellung verdunkelte sich die Bühne plötzlich für einen Szenenwechsel. Als das Licht wieder anging, sah das Publikum eine fast leere Bühne vor sich: Nur ein langer Esstisch stand in der Mitte, rechts lag ein Tigerfell. Ein Butler im Frack betrat das Bild von links, gefolgt von einer eleganten älteren Dame. Zwanzig Minuten später standen Dunkhase und Frankenfeld hinter der Bühne und klopften frenetisch an der Tür der Umkleide.

*

Der Sketch, den die beiden Männer sahen, ist in Deutschland weit bekannt. Trotzdem lohnt es sich, ihn erneut zusammenzufassen. Am Anfang steht Butler James alleine in einem opulenten Esszimmer und deckt den Tisch. Die Frau des Hauses, Miss Sophie, schreitet in einem feinen Abendkleid eine Treppe hinab und setzt sich an den Kopf des Tisches. Das Ganze geht so feierlich vonstatten, dass dem Zuschauer schon bald klarwird, dass es sich um einen besonderen Anlass handeln muss (wer etwas langsamer von Begriff ist, für den gibt es noch den Untertitel des Sketches: «Der neunzigste Geburtstag»). Langsam merkt das Publikum auch, das irgendetwas nicht stimmt. «Is everybody here?», fragt Miss Sophie. «They're all here waiting, Miss Sophie, yes», erwidert James, und gestikuliert dabei in die Richtung der leeren Stühle. «Sir Toby?», fragt Miss Sophie. «Sir Toby is sitting here», sagt James, und klopft dabei auf den Rücken des Stuhls zu ihrer Rechten. Jedem der abwesenden Geburtstagsgäste wird ein Stuhl zugewiesen: «Admiral von Schneider», «Mr. Pommeroy» und «my very dear friend, Mr. Winterbottom».

Der Rest des Abends verläuft ähnlich sonderbar. James serviert vier Gänge: Mulligatawny-Suppe, Schellfisch, Huhn, und

Früchte. Zu jedem Mahl verlangt Miss Sophie ein anderes Getränk: erst Sherry, dann Weißwein, dann Champagner, dann Port. In Abwesenheit der echten Gäste springt Butler James beim Anstossen für sie ein. Er gibt ein grummeliges «Cheerio!» von Sir Toby zum besten, ein skandinavisches «Skål» von Admiral von Schneider, ein dekadentes «Happy New Year, Miss Sophie» von Mr. Pommeroy, und von Mr. Winterbottom ein vertrauliches «Well, here we are again, me old luvvie», im breiten Dialekts eines Gastwirts aus Yorkshire. Mit jedem Gang wird Butler James Schritt wankender, jede Tour um den Esstisch waghalsiger.

Der Humor liegt in der Wiederholung: Wie jede gute Komödie entwickelt der Sketch seine eigenen Regeln und überrascht den Zuschauer, wenn er mit diesen bricht. Jedes Mal, wenn James seine Runde um den Tisch gemacht hat, stolpert er über den Kopf des Tigerfells – als er also einmal *nicht* stolpert, bleibt er verdutzt stehen. Sowieso ist die Komik von *Dinner for One* größtenteils der Marke Slapstick: James verschüttet Wein, lässt Essen auf den Boden fallen und ext Blumenvasenwasser anstatt von Portwein. Vor jedem Toast hält James kurz inne: «By the way, the same procedure as last year, Miss Sophie?» Die Frau des Hauses beäugt ihn kritisch: «The same procedure as *every* year, James.» Am Ende des Sketches kündigt Miss Sophie ihren Abschied an. James, inzwischen volltrunken, bietet ihr seinen Arm an. Zum letzten Mal hören wir den Refrain dieser Komödie, allerdings diesmal mit leicht verändertem Effekt:

«Same procedure as last year, Miss Sophie?»

«Same procedure as *every* year, James»

«Well, I'll do my very best.»

Während Miss Sophie den Butler die Treppe hinaufzieht, zwinkert er breit grinsend Richtung Publikum.

*

Wer sind die beiden Darsteller in der Umkleidekabine? Der Mann, der den Butler James spielte, heißt Freddie Frinton. Frinton kam 1911 in Grimsby zur Welt und brach mit 14 seine schulische Ausbildung ab, um bei einem Fischverarbeitungswerk anzuheuern, wo er jedoch schon bald wieder gefeuert wurde: Ein Vorarbeiter hatte ihn dabei erwischt, wie er seinen Kopf durch eine aufgeschnittene Scholle schob und dabei Grimassen machte. Nach dem Zweiten Weltkrieg tourte er auf Schaubühnen in den Seebädern rund ums Land. Wie die meisten Darsteller in der Music-Hall-Szene spezialisierte er sich schon bald auf eine Paraderolle: Keine Figur spielte Freddie Frinton besser als den Säufer. «Solange ich mich erinnern kann, habe ich immer Trunkenbolde gespielt», sagte er 1968 in einem Interview, wenige Jahre bevor er durch einen Herzinfarkt ums Leben kam. In seiner ersten Filmrolle, in Peter Sellers Debüt *Penny Points to Paradise*, spielte er einen Säufer und in den meisten seiner Revues und Variety-Shows sowieso. Die Taschen seines Jackets waren stets mit abgeknickten Zigaretten vollgestopft, seiner Lieblingsrequisite. Wenn er tagsüber auf der Strandpromenade von Blackpool spazieren ging, riefen die Leute ihm nach: «Na, biste wieder auf dem Weg zur Kneipe, Fred?» Jenseits der Schaubühnen allerdings war Freddie Frinton weder besonders trinkfreudig noch besonders heiter. Im Alltag lächelte er wenig und trug ordentliche Schuhe. Als geborener Familienmensch und vierfacher Vater rannte er samstagabends oft nach der letzten Vorführung zum Bahnhof von Blackpool, um den Nachtzug nach London zu erwischen. Alkohol rührte er selten an, weder nach Vorstellungen noch bei Familienfeiern.

Sein Debüt in Blackpool machte Frinton im Oktober 1949; *Dinner for One* gehörte damals aber noch nicht zu seinem Reportoire. In Wirklichkeit war der Sketch nicht mal sein eigener: *Dinner for One* war ursprünglich Teil einer Doppelnummer mit dem Sketch «Der Toilettenmann» und wurde in den Zwanzigern von dem Duo Binny Hale und Bobby Howes aufgeführt, nach einem Skript von Lauri Wylie. Frinton sah den Sketch zum ersten Mal 1954 und war sofort begeistert: Seine Familie sagt heute, der Sketch wäre für ihn so etwas wie ein fünftes Kind gewesen. Noch in der gleichen Sommersaison führte er ihn zum ersten Mal mit der jungen Schauspielerin Stella Moray auf, war aber anscheinend mit der Erstbesetzung nicht vollkommen zufrieden. Als Dunkhase und Frankenfeld *Dinner for One* im Winter Gardens sahen, hatte Frinton bereits eine ganze Reihe von Darstellerinnen in der Rolle von Miss Sophie ausprobiert.

Nach der 1954er Saison entließ Frinton Stella Moray und stellte für eine Reihe von Vorstellungen an der Oper von Jersey eine junge Schauspielerin ein. Audrey Maye hatte vor kurzem ihr drittes Kind zur Welt gebracht, wollte sich aber zu ihrem Mann Len (auch er ein Saufkomik-Spezialist) gesellen, der mit seiner Show in Jersey tourte. *Dinner for One* war auch bei dem Publikum in Jersey ein großer Erfolg, und schon bald klingelte das Telefon von Frintons Agent Sturm. Als Frinton aber Audrey Maye fragte, ob sie den Sketch mit ihm auch in Shrewsbury und Brighton aufführen wollte, schüttelte sie den Kopf: Sie war in der kommenden Saison schon fest für ein Musical gebucht. Frinton bat sie, aber Maye hielt an ihrer Entscheidung fest. Wieso fragte er nicht ihre Mutter, schlug Maye vor. Frinton lachte. Er sollte erst mal ihre Mutter treffen, sagte Maye, dann würde ihm das Lachen vergehen. Als Heinz Dunkhase und Peter Frankenfeld im Jahre 1962 an der Tür der Umkleidekabine des Winter Garden Theatres klopften, befanden sich im Inneren der 52-jährige Frinton und Audrey Mayes Mutter May Warden, eine 72-jährige Varietéveteranin.

Frinton öffnete die Tür. Gerade wollte er noch fragen, was die beiden Herren in den lauten Anzügen denn wollten, aber da hatte Frankenfeld schon angefangen zu sprechen. Er liebte diesen Sketch, sagte er, er war wirklich unglaublich komisch, dass Timing wäre perfekt gewesen, wo auf Erden hätten sie denn bloß dieses wahnsinnige Tigerfell gefunden und wollten sie denn nicht mit ihm nach Hamburg kommen, um den Sketch in seiner Sendung aufzuführen. Frankenfeld hörte dabei nicht auf, Frintons Hand zu schütteln. Frinton schaute auf Frankenfelds Hand, dann auf Frankenfeld, dann auf May Warden, dann wieder auf die Hand. Sein Mentor, der Komiker Jimmy Edwards, hatte ihm einst eingetrichtert, dass man nach der Show am besten seine Sandwiches aß und die Klappe hielt. Aber er mochte Frintons Enthusiasmus. Wie Frankenfeld hatte auch er seine ersten Witze vor Männern in Uniformen gerissen: erst als Solo-Entertainer bei den Royal Engineers in Wales, später als Teil des Ensembles «Stars in Battledress», zu denen auch die späteren Stars Bill Pertwee und Arthur Hayes gehörten. Als Soldat hatte er niemals eine Waffe benutzt, und gegen Deutsche hatte er eigentlich nichts – seine Familie hatte sogar eine Deutsche als Au-pair angestellt. Sein Traum war immer gewesen, *Dinner for One* einmal im Leben fürs Fernsehen aufzuführen. Frinton nickte und schüttelte Frankenfelds Hand.

Am 8. März 1963 flogen Frinton und Warden nach Hamburg und führten ihren Sketch bei Frankenfelds *Guten Abend*-Show auf. Im Juli waren sie schon wieder in der Stadt, diesmal um eine professionelle Aufnahme zu machen, am alten Theater am Besenbinderhof. Frinton bekam 4150 DM für die Vorstellung. Das Band mit *Dinner for One* zirkulierte schon bald zwischen den verschiedenen Regionalsendern. Am Neujahrsabend 1972 zeigte der NDR den Sketch um 18 Uhr, und irgendetwas passte plötzlich. Überall in Deutschland ließen Partygäste ihre Bockwürste kalt werden, während sie sich um den Wohnzimmerfernseher scharrten, um Frinton und

Warden bei der Vorführung ihres kleinen Rituals zu beobachten. Im folgenden Jahr zeigten alle Regionalsender den Film um 18 Uhr, einige davon wiederholten die Sendung ein paar Stunden später. Seit 1963 ist der Sketch in Deutschland mindestens 250-mal ausgestrahlt worden. Er ist damit die meistwiederholte Sendung im deutschen Fernsehen, und – wenn man dem Guinness-Buch der Rekorde glaubt – die meistwiederholte Sendung der Welt überhaupt. 2004 schauten 15,6 Millionen Deutsche zu, wie sich Butler James vor den Augen Miss Sophies betrank.

Während *Dinner for One* in Deutschland immer beliebter wurde, drohten die Varietétheater Großbritanniens in Vergessenheit zu geraten. Zwischen den Jahren 1950 und 1960 stieg die Anzahl von Fernsehern in britischen Haushalten von ungefähr 5000 bis auf mehr als 10 Millionen. Wer im Sommer nicht vor der Kiste hocken wollte, floh nicht zum Pleasure Beach in Blackpool, sondern an die Strände von Frankreich und Spanien. Auch Frinton und Warden kehrten den Music Halls den Rücken und konzentrierten sich auf eine Karriere im Fernsehen. Innerhalb von ein paar Jahren erreichten beide landesweiten Ruhm. May Warden wurde die Rolle der Großmutter in der erfolgreichen Serie *Billy Liar* angeboten, in der sie ursprünglich nach nur fünf Folgen ermordet werden sollte. Letztendlich blieb sie bis zu ihrem wirklichen Tod im Jahre 1978 in der Show. Auch Frinton fand wieder ein englisches Publikum: Millionen Zuschauer sahen ihm zu, wie er als Freddie Blacklock in der Comedy-Show *Meet the Wife* sein Bestes gab: eine Sendung, welche durch den Beatles-Song «Good Morning, Good Morning» Unsterblichkeit errang («It's time for tea and *Meet the Wife*»). Den Erfolg, den er auf dem europäischen Festland erreichte, erlebte er selber nicht mehr: 1968, vier Jahre bevor *Dinner for One* regelmäßig im deutschen Fernsehen gesendet wurde, starb Frinton an einem

Herzinfarkt. Heutzutage sagt sein Name wenigen Briten unter fünfzig noch etwas. *Dinner for One* wurde bisher kein einziges Mal offiziell im britischen Fernsehen gezeigt.

*

Ich kenne *Dinner for One* auswendig. Als ich es mir zum ersten Mal anschaute, war ich fünf – entweder war es das erste Jahr, an dem ich an Silvester spät aufbleiben durfte, oder das erste Jahr, in dem ich nicht vor Mitternacht einschlief. Erst aus englischer Perspektive ist mir bewusst geworden, wie stark der deutsche Silvesterabend mit esoterischen Ritualen und mysteriösen Traditionen verknüpft ist. So gibt es in England zum Beispiel kein Feuerwerk zur Neujahrswende. Zwar gibt es die an einem anderen Feiertag, dem Guy Fawkes Day im November, doch hat das ganze Geböllere einen relativ prosaischen Symbolwert: Es geht dabei um die rituelle Darstellung eines Ereignisses, das niemals stattfand, der Sprengung des Parlaments durch den Katholiken Fawkes, des sogenannten «Gunpowder Plot». In Deutschland jagen wir währenddessen jährlich mehr als 100 Millionen Euro an Knallkörpern in die Luft, um irgendwelche Dämonen und Geister im Nachthimmel zu verjagen, und deuten als Amateurschamanen mit Bleigießen die Zukunft.

Dieses rituelle Gehabe mag die Spannung erklären, die herrschte, als ich am 31. Dezember 1986 das Schlafzimmer meiner Eltern betrat. «Was macht ihr denn hier?», fragte ich meine Geschwister und Cousinen, die sich vor dem Fernseher versammelt hatten. «Kommt ihr zurück ins Wohnzimmer und spielt mit m…»

«Schhhh!», unterbrach mich meine Schwester. «*Dinner for One* kommt gleich.»

Es war, als hätte ich ein paar Schulfreunde beim Rauchen

ertappt. Während der nächsten zehn Minuten beobachtete ich kritisch die Ereignisse auf dem Bildschirm und versuchte ein paar Hinweise darauf zu erhaschen, was genau an diesem Film so wichtig war. Meine Geschwister kicherten, als James über den Tigerkopf stolperte, also kicherte ich auch. Als James zum fünften Mal über den Tigerkopf stolperte, liefen ihnen vor Lachen die Tränen über die Wangen – also fing auch ich an zu weinen. Als James eine Blumenvase voll Wasser hinunterstürzte, wieherten sie hysterisch, und auch ich wieherte hysterisch.

Auch als Teenager ließ mich der Sketch nicht in Ruhe. Im Gegenteil, er wurde anscheinend immer relevanter: Ich kam mir unglaublich klug vor, wie ich mit elf bemerkte, dass der deutsche Ansager Heinz Piper einen grammatikalischen Fehler macht, wenn er den Film vorstellt: Er sagt «Same procedure *than* every year» anstatt «Same procedure *as* every year». Während der Pubertät faszinierten mich plötzlich diverse Doppeldeutungen. «I'll do my very best», sagt James. Sein Bestes was? Er meinte doch nicht *das*, oder? Die beiden waren doch so ... *alt*. And wenn doch, dann wo? Und wie? Und wie lang? Das Ausbleiben einer klaren Antwort trieb mich fast in den Wahnsinn.

Die Tatsache, dass *Dinner for One* sich mit Tabuthemen wie Sex im Alter befasst, mag einen Teil seines Kultstatus erklären. Aber wieso war der Sketch dann nur in Deutschland so beliebt? Ein anderer Grund mag sein, dass in dem Film nur relativ wenig gesprochen wird. Indem sie ihrem Publikum das Lachen mit Gesten anstatt Worten entlockten, gelang es Frinton und Ward, deutsche Traditionen wie Stummkino, Kabarett und Sprachkrise anzuzapfen. Selbst heutzutage ist Comedy in Deutschland noch physischer und burlesker als in Großbritannien. Dass soll nicht heißen, dass jede deutsche Komödie so brachial und platt wie ein Benny-Hill-Sketch ist, aber das

Geheimnis des Erfolges eines Otto Waalkes liegt nun mal in seinen zu großen Latzhosen, der Halbglatze und dem Hoppelhasengang: So viel haben wir uns eben nicht weiterentwickelt, seit wir als Kinder über Zirkusclowns lachten. Am anderen Ende des Spektrums mögen sich die Kreationen von Vicco von Bülow zwar in der Welt von Lesezirkeln, Nobelrestaurants und Aufsichtsratssitzungen bewegen, letztendlich liegt aber auch Loriots Komik der Witz des Körpers zugrunde. Einem der beliebtesten Loriot-Sketche ist *Dinner for One* gar nicht unähnlich: Ein Mann und eine Frau sitzen in einem Restaurant zu Tisch und essen Suppe; der Mann ist sichtbar nervös. Als er sich mit seiner Serviette den Mund abwischt, bleibt eine Nudel an seinem Kinn hängen. Die Frau will dies erwähnen, aber er unterbricht sie: Für den Rest des Sketches wandert die eigenwillige Nudel von Kinn zu Finger zu Stirn zu Ohrläppchen. Die Komik der Situation wird dadurch auf die Spitze getrieben, dass der Mann dabei versucht, eine ernsthafte Unterhaltung zu führen, aber letztendlich liegt die Beliebtheit dieses Sketches nur an der Nudel. Vielleicht ist es kein Zufall, dass einer der wenigen Loriot-Sketche, der wirklich nur mit Wörtern arbeitet, ein Sketch über die englische Sprache ist: In *Die englische Ansage* will Evelyn Hamann eine neue Episode der klassischen englischen Serie *The Two Cousins* ansagen, verheddert sich aber aussichtslos in Namen wie «North Cothelston Hall», «Nether Addlesthorpe» und «Gwyneth Molesworth».

Die Fixiertheit deutschen Humors auf den Körper lässt sich nicht nur im Fernsehen beobachten, sondern auch in unserem tagtäglichen Verhalten. Man beachte nur die Körpersprache. Bevor oder nachdem Deutsche Witze machen, kündigen sie dies in der Regel mit einer körperlichen Geste an: Manchmal nur mit einer angehobenen Augenbraue, manchmal mit mehr Ausdruck. Es ist kein Zufall, dass es kein englisches Equivalent für den deutschen Ausdruck «Schenkelklopfer» gibt.

Der Verhaltenskodex für englische Witze könnte nicht anders sein. Wenn die Jungs an meiner Schule Witze machten, gab es absolut nichts an ihrer Körpersprache, das man als Warnung hätte interpretieren können. Kein theatralischer Unterton in der Stimme, keine Grimasse, kein Schenkelklopfen, nichts. Besonders in den ersten sechs Monaten wurde ich deshalb zum Opfer Tausender Scherze. Es gab da diesen Vokabeltest, vor dem meine Klassenkameraden mich warnten, der aber nie stattfand; den Mitschüler, der der Sohn des Premierministers war, dessen Vater sich dann als Bankmanager entpuppte; den Lehrer, der ankündigte, dass er im morgigen Oxford-Cambridge-Bootrennen mitrudern würde, was überhaupt nicht stimmte. Sie hatten mir alle glatte Lügen aufgetischt, ohne dabei auch nur mit der Augenbraue zu zucken. Diese «Deadpan Face»-Strategie des Witzeerzählens war anscheinend ein Produkt derselben Mentalität wie die Kunst des Understatements: Das erklärte Ziel war, auf keinen Fall äußerliche Hinweise darauf zu geben, was im Kopfe vor sich ging.

Besonders geläufig ist das emphatische Gestikulieren von Kalauern in Deutschland in den Bierzelten des Münchener Oktoberfests oder auf den Karnevalssitzungen in Köln und Mainz. Bei der rheinländischen Büttenrede ersetzt eine geordnete Reimstruktur die Signalwirkung des Schenkelklopfers: Es verschwindet dadurch jeglicher Zweifel, wann und warum gelacht werden soll, was wiederum sehr wichtig ist, da Büttenreden oft ausgesprochen unwitzig sind (ein Beispiel, das ich bei einem Rechercheausflug selbst miterleben durfte: «Ihre Gesichtszüge sind ihr total entglitten / Sie dachte wohl an ihre Titten»). Für den Notfall, dass das Publikum den Lacher trotzdem verpasst hat, verkündet eine Trompete jeden Kalauer: Da-du, da-du, da-du. Man könnte auch gleich ein Schild mit den Worten «Bitte lachen Sie jetzt!» hochhalten.

Trotzdem kann uns der Kölner Karneval helfen, den andauernden Erfolg von *Dinner for One* zu verstehen. Der Karneval stellt soziale Hierarchien auf den Kopf: Am *Fastelovend* verhalten sich erwachsene Menschen wie Kinder, und Kinder werden symbolisch mit öffentlichen Ämtern versehen: Das Highlight jeder Saison ist schließlich die Krönung des jungen Karnevalsprinzen und seiner Frau, der Funkenmarie. Aber genau dadurch, dass Karneval nur einmal im Jahr stattfindet und dass Kölner pünktlich nach Aschermittwoch wieder zur Arbeit zurückkehren, wird das anarchische Potenzial dieser Festlichkeiten eingeschränkt. Anders ausgedrückt: Genauso wie der Schenkelklopfer einen Strich zwischen Ernst und Spaß zieht, hilft ein jährlicher Karneval dabei, den Unterschied zwischen Arbeit und Spiel zu unterstreichen. Tatsächlich beeindruckt Karnevalsneulinge wie mich nicht die ausgesprochene Ausgelassenheit, Albernheit oder Anarchie, sondern vor allem die geradezu wunderlich effiziente Organisation. Höhepunkte sind neben der Prinzenkrönung die Paraden der blauen und roten Funken: Militärkorps, deren «lustige» Dragoneruniformen und gepuderte Perücken im klaren Widerspruch zu der militärischen Präzision stehen, mit der ihre Märsche organisiert werden. Beim Umzug der blauen und roten Funken passiert selten etwas Überraschendes oder Spontanes; sogar der Eintritt in den Elitekader der Funken erfolgt erst nach einer zweijährigen Probezeit.

In seiner Ritualfunktion ist *Dinner for One* eher typisch deutsch als typisch englisch: Die Lacher, die es erzeugt, sind Symptome von Gemütlichkeit – einer Gemütlichkeit, die aber eben auch herzlich wenig mit der exzentrischen «Cosiness» des englischen Hauses zu tun hat.

*

Dies bringt uns zum letzten, vielleicht wichtigsten Faktor hinter dem Erfolg von *Dinner for One*: dem deutschen Mythos vom «britischen Humor». Mir war dieses Konzept nicht bewusst, bis ich und meine Eltern im Februar 1998 für ein Wochenende nach Deutschland zurückkehrten. Der Anlass war das traditionelle jährliche Grünkohlessen im Dorf meiner Mutter. Nachdem wir unseren Grünkohl, den fettigen Speck und ein paar Gläser Schnaps vertilgt hatten, kam einer meiner Onkel auf mich zu. «Na du», nickte er mir zu, «wie behandeln dich die Engländer?»

«Gut», sagte ich.

«Und der britische Humor? Verstehst du den schon?»

Dieses Treffen war das erste Mal, in dem mir der hohe Grad an Faszination und Neugierde bewusst wurde, mit dem die Deutschen den «britischen Sinn für Humor» betrachten. Man spricht von ihm oft so, als handele es sich um eine Art Hieroglyphe aus einem anderen Zeitalter, einen Geheimcode, den Deutsche nur in außergewöhnlichen Fällen entziffern können. Britischen Humor zu *verstehen* war eine Sache – das allein wäre für meine Onkel eine große Leistung gewesen. Dass ein Deutscher auch britischen Humor *praktizieren* und möglicherweise gar einen Engländer zum Lachen bringen könnte – das war kaum vorstellbar.

Das Klischee des humorlosen Deutschen ist keine besonders neue Kreation; zeitlos ist es aber auch nicht. Noch im 18. und 19. Jahrhundert rühmte sich die deutsche Literatur einiger der feinsten Satiriker der Welt: Jean Paul, Georg Christoph Lichtenberg, Friedrich und August Wilhelm Schlegel oder Friedrich Nietzsche. Viele von ihnen, wie auch Heine, waren jüdisch. Selbst in den ersten zwei Jahrzehnten des 20. Jahrhunderts existierte in Deutschland noch eine lebhafte Tradition satirischen Kabaretts, oft gewürzt mit einer guten Prise Dada-Nonsens: eine Komiktradition, in deren Herzen die Rebellion gegen das Gemütliche lag. Erneut gibt es eine Collage von John Heartfield, welche diese Tradition perfekt auf den Punkt bringt: ein respektabler Herr im besten Alter, mit einem Zylinder über der Pickelhaube, Smoking über der Militäruniform und stolzem Schnurrbart. Aus seinem halb geöffneten Mund entweicht die erste Zeile der alten Nationalhymne: «Deutschland, Deutschland über alles». Jegliche Illusion nationaler Einigkeit wird jedoch vom zerstückelten Äußeren dieser Kreatur gestört: Heartfields Collage ist eine perfekte Satire auf die Scheinheiligkeit des Nationalsozialismus. Das Bild stammt von dem Umschlag eines Buches von Kurt Tucholsky, von dem bekannterweise auch das folgende unsterbliche Zitat stammt: «Deutsche, kauft mehr deutsche Zitronen!»

Anfang der 1940er allerdings war es mit dem deutschen Glauben an die eigene Witzigkeit plötzlich vorbei. Der ungarisch-österreichische Stückeschreiber George Tabori erinnert sich daran, wie er um diese Zeit als Auswanderer in Hollywood auf eine Party ging, bei der auch Thomas Mann, Charlie Chaplin und Greta Garbo anwesend waren. Mann, dessen Romane gerne ihrer subtilen Ironie wegen gepriesen werden, hatte man vor seiner Ankunft in den USA erzählt, dass man eine Rede auf Englisch immer mit einem Witz beginnen müsse. Als Chaplin anfing, mit Konfettibomben seinen Tischnachbarn Streiche zu spielen, war für Mann der richtige Zeitpunkt gekommen. Er stand auf und gab bekannt, dass er einen Witz erzählen wolle. Sein tausendseitiger Roman *Der Zauberberg*, sagte er, sei nie als ernster Roman intendiert gewesen, sondern vielmehr eine Parodie auf seine Novelle *Der Tod in Venedig*. Chaplins Reaktion darauf ist nicht überliefert, doch kann man sich nur schwer vorstellen, dass ihm vor Lachen die Tränen kamen. Wichtig ist bei dieser Anekdote, dass sie im Ausland stattfand: Indem sie die besten jüdischen

Dramaturgen und Komponisten aus dem Land gejagt hatten, hatten die Nazis es geschafft, Deutschlands eigene Komiktradition komplett trockenzulegen.

Bei dem Mythos des «britischen Humors» ging es jedoch immer um mehr als nur den eigenen Komik-Minderwertigkeitskomplex. Die Generation von Deutschen, die in den Fünfzigern und Sechzigern aufwuchs, hatte eine sehr klare Idee davon, worum es sich dabei handelte. Im Jahr 1957 beschrieb der Theaterkritiker der *Berliner Stimme* den Schock, den er bei der Aufführung einer englischen Komödie empfand: «Damals bei der ersten Begegnung in der ‹Tribüne› waren wir schockiert und erschüttert. Das Lachen war uns verschlagen: wir mussten ‹schwarzen Humor› erst lernen.» Auch Peter Frankenfeld war von dem legendären britischen Humor fasziniert und der Art, mit der es britischen Komikern gelang, Deutsche über Sachen zum Lachen zu bringen, über die man eigentlich nicht lachen sollte. «Amerikaner lachen über schwarzen Humor angelsächsischer Prägung. Schwarzer Humor widmet sich dem Grotesken und Makabren; Mord und Totschlag, Krätze, Hexenschuss und Schwindsucht werden unsinnig normalisiert, die Pointe vermag Gänsehaut zu erzeugen.» Nichts illustriert die philosophische Grundhaltung dieser Interpretation des britischen Humors besser als eine Anekdote aus dem Leben von Freddie Frintons Kostar May Warden. Im Jahr 1978 lag Warden auf ihrem Sterbebett. Schmerzhafte Krämpfe peinigten die alte Dame; sie war nur halb bei Bewusstsein. Ein Doktor und eine Krankenschwester standen neben ihrem Bett. Um ihre Schmerzen zu lindern, schlug der Doktor vor, dass man der Patientin ein Glas Brandy verabreichen sollte. «Soll ich es mit Milch oder mit Wasser vermischen?», fragte die Krankenschwester. Wardens Augen öffneten sich plötzlich. «Pur.» Es war ihr letztes Wort: Sie verstarb in den frühen Morgenstunden.

Kaum ein anderer Deutscher hat sich so viele Gedanken darüber gemacht, worüber man lachen oder nicht lachen sollte, wie Theodor Adorno. 1958 schrieb Adorno einen Essay, in dem er versuchte, ein Theaterstück zu interpretieren, welches er soeben gesehen hatte. «Das Lachen, zu dem es animiert», schrieb er, «müsste die Lacher ersticken. Das wurde aus Humor, nachdem er als ästhetisches Medium veraltet ist und widerlich, ohne Kanon dessen, worüber zu lachen wäre; ohne einen Ort von Versöhnung, von dem aus sich Lachen ließe; ohne irgend etwas Harmloses zwischen Himmel und Erde, das erlaubte, belacht zu werden.» Adornos Einstellung zum Humor war in jeder Hinsicht radikaler als die meiner Verwandten: Er glaubte nicht nur, dass die Deutschen kein besonderes Talent zum Witzemachen hatten – er hatte ein grundsätzliches Problem mit dem Lachen an sich. Nicht viele Leute wissen, dass Adorno sein berühmtes Zitat «nach Auschwitz ein Gedicht zu schreiben, ist barbarisch» in einem Aufsatz aus dem Jahr 1967 revidierte. «Der Satz, nach Auschwitz lasse kein Gedicht mehr sich schreiben, gilt nicht blank», schrieb er in «Ist die Kunst heiter?», «gewiss ist aber, dass danach, [...] keine heitere Kunst mehr vorgestellt werden kann.» Die Idee einer Komödie über den Holocaust war für Adorno undenkbar: «Komödien über den Faschismus aber machen sich zu Komplizen jener törichten Denkgewohnheit, die ihn vorweg für geschlagen hält.» Für Adorno war es so, als sei jeder Witz ein kleines Bergen-Belsen, jeder Kalauer eine Mauser an der Schläfe.

Das Theaterstück, welches Adorno ursprünglich zum Formulieren seiner Gedanken animiert hatte, war natürlich nicht *Dinner for One* gewesen – es war das *Endspiel* des Iren Samuel Beckett. *Dinner for One* und *Endspiel* sind grundlegend unterschiedliche Stücke – das eine seichte Unterhaltung, das andere tiefgründiges absurdes Regietheater. Aber sie haben auch viel gemeinsam. Das *Endspiel* wurde 1957 geschrieben, also fünf Jahre bevor Frankenfeld und Dunkhase *Dinner for One* entdeckten. So wie der Music-Hall-Sketch wurde auch Becketts Stück vom deutschen Publikum enthusiastisch in Empfang genommen. Sowohl *Endspiel* als auch *Dinner for One* handeln von der Beziehung zwischen einem Diener und seinem Herrn oder seiner Herrin. Beide Diener werden immer wieder auf sinnlose Botengänge geschickt: Ihr Bewegungsradius begrenzt sich auf den eines Kreises. Beide Stücke finden in einer hermetisch abgeriegelten Welt statt, in der Zeit scheinbar keinen Sinn mehr hat: Sie konfrontieren uns mit der Existenz alter Menschen, die sich nicht von ihrer Vergangenheit lösen wollen und der Realität eine künstliche Illusion bevorzugen. Sie sind dabei auf ihre eigene Weise verstörend: Was vor und nach dem Stück passiert, ist unklar, doch alles deutet auf Krieg, Tod und Zerstörung. Was sonst mag mit den britischen und deutschen Herren geschehen sein, die bei Miss Sophies Geburtstagsfeier durch ihre Abwesenheit auffallen? Trotz allem sind beides lustige Theaterstücke – lustig gerade deshalb, weil sie sich mit so ernsten Themen auseinandersetzen. Das Geheimnis ihres Erfolges in Deutschland liegt gerade darin, dass sie es den Deutschen ermöglichten, das Witzige an einem sehr ernsten Gedanken zu erkennen: dass Geschichte letztendlich nichts anderes sein könnte als eine ewige Wiederholungsschleife, in der sich niemals etwas ändert. Auf indirekte Weise ermöglichen sie den Deutschen sogar, dass größte Tabu von allen zu brechen: über den Krieg zu lachen.

*

Es bleibt die Frage, weshalb *Dinner for One* niemals ein zweites Zuhause in dem Land gefunden hat, aus dem es ursprünglich kam. Im März 1998 brachte ich eine Videokassette von *Dinner for One* mit zum Filmklub in meiner englischen Schule. Meine Klassenkameraden schmunzelten, als Butler James über den Tigerteppich stolperte, und einige von ihnen versicherten danach, dass sie den Sketch echt witzig gefunden hätten. Lachen tat keiner. So beeindruckt, wie Dunkhase und Frankenfeld es 1962 gewesen waren, war heute niemand mehr. Die tragische Form befasst sich mit universalen Vorstellungen von Gut und Böse: Man kann sich heutzutage im *Hamlet* genauso gut wiederfinden wie vor 400 Jahren. Komik andererseits, wo sich alles um die Sperrigkeit des Alltags dreht, altert schlecht. Slapstick, einst noch die Crème de la Crème des komischen Erfindertums, gilt heutzutage in England als vollkommen überholt und gehört in verstaubte Benny-Hill-DVDs, aber nicht mehr ins abendliche Fernsehprogramm. Die Spektakel des Varietés – Wasserfontänen, Zugunfälle, lebendige Tiere – gehören in ein anderes Zeitalter. Heutzutage liebten alle Jungs in meiner Oberstufe Stand-up Comedy. Ob Billy Connolly, Eddie Izzard, Bill Bailey oder Jo Brand: Jeder konnte seinen persönlichen Lieblingskomiker endlos zitieren.

Im englischsprachigen Raum macht diese Entwicklung – vom Physischen ins Verbale – viel Sinn, schließlich ist die geschmeidige englische Sprache perfekt dazu geeignet. Im Deutschen wiederum machen Schachtelsätze und Brückenkonstrukte es viel schwieriger, mit Sprache allein Überraschungsmomente herzustellen. «Eine deutsche Komödie ist so wie ein deutscher Satz», sagte die englische Schriftstellerin George Eliot einst. «Man kann in ihrer Struktur keinen Grund erkennen, weshalb sie jemals ein Ende finden sollte.» Das Englische wiederum, mit seinen biegbaren Lauten und einsilbigen Worten, ist wie für Komik geschaffen. Einen englischen Satz kann man wie einen Pfannkuchen mit einem Schwung von einer Seite auf die andere schubsen: Durch das Verändern einer einzelnen Silbe stellt man den Sinn einer ganzen Rede auf den Kopf. «Same procedure as *every* year, James» gibt einen kurzen Eindruck davon, was man mit der englischen Sprache alles anstellen kann, aber die Eddie Izzards, Jo Brands oder Bill Baileys der 1990er waren hundertmal schneller, raffinierter oder grausamer dabei. Ich erinnere mich an eine Episode der Comedy-Show *Have I got News For You*, in der der Komiker Paul Merton sagt: «Es gibt eine Reihe von Arten, wie man mit dem Rauchen aufhören kann – Nikotinpflaster, Nikotinkaugummi ... meine Tante hat sich einfach jeden Morgen einen Liter Petroleum über den Kopf geschüttet.» Selbst Politiker sind heutzutage wortgewandter als die Komiker von damals. Der Labour-Abgeordnete Dennis Skinner beschimpfte einst im britischen Parlament seine politischen Gegner: Die Hälfte aller Tories, die ihm gegenübersaßen, meinte er, seien Gauner. Der Vorsitzende der Abgeordneten ermahnte darauf Skinner und forderte ihn auf, er solle seine Anschuldigung zurückziehen. Kein Problem, meinte der Politikveteran, der in Westminster auch als «Beast of Bolsover» bekannt ist: «Die Hälfte aller Tories, die mir hier gegenübersitzen, sind keine Gauner.» All dies war so viel düsterer, böser und surrealer als das, was sich Freddie Frinton noch erlauben konnte; im Vergleich dazu kommt einem *Dinner for One* heute brav und zahnlos aus.

In Deutschland hat man viel darüber spekuliert, weshalb der Lieblingssketch der Nation in seinem britischen Heimatland weiterhin ignoriert wird. Zum Anlass des 40. Jubiläums von Miss Sophies 90. Geburtstag veröffentlichte der *Spiegel* einen Artikel mit dem Titel «Warum die BBC *Dinner for One* verschmäht», in dem der Autor behauptete, der Sketch löse deshalb soziales Unbehagen aus, weil er das englische Klassensystem spöttisch hinterfragte. Die Darstellung schwer betrunkener Aristokraten wie Miss Sophie und gefährlich verführerischer Arbeitertypen wie Butler James, suggerierte der Text, machten den Sketch zum «knallharten Antimonarchie-

Stück» – undenkbar, das die krontreue BBC solch explosiven Stoff ausstrahlen würde. Je mehr man dieses Argument überdenkt, desto weniger Sinn macht es. Schließlich spielt Klasse eine Schlüsselrolle in vielen der erfolgreichsten britischen Komödien und nicht zuletzt auch in der Music Hall: Der feine Schnösel mit Zylinder, der sogenannte «Champagne Charlie», gehörte genau so fest zum Repertoire der Strandtheater von Blackpool wie der Säufer oder die vergessliche alte Omi. Ob subversiv oder nicht: Die Drei-Klassen-Gesellschaft ist das zentrale Thema vieler komischer Meisterwerke der britischen Kultur, von dem Gemälde «The Rake's Progress» des Karikaturisten William Hogarth, den Jeeves-und-Wooster-Romanen von P. G. Wodehouse bis zu moderneren Sitcoms wie *Keeping Up Appearances* und *Upstairs, Downstairs*, oder dem *Four Yorkshireman*-Sketch von Monty Python. Klassenbewusstsein spielte sogar in der Sendung eine Rolle, mit der sich Frinton schließlich in Großbritannien einen Namen machte: Frintons Frau, gespielt von Thora Hird, stilisiert sich verbissen als Produkt der Upper Middle-Class und sagt nicht «yes», sondern «yay-es» und nennt ihren Mann nicht «Fred» sondern «Frayed».

Selbst wenn man die besondere Beziehung englischer Komödien zum Thema Klasse ignoriert, lässt die *Spiegel*-These zu viele Fragen offen. In seinem Buch *Die Traumdeutung* definiert Sigmund Freud Komik als einen überflüssig gewordenen «Betrag von psychischer Energie», der durch das Lachen Abfuhr erfährt. Einfacher gesagt: Komik funktioniert wie ein Sicherheitsventil: Lachen hilft uns beim Druckausgleich. Komik ermöglicht uns, Tabus zu brechen und unsere wildesten Phantasien auszuleben – ein Witz entsteht dann, wenn das Über-Ich das eingeschüchterte Ich anfeuern will. Gerade deshalb befassen sich so viele Witze und Komödien mit unserem Unbehagen gegenüber Geld und Status – es ist kein Zufall, dass Freud in seinem Buch *Der Witz und seine Beziehung zum Unbewusstsein* das Beispiel von einem Mann wählt, der behauptet, ganz «famillionär» mit Baron Rothschild zu sein. Also zu behaupten, dass *Dinner for One* in Großbritannien keinen Erfolg hatte, gerade *weil* seine Thematik den Briten zu naheging, ist absurd. Wenn überhaupt, so hätte die soziale Spannung zwischen James und Sophie Garant für den Erfolg der Serie sein müssen.

Eine wahrscheinlichere Erklärung für den ausgebliebenen britischen Erfolg von *Dinner for One* ist, dass Fernsehsendungen nicht mehr der einzige Ort waren, an dem man sein Unbehagen mit Klassenbeziehungen ausleben konnte. Vor dem Krieg waren die Seebäder der Insel ein britisches Äquivalent des Kölner Karnevals – ein Sicherheitsventil zum kollektiven Dampfablassen oder, wie George Orwell es einst in einem berühmten Essay über die anrüchigen Badeort-Postkarten von Donald McGill beschrieb, «eine Art Saturnalie, eine harmlose Rebellion gegen den Anstand». Aber ist es das noch immer? Heimatkundler Barry Band aus Blackpool erzählte mir, wie er den Sketch als Teenager 1954 zum ersten Mal in den Winter Gardens sah: «Am meisten lachten wir über Freddie: Es war todlustig, sich vorzustellen, dass jemand so viel trinken konnte, dass er duselig wurde und über seine eigenen Schuhe stolperte. Nur wenige Leute im Publikum wären jemals in ihrem Leben so betrunken gewesen.» Heutzutage kommen viele Leute nicht zum Lachen nach Blackpool, sondern zum Trinken. Die einzige Klientel, auf die sich die Stadtbehörde dieser Tage verlassen kann, ist der niemals endende Strom von jungen Männern beim Junggesellenabschied. An einem gewöhnlichen Freitagabend sind Menschen, die «über ihre eigenen Schuhe stolpern», inzwischen weniger eine Ausnahme als Alltag.

Im England des 21. Jahrhunderts ist Komik nicht mehr

eine Ausnahme von der Norm; sie ist die Norm. Meine Mitschüler verehrten weder Schriftsteller noch Politiker noch Popstars noch Hollywood-Schauspieler, sondern Comedians. Nach dem Schulabschluss wollten die klügsten Jungs in meinem Jahrgang allesamt unbedingt nach Oxford oder Cambridge gehen – aber nicht wegen des guten akademischen Rufes, sondern weil ihre komödiantischen Vorbilder dort ihre Karrieren gestartet hatten. In England schreiben Komiker Zeitungskolumnen, sie leiten informierte politische Diskussionsrunden im Fernsehen und setzen sich öffentlich für die Reform des Wahlsystems ein. In Deutschland patrouilliert Komik noch weiterhin die streng bewachte Grenze zwischen Ernst und Albernheit, zwischen Arbeit und Freizeit – im postindustriellen England jedoch ist die Mauer zwischen diesen Welten fast komplett abgerissen. Für eine wachsende Anzahl von Investmentbankern, Maklern und kreativen Medienmenschen ist es im Berufsleben permanent unklar, wo Arbeit anfängt und wo Freizeit aufhört. Im modernen Großbritannien sind Komiker die letzten Kompetenzfiguren, und Komik ist heutzutage die Instinktreaktion auf all das, was zu groß, zu schlau oder zu einschüchternd sein mag.

Als ich nach England kam, hatte sich in der deutschen Presse allgemein die Ansicht verbreitet, dass die Briten ein Volk waren, dass auf tragische Weise in der Vergangenheit hängengeblieben war: Man war immer noch siegestrunken von der glorreichen Zeit des Zweiten Weltkriegs und scheinbar unfähig, einem Deutschen die Hand zu schütteln, ohne einen platten Nazi-Witz zu reißen. In gewisser Hinsicht stimmt all das, aber die ganze Wahrheit ist es trotzdem nicht. Auf ihre eigene Weise hat die britische Komik schon ihre eigene, bessere Antwort auf dieses Phänomen gefunden. In einer Folge der Comedy-Serie *Fawlty Towers* versucht John Cleese verzweifelt, keine Nazi-Witze zu reißen, als er eine Gruppe deutscher Gäste in seinem Hotel begrüßt. Trotzdem kann er nicht anders, als dem englischen Instinkt für schwarzen Humor und Wortspiel zu folgen: «That's two egg mayonnaise, a prawn Goebbels, a Herman Göring and four Colditz salads.» Basil Fawlty erinnert uns daran, dass deutsch-englische Beziehungen in der Nachkriegszeit nicht nur durch veränderte wirtschaftliche Zustände und unterschiedliche Vorstellungen über die Zukunft Europas beeinflusst wurden, sondern auch durch zunehmend unterschiedliche Vorstellungen davon, was witzig ist und was nicht.

sieben

**Kevin Keegan
überholt Berti Vogts**

Auf der Eintrittskarte sind zwei kämpfende Gockel mit buntem Federkleid abgebildet; der Vogel auf der linken Seite trägt Blau und Grün, der auf der linken Seite Rosarot. Neben den kämpfenden Hähnen steht in breiten Grotesk-Buchstaben: *Union Européene de Football Association. Roma. Stadio Olimpico. Coppa Finale Del Campioni*, das Finale des Europapokals. *FC Liverpool v Borussia Mönchengladbach*. Am Abend des 25. Mai 1977 versammeln sich in etwa 25 000 Fußballfans mit dieser Eintrittskarte in ihren Hosentaschen vor dem Römer Olympiastadion. Grob geschätzt kommen drei Viertel von ihnen aus Liverpool und der Merseyside-Gegend. Der Rest sind deutsche Fans und ansässige Italiener. Es ist ein heißer Sommerabend.

Im deutschen und englischen Fernsehen schaltet die Regie jetzt auf die Kameras im Stadion: Man sieht, wie die zwei Mannschaften sich am Mittelkreis versammeln. «Das ist Kevin Keegan mit der Nummer 7, Sie werden ihn erkennen, meine Damen und Herren», sagt Kommentator Rolf Kramer im WDR. «Keine Frage: Die deutschen Abwehrspieler haben Angst vor Kevin Keegan», stellt Barry Davies im britischen BBC fest und erinnert die Zuschauer kurz daran, dass der englische Stürmer gleich zweimal traf, als die beiden Mannschaften vor vier Jahren im Uefa-Pokal-Endspiel aufeinandertrafen. Liverpool gewann 3:0. Keegan ist nur 1,76 groß, aber er ist der größte Star des englischen Fußballs.

«Ich bin neugierig, ob Mönchengladbach Keegan einen Manndecker zuteilen wird», sagt Davies. «Und wenn ja, wem sie diese schwierige Aufgabe zutrauen.» Die Kamera beobachtet fragend die Spieler am Mittelkreis. Liverpools Spieler tragen rote Hemden, rote Hosen und rote Socken. Gladbach trägt ein weißes Trikot mit schwarz-grünen Streifen auf den Ärmeln und Shorts. Plötzlich bleibt die Kamera an einem blonden Spieler mit der Nummer 2 auf dem Hemd hängen: Sie hat ihr Ziel gefunden. «Und da ist Berti Vogts», sagt Kramer im WDR. Hans-Hubert Vogts, von allen nur Berti genannt, ist noch mal fünf Zentimeter kleiner als Keegan. In der deutschen Nationalmannschaft spielt Vogts Rechtsverteidiger, und heute Abend trägt er die Kapitänsbinde für Mönchengladbach. Vogts und Keegan stehen am Anstoßkreis, links und rechts von der Mittellinie. Kurz bevor der Schiedsrichter das Spiel um 19:45 Uhr anpfeift, zieht Vogts noch einmal am Saum seiner Shorts und zwinkert Kevin Keegan an. «Und los geht's!»

In der 27. Minute kommt Keegan auf der linken Flanke an den Ball. Vogts versucht, ihn zu stören, rutscht aber aus, Keegan dreht sich um die eigene Achse und sprintet gen Strafraum, täuscht einen Schuss an. Vogts ist wieder auf den Beinen, läuft aber wieder ins Leere, Keegan – «*Keegan*», ruft Davies verzückt – rollt sich den Ball mit der Sohle auf den anderen Fuß, überholt Vogts links und *schießt!* Nur Abstoß. «Das könnte für Vogts noch ein langer Abend werden», sagt Kramer. Zwei Minuten später schießt Terry McDermott das 1:0 für Liverpool, während Vogts am Spielfeldrand verträumt hinter Keegan hinterhertrabt. Kurz nach der Halbzeitpause gelingt Gladbach der Ausgleich, aber Liverpool stürmt weiter auf das deutsche Tor. In der 70. Minute grätscht Vogts Keegan im eigenen Strafraum um. «Kein Elfmeter, kein Elfmeter», fleht Kramer im WDR. Vogts steht auf und will über Keegans Körper hinwegspringen, wird aber zum Stolpern gebracht. Wird Keegan der Kragen platzen, wie es einst passierte, als er Leeds' Billy Bremner in einem Ligapokalspiel die Faust ins Gesicht schlug? Bevor die Kamera dem Ball in die gegnerische Hälfte folgt, sieht man, wie sich Vogts und Keegan wütend anstarren. In der 64. Minute schießt Liverpool das 2:1.

Eine Viertelstunde später passieren dann plötzlich mehrere Sachen auf einmal. Keegan hat den Ball. 20 Meter vorm Tor, rechts vom Anstoßkreis. «Keegan», sagt Kramer. Vogts zwischen ihm und dem Tor, Beine weit gespreizt wie John Wayne. Keegan versucht, den Ball links an Vogts vorbeizuspitzeln, beide Spieler rennen, drängeln, stoßen, greifen – «KEEGAN» – ziehen, kratzen. «DAS IST EIN FOUL.» – «ABER ER RENNT WEITER!» Vogts springt mit beiden Beinen ab, um doch noch an den Ball zu gelangen – auf der BBC schreit Davies wie verrückt. Keegan fällt. «UND DAS MUSS ELFMETER SEIN!» Kramers Stimme ist ein heiseres Röcheln. «AUF UND ähm ... SCHNELL, ähm ... BITTERE SEKUNDEN FÜR BERTI VOGTS UND DIE BORUSSIA!» Fotografen in Schlaghosen laufen an der Seitenauslinie entlang, um sich hinter dem Tor zu postieren. Liverpools Phil Neal legt sich den Ball vorsichtig auf dem Elfmeterpunkt zurecht, als handele es sich um ein prähistorisches Ei. Er atmet tief ein und läuft, nein, trabt an – und trifft. Nach dem Abpfiff boxt Keegan seine Fäuste in den heißen Himmel von Rom. Vogts schleicht mit hängenden Schultern vom Platz.

*

In dem Essay «Tiefes Spiel: Bemerkungen über den balinesischen Hahnenkampf» beschreibt der südafrikanische Anthropologe Clifford Geertz das, was passiert, wenn eine Nation eine außergewöhnliche Faszination mit einer Sportart entwickelt. Balinesische Männer, bemerkte Geertz während seines mehrjährigen Aufenthalts auf der Insel, waren «in Hähne vernarrt»: Sie waren so vom Hahnenkampf vereinnahmt, dass sie Stunden damit verbrachten, die Federn der Vögel zu kämmen, ihre Kämme zu stutzen, sie in zeremoniellen Tinkturen aus lauwarmem Wasser und heilenden Kräutern zu baden, und permanent mehr Geld in hochillegalen Wettkämpfen verwetteten, als sie es sich leisten konnten. Geertz beschrieb diese Beziehung zum Sport als «tiefes Spiel»: Hahnenkampf war nicht nur Freizeitaktivität, nicht nur Ablenkung vom Stress des Arbeitstages, sondern ein Symbol für all das, was den Balinesen wichtig war.

«Tiefes Spiel» beschreibt auch die Beziehung von Deutschen und Engländern zum Fußball sehr gut. Natürlich wird Fußball inzwischen überall auf der Welt gespielt, aber in kaum einem anderen Land spielt diese merkwürdige Sportart so eine wichtige Rolle im öffentlichen Leben wie in Deutschland und England. Als ich nach dem EM-Finale von 1996 in London ankam, war Fußball überall: im Fernsehen, im Radio, auf riesigen Werbetafeln, in Zeitungen, in Zeitschriften, selbst auf Bonbonverpackungen. «What's your team, then?» war die Frage, die meine ersten Unterhaltungen mit englischen Mitschülern ermöglichte. «And, did you watch Arsenal / Spurs / ManU / England last night?» ist immer noch Kettenöl, das den reibungslosen Ablauf jedes Büros ermöglichte, in dem ich seitdem in England gearbeitet habe. So einen hohen Stellenwert hat Fußball in diesen Ländern, dass es Politikern möglich war, die Schuld für verlorene Wahlkämpfe auf einzelne Länderspiele zu schieben, wie Harold Wilson es nach seinem Verlust im Jahre 1970 tat (vier Tage vor dem Wahlgang hatte England im WM-Viertelfinale 2:3 verloren – gegen Deutschland). So wichtig ist Fußball, dass Politiker selbst bei relativ unwichtigen Qualifikationsspielen unbedingt beim Händeschütteln mit den Torschützen fotografiert werden mussten, wie Angela Merkel nach einem 3:0 gegen die Türkei 2010.

Wenigstens in dieser Hinsicht sind Deutschland und England europäische Spitze. Italien, Spanien und Holland mögen ihre eigenen Fußballtriumphe und -träume haben; historisch gesehen ist ihr Interesse an dem Sport jedoch noch relativ neu. An englischen Privatschulen wird Fußball schon seit dem 19. Jahrhundert gespielt, während Deutschland den Sport bereits seit den Zwanzigern sehr ernst nimmt und immerhin schon 1954 seinen ersten Weltmeistertitel feiern durfte. Mythologische Momente wie die «Hand Gottes», das «Wunder von Bern» oder das «Wembley-Tor» sind so fest im nationalen Bewusstsein verankert, dass sie sich so schnell nicht löschen lassen. Unter französischen Intellektuellen und baskischen Separatisten mag es immer noch als modisch gelten, Desinteresse am Länderspiel der Nationalmannschaft zu bekunden – in Deutschland und England der post-*Fever-Pitch*-Ära wäre dies inakzeptabel. König Fußball regiert das Land.

Geertz machte noch weitere Beobachtungen. Er bemerkte, dass «tiefes Spiel» noch viel tiefer ging, wenn mehrere ehrenwerte und hochgeschätzte Bürger an dem Spiel teilnahmen. Je teurer und aufgetakelter die Hähne, desto höher der Geldstapel auf dem Tisch. Anders gesagt: Wenn sich die Wettteilnehmer ebenbürtig waren, hatte der Gewinner mehr zu gewinnen und der Verlierer mehr zu verlieren. Ähnlich verhält es sich mit Länderspielen zwischen England und Deutschland oder Spielen zwischen englischen und deutschen Klubmannschaften: Sie sind nie nur einfache Fußballspiele, sondern ernste diplomatische Angelegenheiten, in denen nichts weniger als die Ehre eines Landes auf dem Tisch steht.

Ein anderer Grund, weshalb wir Deutschland gegen England so ernst nehmen, ist, dass wir gar nicht anders können, als das Endresultat als ein unabhängiges Urteil über unsere verschiedenen kulturellen Werte zu empfinden. Es ist nicht nur wichtig, dass man gewinnt, sondern auch wie. Das Europapokalfinale von 1977 zum Beispiel war nicht nur ein Duell zwischen zwei Fußballklubs, sondern auch eine Gegenüberstellung von zwei komplett unterschiedlichen Fußballphilosophien. Wohl kein anderer englischer Fußballer der Generation Kevin Keegans war mit Qualitäten ausgestattet, die so perfekt zu jenem Spiel passten, das sich oft «Kick and Rush» schimpft. Technisch ansehnlich, wenn auch nicht außergewöhnlich versiert war sein überzeugendstes Talent seine Schnelligkeit. Keegan war nicht schnell in dem Sinne, dass er ein schneller Sprinter war – er war auch ein schneller Denker mit dem Ball. Ein typisches Keegan-Tor begann irgendwo an der Seitenauslinie oder am Mittelkreis mit einem hohen, langen Ball, der dann von Keegans größerem Sturmpartner – bei Liverpool war das meist der 1,85 große John Toshack – in den Pfad des Lockenkopfs aus Doncaster geköpft wurde, welcher ihn mit einem Volley, mit dem Kopf, der Picke oder einem Knie ins Netz wuchtete. Wo andere Spieler lieber den Ball kontrollierten und zur Seite passten, probierte Keegan es mit einem Tunnel, Hackentrick oder Fallrückzieher. Mochte der Trick auch bei neun von zehn Versuchen schiefgehen: Beim zehnten Versuch gelang dem kleinen Kevin immer mal wieder ein kleines Zauberstück. Kevin Keegan konnte aus den unmöglichsten Situationen Torchancen improvisieren; «he thinks on his feet», sagt man im Englischen gerne von solchen Spielern: Er denkt auf seinen Füßen. Und nichts demonstrierte Keegans Talent fürs Fußdenken so gut wie jenes Hasch-mich-Spiel mit Berti Vogts. Mein Lieblingstreffer in einer Galerie von 225 Karrieretoren ist sein erster Treffer in dem anderen Europapokalfinale gegen Mönchengladbach, im Jahr 1973: ein Flugkopfball, bei dem Keegan den Ball aus einem so absurden Winkel trifft, dass er den deutschen Torhüter damit total überrascht. Es ist ein Tor, das man nie so hätte planen können: ein Produkt puren Instinkts.

Bauchentscheidungen blieben auch außerhalb des Platzes Keegans Markenzeichen. Als er sich 1979 entschloss, einen Popsong aufzunehmen, gab er dem Lied den Titel «Head over Heels in Love». Konnte ein Kevin Keegan sich auf irgendeine andere Art und Weise verlieben als Hals über Kopf? Eine kurze Karriere als englischer Nationaltrainer fand ein abruptes Ende, als Keegan sich auf der Toilette in der Halbzeitpause spontan entschied, dass er «dem Job einfach nicht gewachsen war». Da es sich dabei um ein Länderspiel gegen Deutschland handelte und England dieses Spiel 0:1 verlor, hielt sich das Verständnis für Keegans Entscheidung in Grenzen. Zu dem Zeitpunkt, als ich versuchte, für dieses Buch ein Interview mit Keegan zu organisieren, hatte er sich vollkommen aus dem Profisport zurückgezogen und verwaltete angeblich eine Art Fußball-Erlebniswelt in Glasgow, den sogenannten «Football Circus». Nachdem ich tagelang vergeblich versucht hatte, Pressesprechern seiner diversen Exklubs eine Nummer zu entlocken, tippte ich im Frust einfach seinen Namen in das Google-Suchfenster und wählte die erste Nummer, die auf meinem Bildschirm erschien. Ein Mann antwortete.

«Ich würde gerne mit Ihrer Pressestelle sprechen», sagte ich.

«Da ist gerade niemand da, worum geht's denn?»

«Ich würde mich gerne erkundigen, wie man durch Sie am besten Kevin Keegan kontaktieren würde.»

«Sie sprechen mit ihm. Was wollen Sie?»

Ein paar Sekunden lang war ich vor Schock wie gelähmt. Nachdem ich mich wieder gefasst hatte, fragte ich höflich, ob er bereit wäre, mir ein Interview zu geben.

«Das klingt nach Aufwand, und im Augenblick habe ich keinen Bock auf Aufwand, weil ich mich auf mein Geschäft konzentrieren muss. Lass uns im Dezember reden.» Und damit legte er auf.

Das war alles typisch Keegan: eine unorthodoxe, erfrischende Direktheit, gepaart mit einer frustrierenden Tendenz zum kurzfristigen Denken. Denn als der Dezember endlich kam, hatte Keegan längst aufgehört, «sich auf sein Geschäft zu konzentrieren». Den Soccer Circus hatte Keegan wieder fallengelassen, um stattdessen mal wieder für ein paar Monate bei Newcastle United anzuheuern.

Berti Vogts' Profil war anders. Die meisten Profifußballer haben innerhalb ihrer Mannschaft einen Spitznamen. Wenn so ein Spitzname von der Öffentlichkeit aufgegriffen wird, dann meist deshalb, weil er irgendeine Qualität dieses Spielers auf den Punkt bringt. So wurde zum Beispiel aus dem kleinen, wuseligen Keegan «Mighty Mouse». Den ähnlich schnellen Argentinier Alfredo di Stéfano kannte man als *Saeta Rubia*, den «blonden Pfeil». Gerd Müllers verheerende Wirkung in der gegnerischen Hälfte verhalf ihm zu dem Spitznamen «der Bomber»; Franz Beckenbauers staatsmännische Körperhaltung brachte ihm den «Kaiser» ein. Berti Vogts war aber immer nur «der Terrier». Kein meisterliches Dribbling, kein klarsichtiger Pass, kein dramatisches Tor verlieh ihm seinen Namen, sondern eine karrierelange Hingabe an das Wadenbeißen. Dies soll auf keinen Fall bedeuten, dass sein Wert für eine Mannschaft zu unterschätzen sei. Aber dieser Wert lag weniger darin, dass Berti etwas Positives für sein Team brachte, als dass er die gegnerische Mannschaft Stück für Stück ihrer Energie beraubte. In seinem besten Spiel, dem WM-Finale gegen Holland im Jahr 1974, trat er seinem Gegenspieler Johan Cruyff so lange in die Hacken, bis dessen Siegeswillen komplett erloschen war.

Fußballer wie Keegan, Cruyff und Beckenbauer werden im Englischen oft als «naturals» bezeichnet, als «natürliche Fußballer», weil es ihnen gelingt, selbst die schwierigsten Tricks einfach erscheinen zu lassen. Bei Berti Vogts handelte es sich um das Gegenteil: Wenn Berti den Ball hatte, sahen selbst die einfachsten Dinge unglaublich kompliziert aus. Seine Schultern erschienen gedrungen, sein Kopf nach vorne gedrückt, als schiebe er einen Pflug durch tiefe Erde. Jeder Sprint, jeder Grätsche kam daher als Ausdruck puren Willens, nicht als eine Gabe der Natur. «Wenn ich so Fußball spielen würde wie Berti Vogts», sagte der ehemalige Naturfußballer Klaus Toppmöller einst, «würde ich meine Schuhe verbrennen.» Inwiefern Vogts an seiner eigenen Legende mitgewirkt hat, ob er sich vielleicht in seiner Rolle unwohl fühlte, ist nicht klar. Fest steht allerdings, dass Vogts nach Ende seiner Spielerkarriere kurze Zeit versuchte, sein Image zu ändern. 1999 nahm er eine Gastrolle im *Tatort* an: Dem Drehbuch zufolge sollte er einen freundlichen Nachbarn spielen, der ein entlaufenes Kaninchen in das Haus des Hauptdarstellers zurückbringt und dabei auf einen offenen Gashahn in der Küche aufmerksam macht – Berti rettet dadurch einer jungen Familie das Leben. Es lohnt sich, diesen Kurzauftritt bei YouTube zu bewundern, alleine für den Moment, in dem Vogts so tun muss, als ob er das ausdringende Gas rieche. In diesem Moment wird klar, dass dem Menschen Berti Vogts die Leichtigkeit in seiner Seele fehlt, um ein Schauspieler zu sein. Der Ausdruck auf seinem Gesicht ist der eines bitter enttäuschten Abwehrchefs, dessen Mitspieler gerade die Abseitsfalle verpennt haben. Eine Sekunde hat man Angst, bei Berti würde gleich der Faden reißen und das Kaninchen mit einem Dropkick durchs Wohnzimmerfenster befördert werden.

Die individuellen Eigenschaften von Berti Vogts und Kevin Keegan sagen vielleicht weniger über unveränderliche nationale Eigenschaften aus als über die Strategien und Taktiken ihrer Mannschaften. Keegans Schnelligkeit und Kühnheit triumphierten deshalb über Vogts Arbeitsethos, weil Mönchengladbach die «Spiel als Arbeit»-Mentalität übertrieben hatte. Wer gegen eine Mannschaft aus manndeckenden Terriern spielte, musste sich einfach darauf konzentrieren, kreative Löcher im deutschen System zu finden. In einem Interview erklärte der englische Stürmer später, «in England gewinnt man Spiele im Mittelfeld. Den Deutschen ist das Mittelfeld egal. Die lassen hinten einen extra Spieler stehen, den Libero, und der Rest der Abwehr macht Manndeckung. Wenn man es also schafft, in der eigenen Hälfte einen Zweikampf zu gewinnen, hat man plötzlich 50 Meter freie Bahn, bevor man auf den nächsten Gegenspieler trifft.»

Der englische Fußball hatte sich zu diesem Zeitpunkt darauf spezialisiert, solche Freiräume so gut wie möglich zu nutzen. Die Theorie des «Kick and Rush», auch «the long-ball game» genannt, wurde ursprünglich in den Fünfzigern von dem pensionierten Royal-Air-Force-Kommandanten Charles Reep entwickelt. Reep besaß ein Faible für Statistiken: Beim Studieren von Hunderten Partien war ihm aufgefallen, dass den meisten erzielten Toren, ganzen 80 Prozent, nur drei oder weniger Pässe vorausgegangen waren. Filigrane Ballbehandlung wurde überbewertet, meinte Reep: Was nützte es denn, dass ein Spieler den Ball mit der Fußsohle stoppen konnte, wenn er sich nicht im Strafraum befand? Die Rolle von Zufall andererseits wurde tendenziell unterschätzt. Natürlich kam ein langer, hoher Ball immer mit einem gewissen Risiko; der Ball konnte verspringen oder bei einer ungenauen Flanke gleich beim Gegner landen und einen Konter einleiten. Falls er aber da landete, wo er landen sollte, entstand daraus mit relativ hoher Wahrscheinlichkeit eine Torchance: Das Spiel der Prozente fand dann dort statt, wo es auch einen Unterschied machen konnte. Jede kluge Mannschaft, so Reep, sollte sich deshalb darauf konzentrieren, den Ball so schnell und direkt wie möglich in die gegnerische Hälfte zu befördern: Drei Pässe, so berechnete Reep es, sollten dafür reichen. Auf gewisse Weise war die Kick-and-Rush-Philosophie ein weiterer Ausdruck des klassischen britischen No-Nonsense-Empirismus.

Nicht nur bei Fußballern, sondern auch in Trainerkreisen genoss das «long-ball game» wachsende Anerkennung. Unter anderem ein gewisser Charles Hughes entpuppte sich als großer Verehrer Reeps. Hughes war niemand Geringerer als der Direktor für Fußballtraining des englischen Fußballbunds, und unter seiner Leitung entwickelten im Laufe der Siebziger immer mehr britische Mannschaften eine Vorliebe für den schnellen, überhasteten Ball in die Spitze. Heutzutage ist «Kick and Rush» auch in England eher ein Schimpfwort für Mannschaften mit technischen Defiziten. Trotzdem: Die Grundidee des «long-ball game» hat die DNA des englischen Fußballs nie verlassen. Man muss nicht nur Spiele in den unteren Ligen der Insel besuchen, um Sprüche wie «throw the ball into the mixer», «play the percentage game» oder die Schlachtrufe «Hoof it!» oder «Get rid!» zu hören. Selbst im Sommer 2012 behaupteten mehrere englische Journalisten, folgende Worte im Trainingslager der englischen Nationalmannschaft gehört zu haben: «Ihr müsst keine kurzen Pässe spielen … macht von dem langen Kerl im Sturm Gebrauch.» Jeder, der sich einmal ein englisches Länderspiel in einer englischen Kneipe angeschaut hat, weiß, dass bei einer drohenden Niederlage spätestens Mitte der zweiten Halbzeit der gesamte Pub verlangen wird, dass jemand doch bitte endlich mal eine lange Flanke auf den Kopf von dem langen Lulatsch im Sturm befördern solle. Im Stadion gilt diese Regel sowieso. So leicht lässt sich das «long-ball game» nicht mehr austreiben.

Zufall gehört freilich zu jedem Fußballspiel dazu. Aber die

einschlagenden Kick-and-Rush-Thesen des Kommandanten Charles Reep klangen auch in der allgemeinen Psychologie Englands an. Eine Kurzgeschichte des argentinischen Autors Jorge Luis Borges hilft dabei, diesen Mentalitätswechsel zu erläutern. «Die babylonische Lotterie» handelt von einem Lottospiel, welches dem Leser auf den ersten Blick noch bekannt vorkommen mag: Die Ziehung der Lottozahlen findet mittags statt, die glücklichen Gewinner bekommen silberne Taler. Im Lauf der Jahre verändern sich die Regeln des Lottospiels allerdings. Wer Pech hat, der «gewinnt» mit den richtigen Zahlen keinen Preis, sondern eine Strafe. Die Art dieser Strafe – ob Geldbuße, Stiche mit dem heißen Eisen oder öffentliche Hinrichtung – wird schließlich auch durch eine Lotterie ermittelt. Irgendwann entwickelt jemand eine Lotterie, durch die die Identität des Henkers entschieden wird. Bald schon gibt es in Babylon Lottospiele für die allerwichtigsten und trivialsten Entscheidungen des öffentlichen Lebens, von Staatsbeschlüssen bis darüber, ob «ein Sandkorn von unzähligen Sandkörnern an einem Strand entnommen (oder dazugelegt) wird». Man könnte Borges' Geschichte als ein Gedankenspiel darüber bezeichnen, was wohl die nächste Phase nach Geertz' «tiefem Spiel» sein mag. Letztendlich beschreibt der Text das Einsickern der Spielidee in jeden Aspekt der Gesellschaft. «Die Lotterie», schreibt Borges, «ist die Einschaltung von Zufall in die Weltenordnung, und Fehler zu akzeptieren heißt nicht, dem Schicksal zu widersprechen, sondern es zu bestätigen.»

Indem er den Ausgang von Spielen an einer Strategie festmachte, in der Zufall eine zentrale Rolle spielte, schickte Reep den englischen Fußball auf einem unsicheren Pfad in die Zukunft. Risiko und Zufall spielen im englischen Sport eine zentralere Rolle als im Deutschen. Eine Tatsache, die auf diesen Zustand hinweist, ist die enorm große Wettindustrie, die sich in Großbritannien mit jedem Sport paart. Ich weiß noch genau, wie verwirrt ich war, als ich die schier unglaubliche Anzahl von Läden auf meinem Schulweg bemerkte, in deren Schaufenstern nur ein Schild mit phantasievollen Fußballresultaten hing (z. B. «Wales 4 – Brasilien 1»). Erst später lernte ich, dass es sich dabei um Wettbüros handelte. In deutschen Städten findet man diese normalerweise in den Gegenden um den Hauptbahnhof oder in Rotlichtbezirken – in England standen sie meist mitten in den Einkaufsstraßen. Gewettet wird hier nicht auf Sport, sondern auf alles Denkbare: Ob es zu Weihnachten schneien wird, ob während der Eröffnungszeremonie für die Olympischen Spiele ein Ufo über dem Stadion erscheint, ob Joanne K. Rowling den Nobelpreis für Literatur gewinnt, welches Lied bei Williams und Kates Hochzeitstanz spielt. Dazu kommt, dass es in Großbritannien keineswegs nur in den unteren Gesellschaftsschichten Tradition ist, den Buchmachern oder «bookies» einen regelmäßigen Besuch abzustatten. Vor ein paar Jahren traf ich auf einer Party zufällig einen alten Kommilitonen von mir, mit dem ich damals zusammen in der Redaktion der Uni-Zeitung gearbeitet hatte. In unserem kleinen Büro hatte er unter anderem durch seinen altmodisch-exzentrischen Kleidungsstil (Tweed-Jacke, Fliege, Seidenblazer) und sein Faible für esoterisch-klassizistische Themen auf sich aufmerksam gemacht. Als ich ihn also fragte, was er denn jetzt so treibe, meinte er nur: «Ach, hauptsächlich professionelles Glücksspiel.» Innerlich auf englischen Humor eingestellt, dachte ich, es handelte sich dabei um einen Scherz, und lachte. Der junge Mann mit der Fliege guckte mich verwundert an: Glücksspiel war für ihn eine ernste Angelegenheit.

Wie in Borges' babylonischer Lotterie erscheint es manchmal, als habe das Glücksspiel den englischen Fußball längst mit seiner Logik infiziert. Natürlich spiegelt sich diese Mentalität in den hohen Summen wider, die englische Klubs auf dem Transfermarkt investieren. Aber auch im Spiel selbst spielt

Zufall weiter eine wichtige Rolle: Nur im englischen Fußball hört man Kommentatoren von einem sogenannten «fifty-fifty tackle» sprechen, einem Tackling also, in dem die Chancen des Spielers, den Ball oder den Körper des Gegenspielers zu treffen, ziemlich ausgewogen waren. Ein «fifty-fifty» wird von vielen Kommentatoren durchaus positiv bewertet, als Zeichen von Leidenschaft und Hingabe. Dass sich ein verantwortungsbewusster Profifußballer eine Grätsche vielleicht zweimal überlegen sollte, wenn dabei eine 50-prozentige Chance besteht, dass sein Gegenspieler danach im Krankenhaus landet – davon habe ich so manchen erwachsenen Briten vergeblich zu überzeugen versucht. Fußball war halt «fifty-fifty», Zufall eben.

Das Zufallsdenken im englischen Fußball erzeugt allerdings auch Probleme, und nirgends offenbaren sich diese Probleme so eindeutig wie beim Elfmeterschießen. Man muss dazu gar nicht erst erwähnen, dass England in fünf der letzten zehn internationalen Turniere durch verschossene Elfmeter ausgeschieden ist; dass sie mit einer Erfolgsquote von 17 Prozent schlechter als alle anderen größeren Nationen abschneiden; dass Deutschlands Erfolgsquote in dieser Disziplin bei 71 Prozent liegt und die deutsche Nationalmannschaft seit 1974 kein Elfmeterschießen mehr verloren hat. Man braucht hier kein Team promovierter Statistiker, um eine grobe Tendenz zu erkennen. Trotzdem halten viele renommierte englische Journalisten weiterhin an der Weisheit fest, Elfmeterschießen sei «eine Mischung aus russischem Roulette und der Schießerei am O.K. Corral», wie ein Leitartikel in der *Times* es behauptete, nachdem England 1996 gegen Deutschland verlor. Nach einem weiteren verlorenen Elfmeterschießen im Jahr 1990 stand in derselben Zeitung, England hätte «auf unschuldige Art und Weise kein Fußballspiel verloren, sondern eine Lotterie». Anders als im Deutschen gibt es im Englischen kein Wort, dass so wenig psychologisch vorbelastet ist wie der «Elfmeter»: Mit dem «penalty» schwingt immer auch der Sinn einer Strafe für verpasste Chancen mit. In dem Sinne empfand die *Times* es auch, als sie behauptete: «Elfmeter sind schon immer eine bizarre Art von Strafe gewesen, da die Entfernung zum Tor so kurz ist, dass das Erzielen eines Treffers eher Zufall ist als Können.» Zu kurz? Ging es um Elfmeter, musste man nach der berühmten englischen Logik lange suchen. Sollte ein Freistoßtreffer von der Mittellinie Können sein, während ein erzielter Elfmeter reiner Zufall war? Folgt man derselben Logik beim Golfspiel, dann wäre also ein Put auf dem Green Glückssache, während der Birdie vom Abschlag kalkulierbar sei. Der ehemalige Sportminister Tony Banks schlug sogar vor, man solle Spiele nicht mit Elfmetern entscheiden, sondern mit einem einfachen Münzenwurf: einer echten Lotterie also anstatt einer versteckten.

Interessanterweise spiegeln die Veränderungen in der englischen Fußballpsyche ähnliche Entwicklungen in der britischen Wirtschaft wieder. Vor nicht allzu langer Zeit stand der britische Staat dem Glücksspiel teilweise skeptischer gegenüber als die Deutschen, über deren Würfelleidenschaft einst schon Tacitus lästerte. Ramsay MacDonald, der erste Labour-Premierminister des Vereinigten Königreichs, war noch der Überzeugung, «dass die Gefahren des Glücksspiels die Freude am Spiel übertreffen» und dass Wetten «einen Seelenzustand erzeuge, in dem Schicksal, Glück, Zufall und das Irrationale zu viel Bedeutung erlangen». Erst im Jahre 1960 legalisierte der «Betting and Gaming Act» den Betrieb von Wettbüros. Selbst Margaret Thatcher war noch der Meinung, das Prinzip, dass harte Arbeit zu Erfolg führen solle, ließe sich nicht mit Glücksspiel vereinen. «Durch Glücksspiel wird niemand der Armut entkommen», lautet ein von ihr überlieferter Spruch.

Umso ironischer ist es deshalb, dass Thatchers Politik erwirkte, dass der durchschnittliche Brite schon bald kaum durchs Leben gehen konnte, ohne sich an irgendeiner Art von Glücksspiel zu beteiligen. Am 26. Oktober änderte Thatchers Regierung die Regelung des Londoner Stock Exchange, sodass Makler ab sofort mit elektronischen Mitteln rasanter und riskanter handeln konnten. Dank dem sogenannten «Big Bang» in der City konnten Hedge-Fonds-Manager einfacher auf dem Börsenmarkt wetten. Wer beim Spiel mit den Aktien viel Geld machte, der investierte in den Londoner Immobilienmarkt: Auch dies eine Art Glücksspiel, bei dem der Werteanstieg oder -abfall eines erstandenen Grundstücks oft vom unberechenbaren Strom des Wandels der Hauptstadt abhing. So kann es zum Beispiel passieren, dass man mit einer Wohnung auf der einen Seite einer beliebigen Londoner Straße eine bessere Versorgung durch den staatlichen Gesundheitsdienst erhält oder sich eher für einen Platz an einer naheliegenden Schule bewerben kann als mit Wohnsitz auf der gegenüberliegenden Seite. Da viele öffentliche Dienste durch das relativ willkürlich verteilte Postleitzahlensystem organisiert werden, spricht man auch von der «Postcode Lottery».

Innerhalb der Achtziger gewöhnte man sich in Großbritannien überraschend schnell an den Gedanken, dass ein Mensch seinen Lebensunterhalt nicht nur erarbeiten, sondern auch erspielen konnte. Thatchers Nachfolger John Major behauptete zwar, er sei dem Thema Glücksspiel «moralisch neutral» gewogen, ging mit seiner Neutralität jedoch so weit, das er dem Spielprinzip im öffentlichen Leben ein neues Denkmal setzte: 1994 gründete er die «National Lottery», Großbritanniens erste Nationallotterie. Ob die National Lottery ein progressiver Geniestreich war, durch dessen Gewinne sich heutzutage noch Amateursport und kulturelle Einrichtungen fördern lassen, oder eine hinterlistige Besteuerung der Unterschicht, verpackt in ein falsches Versprechen plötzlichen Reichtums, darüber kann man lange streiten. Wenig Zweifel sollte darüber bestehen, dass die Labour-Regierung, die Major ablöste, dessen Neutralität in einen reinen Glücksspielwahn trieb. Kein Zitat versinnbildlicht diese geistige Wende mehr als ein Satz des Wirtschaftsministers Peter Mandelson, der meinte, er sei «äußerst entspannt angesichts der Vorstellung, dass einige Leute hier saureich werden» – ob durch riskante Transaktionen in der City oder durch das Tippen auf das richtige Pferd im Rennen. Während man sich in Frankreich und Amerika nach der Jahrhundertwende intensiv damit beschäftigte, wie man Online-Glücksspiel regulieren könnte, erschien es so, als wollten britische Politiker die Ausbreitung von Wettanbietern im Netz noch ermutigen. Die Ministerin Tessa Jowell entwickelte Pläne für ein «Super-Kasino», und ein der Presse zugespielter Brief des Sportministers Richard Caborn an den Geschäftsführer der Online-Wettfirma Betfair verriet, dass «es eine regierungsübergreifende politische Linie sei [...], dass Großbritannien eine weltführende Position im Bereich Online-Glückspiel erreichen solle, damit unsere Bürger die Gelegenheit haben, ihre Wetten in einem sicheren, gut regulierten Umfeld abzuschließen». Im Jahr 2006 wurden in Großbritannien ganze 80 Milliarden Pfund beim Glücksspiel ausgegeben. Die Lotterie schien nicht nur zum perfekten Symbol für die englische Angst vor dem Elfmeterschießen geworden sein, sondern auch dafür, wie das Land funktionierte.

Komischerweise kann ich mich an keinen deutschen Trainer, Kommentator oder Spieler erinnern, der Elfmeter jemals als «puren Zufall» beschrieben hat. Erneut scheint die deutsche Wortwahl etwas über die Psychologie dieses Aspekts des Fußballspiels zu sagen. «Wenn man ein neues Wort lernt», so meinte Christopher Isherwood einst, «dann darf man sich nie sagen, etwas *heißt* etwas. ‹A table› *heißt* nicht ‹ein Tisch›.

Die beiden Dinge sind grundverschieden, da sie von zwei verschiedenen Nationen mit unterschiedlichen Kulturen ausgedacht wurden.» So gibt es im Deutschen nicht nur zwei unterschiedliche Equivalente für das englische Konzept «luck», nämlich Zufall und Glück, sondern auch ein separates Wort für das Gegenteil von Glück, Pech, was der Brite nur durch «bad luck», schlechtes Glück, zu definieren weiß – ein Indiz, vielleicht, für eine grundlegende Skepsis in der deutschen Kultur gegenüber dem reinen Zufall. Auch der deutsche Ausdruck «Elfmeter» verrät viel: Fehlt hier doch nicht nur das strafende Element, sondern deutet der Begriff an, dass das Elfmeterschießen eine eigene sportliche Disziplin sei, vielleicht dem Hundertmeterlauf ähnlich, die immer noch zu dem Spiel an sich gehöre: relativ machbar, eine Routineaufgabe, eben nur elf Meter. Das deutsche Elfmeterkonzept erfordert Talent, ist aber durchaus erlernbar und verlangt Charakterstärke: Ein verschossener Elfmeter lässt sich nicht durch die Ausrede entschuldigen, dies sei ja nur Glückssache.

Man könnte durchaus behaupten, das Elfmeterschießen sei die deutscheste Phase einer Fußballpartie überhaupt. So war doch die Lieblingsleibesübung der deutschen Nationalisten aus dem 19. Jahrhundert nicht das Fußballspiel, sondern die Gymnastik. Turnen, meinte Turnvater Jahn, hatte nämlich ganz und gar nichts mit dem englischen Verb «to turn» zu tun, sondern vielmehr mit dem altdeutschen *Torna* oder *Turna*, dem Kampf. Anders als beim englischen Sport ging es beim deutschen Turnen nicht um einzelne Wettbewerbe oder Rekorde, sondern um fortwährende Prüfung. Bei Jahns Turnveranstaltungen führte man stets ein sogenanntes «Kontrollbuch», in dem der Fortschritt der Athleten aufgenommen wurde: Dies bedeutete wiederum, dass kein Aspekt der Leibesübung unwichtig oder unbewertet blieb. Als man ursprünglich anfing, in deutschen Landen am Fußball Gefallen zu finden, wurde dies von den Turnern aufs schärfste kritisiert: Es handele sich hierbei um eine «undeutsche» Freizeitbeschäftigung, eine «englische Krankheit», die Verletzungen und «affenartige» Körperhaltung verursachte. So schrieb der Turner Karl Planck in einem Buch aus dem Jahr 1898 mit dem Titel *Fusslümmelei*. Wenn es auch weder Planck noch Jahn gelang, die Ausbreitung der «englischen Krankheit» zu stoppen, so wurde der Fußball doch auf eigene Art eingedeutscht, als er in Deutschland Fuß fasste: Es wurde daraus ein Sport, in dem es nicht nur um Geschwindigkeit, Spaß und Zufall ging, sondern eben auch um ständige Kontrolle und Selbstbeherrschung.

Im Großen und Ganzen hat sich diese Einstellung für deutsche Fußballer bewährt. Bis in die späten Sechziger dominierte England noch deutsch-englische Duelle und genoss im Weltfußball allgemein eine Favoritenrolle. Deutschland gegen England war vor nicht allzu langer Zeit eine so einseitige Angelegenheit, dass es sich ein selbstsicherer Reporter der *Sun* vor dem WM-Endspiel 1966 noch leisten konnte zu schreiben, dass England «noch nie gegen Deutschland verloren hat – selbst beim Fußball nicht». Aber nicht lange nachdem der VW-Käfer den Mini von Alec Issigonis überholte, zogen auch deutsche Fußballer an ihren englischen Gegenspielern vorbei. Berti Vogts' «Spiel als Kampf»-Philosophie trug ihren Teil dazu bei. 1968, ein Jahr nachdem der Terrier sein Debüt für die deutsche Nationalmannschaft gab, konnte sich sein Team zu einem qualvollen 1:0 gegen eine lustlose englische Elf durchringen. Was damals als ein unwichtiges Freundschaftsspiel erschien, stellte sich schon bald als Wendepunkt heraus. Seit jenem Duell hat Deutschland dreizehnmal gegen England gewonnen und nur fünf Spiele verloren – eine so verheerende Bilanz, dass der Stürmer Gary Lineker einst das Verlieren gegen die Deutschen zum universellen Gesetz erklärte: «Fußball ist ein einfaches Spiel: 22 Männer laufen neunzig Minuten einem Ball nach, und am Ende gewinnen die Deutschen.»

Als Berti Vogts 1991 zum Bundestrainer avancierte, erlebte auch das Turnerethos ein Revival in Deutschland. Vogts' Nationalteams spielten dann am besten, wenn sie sich auf dem Platz nicht nur als ein Ensemble aus Einzelgängern zeigten, sondern als echte Mannschaft, die für- und miteinander arbeitete. «Die Mannschaft ist der Star», sagte Berti und verließ sich so bei der EM 1996 nicht auf Diven wie Lothar Matthäus oder Stefan Effenberg, sondern auf selbstlose Kollektivisten wie Dieter Eilts oder Marco Bode. Bertis Mannschaften legten stets Wert auf kontrolliertes Spiel, auch wenn dies bedeutete, dass der Ball öfter mal vom Stürmer zurück ins Mittelfeld gespielt wurde, vom Mittelfeld zurück in die Verteidigung und vom Verteidiger zurück zum Torwart – selbstverständlich mit dem Innenspann, damit der Ball nicht versprang.

Bertis Mannschaften spielten auch durchaus erfolgreich. Unter Vogts' Anweisungen gewann Deutschland drei Trophäen: War er beim WM-Titel von 1990 noch Trainerassistent, so trug er beim EM-Gewinn 1996 und dem eher unwichtigen US-Cup von 1993 die alleinige Verantwortung für die deutschen Erfolge. Nur unter Helmut Schön erspielte Deutschland mehr Siege; nur unter Jogi Löw hatte Deutschland einen besseren Punkte-pro-Spiel-Durchschnitt als unter Berti. Die Ironie dabei ist: Obwohl Deutschland auf seine deutsche Art und Weise wahnsinnig erfolgreich war, schloss Deutschland Berti nie richtig in sein Herz. Seinen Mannschaften schien es oftmals weniger um das Gewinnen zu gehen als darum, die gegnerische Mannschaft vom Gewinnen abzuhalten. Sich deutsche Spiele in den Neunzigern anzugucken war nicht einfach: Wir freuten uns, wenn der Ball im Tor zappelte, und wir schämten uns, wenn wir die Spieler beim Jubeln sahen. Waren das nicht die hässlichen Deutschen, von denen man im Ausland sprach?

Es lohnt sich, zur Erklärung dieses Phänomens noch einmal zu Clifford Geertz zurückzukehren. Ein nationaler Sportkult, so meint Geertz, bedeutet keineswegs, dass sich das ganze Land mit diesem Sport identifiziert. Im Gegenteil: Die Männer Balis sind gerade deswegen vom Hahnenkampf fasziniert, weil in ihrem Land ein soziales Tabu um tierähnliches Verhalten herrscht. Balinesische Babys zum Beispiel werden schon dazu erzogen, nicht auf dem Boden zu krabbeln; Bestialität wird gesetzlich härter bestraft als Inzest. Und überhaupt ist Hahnenkampf in Bali vollkommen illegal. Dadurch, dass er sich mit dem Hahn identifiziert, identifiziert sich der balinesische Mann nicht mit seinem idealen Selbst und auch nicht mit seinem Penis (das englische Wort für Hahn, «cock», ist nicht zufälligerweise eine umgangssprachliche Bezeichnung für das männliche Geschlecht), sondern mit der Sache, die er mehr als alles andere verabscheut. Zum Glück gibt es im Deutschen ein schönes Wort für diese komplizierte psychologische Wechselwirkung: Siegesscham. Und Berti Vogts stand für Siegesscham wie kein anderer Fußballer vor ihm: Er bildete die perfekte Oberfläche, wie Roger Willemsen einmal sagte, auf die die Deutschen alles projizieren konnten, was sie an sich selber hassten.

Vielleicht liegt hier der Grund, weshalb ich mich nie für Fußball begeistern konnte, bevor ich nach England zog: der Verdacht, dass dieser Sport immer nur ein schlecht verpacktes Symbol für etwas viel Ernsteres war. Winston Churchill soll einmal gesagt haben, Italiener verlören Kriege so, als wären sie Fußballspiele, und Fußballspiele, als handelte es sich bei ihnen um Krieg. Kämpften die Deutschen ihren Fußball nicht so, als wäre es Krieg? Sepp Herberger, Vater des ersten deutschen WM-Titels und ehemaliges NSDAP-Mitglied, schrieb einst: «Ein guter Sportler ist auch ein guter Soldat.» Vielleicht hatten all die englischen Boulevardzeitungen mit ihren Schlagzeilen über «Blitzkrieg-Konter» und «panzerhafte Verteidiger» ja recht?

*

Rom, Stadio Olimpico, 25. Mai 1977. Zwei Stunden nach dem Abpfiff. Ed van Opzeeland, ein holländischer Sportjournalist, betritt die Lobby des Hotels Raphael. Sofort bemerkt er Berti Vogts, der mit einem Glas Whisky in der Hand an der Hotelbar lehnt. Berti Vogts ist eigentlich Nichttrinker.

«Wieso trinkst du denn, Berti?», fragt er.

Vogts antwortet in einem Wort: «Keegan.»

Eine Stunde später sehen mehrere Augenzeugen, wie der deutsche Spielführer ein paar Straßen weiter in das Travel Inn stürmt, wo die Mannschaft aus Liverpool ihren Sieg begießt. Vogts marschiert stramm an dreißig verstummenden Engländern vorbei und steuert Kevin Keegan an. Währenddessen versammeln sich in den Bars um die Piazza Navona in der Stadtmitte Scharen von englischen und deutschen Fans. «Wir hatten totalen Schiss vor den Engländern», meint Gladbach-Fan Klaus Christ, damals 20 Jahre alt. «Wir dachten die ganze Zeit, es gäbe hier 'ne Keilerei.»

Aber die Keilerei blieb aus. Vogts schüttelte Keegan die Hand und gratulierte ihm zu seinem guten Spiel; die Fans von Liverpool und Gladbach kauften sich gegenseitig Bier. Klaus Christ lief spätabends noch auf sein Hotelzimmer, um seine letzten paar Flaschen Kölsch mit seinen neuen Freunden zu teilen. Als zwölf Jahre später im Hillsborough-Stadion von Sheffield 96 Liverpool-Fans bei einer Massenpanik starben, spendeten Anhänger von Borussia Mönchengladbach 21 000 Mark für die Familien der Opfer. Noch heute gibt es einen jährlichen «Friendship Trip», bei dem sich Fans der beiden Klubs gegenseitig besuchen und vor dem Anstoß zusammen die Klubhymne «You'll Never Walk Alone» singen. Weshalb behandeln sich die Anhänger zweier gegnerischer Mannschaften mit so viel Respekt? Nach einer Erklärung dafür kann man bei Clifford Geertz lange suchen.

Lange Zeit genossen englische Fußballfans einen ausgesprochen schlechten Ruf in Europa. Mitte der Achtziger sprach man wegen der Gewalttätigkeit in den Stadien von einer weiteren «englischen Krankheit». Besonders Liverpool-Fans eilte bis in die Neunziger ein Ruf als Störenfriede voraus, schließlich war der Verein an den beiden größten Stadiontragödien der achtziger Jahre beteiligt, den Massenpaniken von Heysel im Jahr 1985 und Hillsborough im Jahr 1989, bei denen insgesamt 135 Menschen ums Leben kamen. Was dabei oft vergessen wurde, ist, dass die sogenannten «dark years» des englischen Klubfußballs paradoxerweise auch von Völkerverständigung und Kulturaustausch geprägt waren. Zwischen den Jahren 1973 und 1991 kam Liverpool gerade einmal eine Saison nicht auf einen der ersten beiden Plätze und spielte deshalb quasi permanent um europäische Pokale mit. Wie viele Engländer wären ohne diese Auswärtsspiele wohl in den Stadtzentren von Rom, Barcelona oder München gelandet? Dank der regelmäßigen Ausflüge aufs Festland entstand unter den Anhängern der «Reds» eine Art Anti-Insel-Mentalität, ein kontinentaler Stil, der sich unter anderem in dem neugewonnenen Modesinn der Hooligans oder «Casuals» widerspiegelte, die ihre Rückreise mit brandneuen Lacoste-Poloshirts und Adidas-Turnschuhen im Gepäck antraten. War nicht selbst Keegans krause Dauerwelle ein Ausdruck angelsächsischen Sehnens nach Abenteuer und Avantgarde? Blickt man aus den Neunzigern auf diese Ära zurück, dann erscheinen einem die Siebziger als vergessenes Jahrzehnt, in dem zwischen gewöhnlichen Briten und gewöhnlichen Deutschen weitaus mehr Freundschaften als Feindschaften entstanden.

Und kein Fußballer symbolisierte diese offenen Werte mehr als Kevin Keegan, dessen Afro bereits in eine wunderbare Mähne gewachsen war, als er am Tag nach dem Finale von 1977 ankündigte, dass er Liverpool verlassen und als erster Fußballer in der Geschichte des englischen Fußballs zu einem deutschen Verein wechseln würde. Beim HSV gewann er die Meisterschaft, wurde zweimal zum europäischen Fußballer des Jahres gewählt, erreichte mit «Head over Heels in Love» die Top Ten der deutschen Singls-Charts und veranlasste eine ganze Generation dazu, ihre Söhne «Kevin» zu nennen. Angesichts eines Jahreseinkommens von 15 000 Pfund und einer Rekordablösesumme von 2,3 Millionen Mark wäre es natürlich naiv zu behaupten, Keegan wäre aus purem Idealismus nach Deutschland gewechselt: Keegan schlug deshalb Brücken, weil er ein guter Geschäftsmann war. Aber es lohnt sich, daran zu erinnern, dass in den Siebzigern Spieler, die bei ausländischen Klubs spielten, noch als so unpatriotisch betrachtet wurden, dass man sie deswegen oft aus der Nationalmannschaft ausschloss. Während der Berichterstattung zur WM 1978 stichelte Brian Cough, der scharfzüngige Trainer von Nottingham Forest, im Fernsehstudio gegen seinen Sitznachbarn Keegan. «Na, junger Mann, auf wen hast du deine Deutschmarks gewettet?» Keegan, der Instinktmensch, erwiderte gekonnt: «Ich wette mal, deine schöne braun gebrannte Haut, die hast du dir auch nicht verschafft, indem du patriotisch warst, oder?»

Der Hauptgrund, weshalb ich mich nie für Fußball interessierte, ist, dass Sport mir immer wie ein Zerrspiegel vorkam, in dem sich jede Nation permanent von ihrer schlechtesten Seite zeigte. Wieso fing ich trotzdem nach knapp einem Jahr in England an, jeden Samstagabend die Premier-League-

Highlights bei «Match of the Day» zu gucken? Wieso begann ich irgendwann, mir zehnmal am Tag die Transfergerüchte bei Teletext anzusehen? Wieso schaute ich mir plötzlich Aufnahmen von obskuren Europapokalspielen aus den Siebzigern an? Was ich in England lernte, war, dass Fußball manchmal auch dem Menschen seine versteckten Qualitäten entlocken kann. Denn trotz der fiesen Schmähgesänge, trotz der brutalen Fouls und trotz der arroganten Torjubel gibt es kaum einen anderen Sport, dem es so regelmäßig gelingt, Einzelgänger in Mannschaftsspieler zu verwandeln.

*

Gegen Ende des Herbstsemesters fanden meine Eltern und ich uns erneut auf einem Wohnzimmersofa wieder. Die «Probezeit», die wir vereinbart hatten, neigte sich dem Ende entgegen, und es wurde langsam Zeit, mich zu entscheiden: Würde ich in England bleiben und hier meinen Schulabschluss machen oder wieder nach Deutschland zurückkehren? Meine Eltern hätten bemerkt, so meinten sie, dass ich abends nicht mehr so oft ausging wie früher in Deutschland. Andererseits hätten sich meine Noten sehr erfreulich entwickelt und beim letzten Elternabend hätte einer meiner Lehrer sogar vorgeschlagen, dass ich mich bei «Oxbridge» bewerben solle. Ich sagte ihnen, dass ich keine Ahnung hatte, was ich wollte.

Im Deutschen gibt es ja ein schönes Wort für das unangenehme Gefühl, dass man gerade etwas unglaublich Wichtiges verpasst: Torschlusspanik, ein Begriff, der meinem Wörterbuch zufolge aus jener Zeit im Mittelalter stammt, als die Stadttore noch bei Einbruch der Dämmerung hochgezogen wurden, um die Bevölkerung vor Wölfen und Räubern zu schützen. Die Verwechslung von Tor*schluss*panik mit Tor*schuss*panik ist bei Kindern wahrscheinlich nicht nur deshalb so gängig, weil junge Menschen mit Fußball mehr anfangen können als mit mittelalterlichen Burgen, sondern auch deshalb, weil das Elfmeterschießen eine ebenso treffliche Metapher für eine Situation ist, in der man plötzlich unter Druck gesetzt wird. Wie ich auf unserem Wohnzimmersofa saß, hörte ich auf jeden Fall das Quietschen des sich schließenden Tores. Aber auf welche Seite gehörte ich? Ins gemütliche Deutschland, wo ich Mädchen mit meinem neuen englischen Akzent und meinem Wissen über obskure Britpop-Bands beeindrucken konnte? Oder nach London, wo Außenseitertum die Norm war und wo junge Männer sich nicht nur coole Bands anhörten, sondern auch in ihnen spielten? Das Problem mit Torschluss-/Torschusspanik ist leider, dass es einem umso schwerer fällt, eine Entscheidung zu treffen, je mehr man darüber nachdenkt. Letztendlich beschlossen meine Eltern, dass ich noch einen Monat Zeit hatte, mir die Entscheidung durch den Kopf gehen zu lassen.

Am nächsten Tag passierte etwas sehr Merkwürdiges. Einen Monat nach meinem 18. Geburtstag kaufte ich meinen ersten Fußball: eine blau-weiß gemusterte Kunstlederpille mit Liverpool-Wappen, die auf dem Grabbeltisch vor JJ Sports im Sonderangebot lag. Den Rest der Ferien stand ich morgens früh auf, machte mir ein Sandwich, packte ein Notizbuch in meinen Rucksack und machte mich auf den Weg in den benachbarten Park. Dort schoss ich meinen blau-weißen Ball gegen eine alte Mauer oder einen Baumstumpf, wartete, bis der Ball wieder zu mir zurückpurzelte, legte ihn mir selbst auf Volley und schoss ihn wieder gegen die Wand. Zehnmal. Fünfzigmal. Hundertmal, bis die Sonne sich senkte und ich nicht mehr genau erkennen konnte, ob ich die Wand getroffen hatte oder nicht. Am Anfang des Sommersemesters trat ich meiner ersten Fußballmannschaft bei. In England findet Jugendsport fast ausschließlich im Schulrahmen statt, und an meiner Schule gab es immerhin drei offizielle Schulteams von verschiedener Stärke. Dass ich sowohl bei der ersten als auch der zweiten und dritten Mannschaft durchs Probetraining rasselte, war schade, wenn auch wenig überraschend. Zum Glück gab es neben den offiziellen Schulteams noch mindestens zehn inoffizielle Mannschaften, die in einer schulinternen Liga gegeneinander spielten. Nach einer Partie «auf hoch» im Pausenhof luden mich ein paar Mitschüler ein, für die «Reggae Boyz» zu spielen. Man bräuchte noch einen langen Lulatsch im Sturm für das jährliche Prestigeduell gegen die Lehrermannschaft.

Das Wetter am Tag des Spiels hätte nicht besser sein können: ein nasser und böiger Nachmittag nach Wochen ständigen Regens. Der Rasen war tief und rutschig. Wir trugen gelbe Trikots und schwarze Socken, die Lehrer liefen in schwarzen Hemden und blauen Shorts auf. In der ersten Hälfte taten sich die Reggae Boyz schwer. Schon nach zehn Minuten gerieten wir durch einen umstrittenen Elfmeter in Rückstand, und erst in der zweiten Hälfte gelang uns der Ausgleich, wenn ich auch persönlich wenig damit zu tun hatte. Hatte man mir vor Spielbeginn noch versichert, dass es sich um ein Freundschaftsspiel handele, so ließen die Geschwindigkeit und der Einsatz meiner Gegenspieler dies nicht erkennen: Das Spiel lief vollkommen an mir vorbei. Einmal gelang es mir, meinen Manndecker – einen Mathelehrer mit einer verwirrenden Ähnlichkeit mit Mister Bean – mit einer Körpertäuschung auszuspielen. Schon sah ich mich innerlich beim Torschuss, den Ball so gut wie sicher in den Maschen, als mich jemand mit einer «50-50»-Grätsche in den Matsch fliegen ließ. «Das ist hier nicht die Premier League, Junge», sagte der Business-Studies-Aushilfelehrer, dessen Stollen vom Gefühl her immer noch in meinem Schienbein steckten, als er mir seine Hand zum Aufstehen reichte. Bis heute weiß ich nicht, was er damit meinte: War es ein verstecktes Kompliment für mein ambitioniertes Dribbling, oder wollte er mir einfach sagen, dass ich mich nicht über die harte Gangart beschweren sollte?

Schritt für Schritt passte ich mich langsam dem Spielrhythmus an. Zum einen merkte ich schon bald, dass Worte im englischen Fußball mindestens so wichtig waren wie Körperbewegungen: Immer, wenn ich an den Ball kam, schrien mich fünf Spieler aus fünf verschiedenen Richtungen an: «Long ball!», «One-two!», «Send it!», «Back door, mate, back door!», «Hoof it!» Einerseits wirkte dies unglaublich einschüchternd, andererseits fingen meine Mitspieler so auch langsam an, mit mir zu sprechen, wenn ich nicht im Ballbesitz war. Wenn ich ein Luftloch schlug: «Never mind, mate.» Wenn ich den Ball meilenweit am Tor vorbei in die Büsche schoss: «Good effort, not bad at all.» Und nachdem ich endlich meine ersten Gegenspieler umgesenst hatte: «Great tackle, Phil!» Ich habe seit diesem Spiel in unzähligen verschiedenen englischen Mannschaften gespielt, teilweise gegen Teams aus dem Ausland, und ich bin überzeugt, dass keine andere Nation beim Sport auf verbale Kommunikation so viel Wert legt wie die Briten. Natürlich kann das peinlich wirken – vor allem wenn man weiß, dass englische Mannschaften umso lauter werden, je weniger sie das Spiel kontrollieren und je mehr Angst sie vor einer Blamage haben. Sitzt man aber nicht auf der Tribüne, sondern befindet sich selbst auf dem Platz, dann gibt es nichts Beruhigenderes als dieses ständige Geplappere.

Wir befanden uns bereits in den letzten Minuten der Nachspielzeit, als plötzlich mehrere Dinge auf einmal passierten. Sam G, ein Junge mit goldener Halskette und kurzrasiertem Kopf, der ein paar Wochen später von der Schule fliegen sollte, luchste unserem Spanischlehrer am Mittelkreis den Ball ab und spielte einen Pass, der durch die gegnerische Abwehrkette schnitt wie ein heißes Messer durch Butter. Der Ball schlitterte schnell über den nassen Rasen. Auf mich zu. In einem schlechten Roman würde man an dieser Stelle wohl schreiben, dass es schien, «als bliebe die Zeit stehen». Das Stillstehen von Zeit kommt einem Schriftsteller sehr zugute: Er kann sich kurz zurücklehnen, um nachzudenken, auf welche eindrucksvolle und trotzdem poetische Weise er diesen narratologisch wichtigen Moment beschreiben kann. «Der Regen glitzerte auf dem nassen Lederball wie der Hunger im Auge eines Pumas», so in etwa. Aber das würde bedeuten, dass Fußballer genauso viel Nachdenkzeit haben wie Schriftsteller. Und das stimmt nun mal nicht.

In Wirklichkeit geschah das Folgende: Der Ball lag im Netz. In der linken unteren Ecke des inneren Seitennetzes, um genau zu sein. Ich schaute auf, mit einem diffusen Gefühl, dass ich möglicherweise am aktuellen Stand der Dinge beteiligt gewesen war. Diese Vorahnung wurde dadurch bestätigt, dass der Rest meiner Mannschaft sich in akuter Ekstase im Anmarsch auf meine Person befand, allen voran Sam G. Noch Wochen später erzählte man auf dem Schulhof Geschichten, wonach ich angeblich beim Jubeln mein Hemd über den Kopf gezogen und mich in klassischer Klinsmann-Manier auf den nassen Rasen geworfen hätte. Aber meine Erinnerungen daran sind nur vage. Viel wichtiger war, dass meine Beine an diesem Nachmittag gelernt hatten, selbständig Entscheidungen zu fällen, und zum Glück konnten meine Beine nicht sprechen. Woran ich mich allerdings gut erinnere, ist, dass ich noch bis Ende der Saison für die Reggae Boyz spielte und dass ich mich am Wochenende nach dem Spiel neben meine Eltern auf das blaue Wohnzimmersofa setzte und ihnen sagte, dass ich in England bleiben wollte.

acht

**Astrid Proll wäre
lieber nicht auf
Joe Strummers T-Shirt**

Victoria Park, unter Anwohnern auch «Vicky Park» genannt, ist eine 86 Hektar große Grünflache im Londoner East End, die im Westen an Hackney und im Osten an Bow grenzt. Anders als die acht «Royal Parks» Londons, die nominell der englischen Krone gehören, hat Victoria Park traditionell den Ruf, ein «Park des kleinen Mannes» zu sein. Dieser Ruf stammt hauptsächlich aus der Zeit im 19. Jahrhundert, als das Volk an den «Speakers Corners» des Parks politische und religiöse Themen debattierte. Der Gründer der Arts-and-Crafts-Bewegung William Morris war ein ebenso regelmäßiger Gast auf den Seifenkisten von Victoria Park wie die Frauenrechtlerin Annie Besant, die 1888 mit dem «Matchgirl Strike» in Bow eine der bedeutendsten Protestaktionen der britischen Arbeiterbewegung eingeleitet hatte. Aber nie zuvor konnte man im Victoria Park solch ein Spektakel bestaunen wie am 20. April 1978, als mehr als 80000 junge Männer und Frauen mit Flaggen und Spruchbändern über seine grünen Wiesen stampften. Auch eine größere Seifenkiste hatte man im Osten Londons noch nie gesehen: Mitten im Park, direkt gegenüber von den Hochhäusern von Tower Hamlet, ragte eine riesige Konzertbühne aus dem Boden.

Um ungefähr 15 Uhr nachmittags traten vier Männer vor

das Publikum. Zwei von ihnen trugen Gitarren in ihren Armen. Einer der beiden Gitarristen war komplett in Schwarz gekleidet; auf dem Kopf trug er eine Armeemütze, die er ins Publikum warf, sobald er den Bühnenrand erreichte. Der zweite Gitarrenspieler hatte orange gefärbte Haare und trug eine schwarze Hose und eine königsblaue Jacke. Als Letzter betrat ein Mann in enger beiger Hose, weißen Schuhen und einem knallroten T-Shirt die Bühne. Auf dem T-Shirt standen in großen Schablonenbuchstaben die zwei Wörter *Brigade Rosse*. Zwischen *Brigade* und *Rosse* konnte man auf einem weißen Stern eine Maschinenpistole erkennen. Über dem Gewehr standen die Lettern «RAF».

Es gibt einen Dokumentarfilm über das Konzert im Victoria Park, in dem ein Teenager den Mann nach dem Gig erwischt, wie er sein T-Shirt in einem Waschbecken reinigt.

«Was steht'n da auf dem T-Shirt? Brigade was?», fragt der Teenager.

«Brigade Rosse», sagt der Mann.

«Was ist denn das?», fragt der Teenager.

Der Mann sagt: «Das ist der Name von einem Pizzarestaurant.»

Wie viele von den 80 000 Zuschauern wussten, dass es sich bei Brigade Rosse («Brigate Rosse», wenn man es richtig buchstabiert) nicht wirklich um ein Pizzarestaurant handelte, ist schwer zu sagen. Fest steht, dass mindestens eine Person es wusste. Im Gedränge vor der Bühne spürte eine junge Frau, wie ihr die Panik in die Magengrube schoss, als sie den Schriftzug auf dem T-Shirt entzifferte. Zu der Gruppe von Lesben, mit denen sie aus Bow angereist war, um das Konzert zu sehen, sagte sie allerdings nichts. Die anderen Frauen wussten, dass sie deutsch war, aber mehr auch nicht – selbst unter Punks herrschte in England noch eine gewisse Höflichkeit. Hätte man sie nach ihrem Namen gefragt, dann hätte sie

«Anna Puttick» geantwortet. Sie hätte nicht gesagt, dass ihr echter Name Astrid Proll war, dass die deutsche Polizei sie 1971 verhaftet hatte und dass sie sich zurzeit auf der Flucht vor dem Gesetz befand. Sie hätte ihnen nicht gesagt, dass Brigate Rosse eine radikale italienische Gruppe war, die vor kurzem den ehemaligen Premierminister Aldo Moro gekidnappt hatte (sein Körper wurde zehn Tage nach dem Konzert in einem von Kugeln durchlöcherten Auto gefunden). Astrid Proll hätte ihnen nicht erzählt, dass die Buchstaben «RAF» auf dem T-Shirt des Clash-Sängers Joe Strummer eine Abkürzung für «Rote-Armee-Fraktion» waren und dass sie in Deutschland allgemein als eines der Gründungsmitglieder dieser terroristischen Vereinigung bekannt war.

*

Was genau war die RAF? Vierzig Jahre nach Gründung der Gruppe ist diese Frage immer noch nicht ganz geklärt. Kritiker nannten die RAF schlicht «Terroristen»; Mitglieder selbst bezeichneten sich als «Stadtguerrillas». Heutzutage wird die Gruppe oft als «Stilikonen mit Pistolen» abgetan, aber während ihrer Wirkenszeit betrachteten sie viele als eine ernste Gefahr für den Zusammenhalt der BRD. Die südafrikanische Journalistin Jillian Becker bezeichnet die RAF in ihrem Buch als «Hitlers Kinder»; Sympathisanten hielten sie für genau das Gegenteil, nämlich Gegner des Faschismus. Einige meinten, es handelte sich um kaltherzige Killer; andere fanden ihre Motive romantisch. Im Nachhinein erscheint es fast so, als schwinge diese Verwirrung über die Motive der Gruppe schon bei der Namensgebung mit. Während die Presse sich schnell auf einen Namen einigte, der zwei der Anführer heraushob – die «Baader-Meinhof-Bande» –, bevorzugte die Gruppe selbst «Rote-Armee-Fraktion» oder «RAF». Beide Namen erweckten bei der älteren Generation unbeabsichtigte Assoziationen mit dem sowjetischen Militär und der Royal Air Force.

Eine bessere Art, die RAF zu beschreiben, wäre vielleicht, sie als eine Gruppe von jungen Menschen zu bezeichnen, denen T-Shirts mit politischem Slogan als Protestmittel nicht mehr reichten. Am 3. Juni 1967 – einen Tag nach der Tötung des Studenten Benno Ohnesorg durch einen Schuss aus der Pistole des Polizisten Karl-Heinz Kurras – versammelten sich acht junge Menschen auf dem Mittelstreifen des Kurfürstendamms in Berlin. Auf die Vor- und Rückseiten ihrer weißen T-Shirts hatten sie Buchstaben gemalt: Sah man die Gruppe von vorne, bildeten sie den Namen des damaligen Berliner Bürgermeisters, «Albertz!». Sah man sie von hinten, las man «Abtreten». Es gibt ein Foto von diesem Protest, welches oft in der deutschen Presse verwendet wird, vielleicht als Gegenstück zu den erschreckenden Fotos von Ohnesorgs blutigem Tod: Die Studenten schauen fröhlich in die Kamera, nicht ohne Stolz, wie eine Gruppe von Pfadfindern, die ein Floß gebaut haben und jetzt auf ihre Orden warten. Nur eine Blondine mit einem kantigen Pony steht ein bisschen weiter ab von der Gruppe. Den Tag zuvor hatte sie mit anderen Demonstranten die Büros des Sozialistischen Studentenbunds gestürmt und dabei geschrien: «Dieser faschistische Staat ist darauf aus, uns alle zu töten. Wir müssen Widerstand organisieren. Gewalt kann nur mit Gewalt beantwortet werden. Dies ist die Generation von Auschwitz, mit denen kann man nicht argumentieren.» Auf ihrem T-Shirt ist das Ausrufezeichen.

Die Blondine hieß Gudrun Ensslin, und ihre Rolle bei der Gründung der RAF ist allgemein bekannt. Ein paar Monate nach dem Protest auf dem Kurfürstendamm zündeten sie und ihr Freund Andreas Baader eine Brandbombe in einem Frankfurter Kaufhaus. Am 5. Juni 1970 veröffentlichten Ensslin und Baader zusammen mit der Journalistin Ulrike Meinhof und dem jungen Anwalt Horst Mahler eine Erklärung, die zur Entfaltung des Klassenkampfes, der Organisation des Proletariats, dem bewaffneten Widerstand und dem Aufbau der «Roten Armee» aufrief.

Sind die Deutschen im Grunde ihres Wesens Romantiker oder Roboter? Dichterdenker oder Maschinenmenschen? Manchmal erscheint es so, als hätte man die Baader-Meinhof-Gruppe alleine deshalb erfinden müssen, um zu beweisen, dass solch gegensätzliche Tendenzen in der Praxis durchaus vereinbar waren. Wie typisch deutsch war es denn überhaupt, dass diese Terroristen von einer Schriftstellerin angeführt wurden? Bevor sie sich der Organisation anschloss, war Ulrike Meinhof eine von Deutschlands scharfsinnigsten politischen Journalisten. Und sie war nicht das einzige Baader-Meinhof-Mitglied mit künstlerischen Aspirationen: Als Ensslin Baader traf, hatte sie bereits mit ihrem ersten Mann ein eigenes Verlagshaus gegründet und Kollaborationen mit Max Brod, Erich Fried und Hans Magnus Enzensberger organisiert. Andreas Baader, nominell eher der Arm als das Hirn der Gruppe, hatte als Schauspieler an Münchens experimentellem «action-theater» unter anderem mit Rainer Werner Fassbinder gearbeitet. Während ihres Haftaufenthalts in der Justizvollzugsanstalt von Stammheim benutzte die Gruppe Codenamen füreinander, die sie aus Herman Melvilles 1056-seitigem Roman *Moby Dick* entnommen hatten: Baader war Kapitän Ahab, Ensslin der Koch Smutje. Meinhofs Alias war noch hochgestochener: Theres, nach Sankt Therese, der karmelitischen Heiligen und kontemplativen Mystikerin. Bei so viel Intellekt überrascht es kaum, dass Jean-Paul Sartre im Oktober 1974 eine Einladung Meinhofs zum Zellenbesuch der Gruppe annahm. Die RAF war eine bildungsbürgerliche Interpretation von linksradikalem Terrorismus.

Nichts beschreibt diese merkwürdige Mischung aus künstlerischem und politischem Radikalismus besser als die folgende Anekdote. Im Dezember 1971 bekam der Metallbildner Dierk Hoff unerwarteten Besuch in seiner Werkstatt in der Frankfurter Innenstadt. Zwei junge Männer standen vor der Tür: Einer von ihnen war Holger Meins, ein Student an der Berliner Filmhochschule; der andere nannte sich «Lester», sein echter Name war Jan-Carl Raspe. Nachdem man ein paar Joints geraucht und sich über «Hippies und Subkultur» unterhalten hatte, fragten die beiden Männer Hoff, ob er ihnen beim Herstellen von Filmrequisiten helfen könnte. Um was für eine Art von Film es sich denn handele, fragte Hoff. «Eine Art Revolutionsfiktion», antwortete Meins. Als Meins (bald schon «Starbuck») und Raspe («Zimmermann») im Juni 1972 verhaftet wurden, hatten ihre «Requisiten» in fünf größeren Bombenanschlägen Verwendung gefunden, bei denen sechs Leute ums Leben kamen und mindesten 45 schwer verletzt wurden.

Genau hier kam die gnadenlose deutsche Effizienz ins Spiel. Mindestens 47 Menschen kamen durch terroristische Anschläge der RAF ums Leben, darunter 17 Mitglieder der Gruppe und zwei Personen, die unabsichtlich von der Polizei erschossen wurden. Die einzige britische Gruppe aus dieser Ära, die einen Vergleich erlaubt, ist die sogenannte «Angry Brigade», der die Polizei heutzutage insgesamt 25 Bombenanschläge zuschreibt: Eine Person wurde dabei leicht verletzt. Selbst einer der Attentäter gab ein paar Jahre später zu, dass sich die Wut der Gruppe in Grenzen gehalten hätte: «Slightly Cross Brigade», «Leicht Verärgerte Brigade», wäre wohl ein passenderer Name gewesen. In Amerika starben fünf Menschen durch die Aktionen des Weather-Underground-Kollektivs, alle von ihnen Mitglieder der Gruppe – drei kamen ums Leben, als eine schlecht konstruierte Nagelbombe frühzeitig explodierte. Nur Italien schlägt Deutschland in diesem makabren Wettbewerb: Brigate Rosse, das «Pizzarestaurant», war für den Tod von mindestens 75 Menschen verantwortlich.

Baader-Meinhof sahen sich selbst als radikale Antwort auf Deutschlands Probleme. Man war eine «Fraktion» eines internationalen Ganzen, inspiriert von französischer Philosophie und lateinamerikanischen Guerilla-Bewegungen, und das erklärte Ziel war, Deutschland vor dem Rückfall in den Faschismus zu stoppen. Es war also ganz klar, dass es der RAF um das Gegenteil von Deutschtum ging. Wie ironisch ist es deshalb, dass Baader-Meinhof ausländischen Beobachtern als ein weiteres Symptom des «German problem» vorkam. Baader, Ensslin und Meinhof als «Hitlers Kinder» zu bezeichnen ist weder klug noch treffend, und trotzdem erschien es so, als ähnelten sich der Linksextremismus und der Rechtsextremismus in Deutschland mehr, als es so manch einem RAF-Sympathisanten recht war. Trotz ihrer militanten Opposition zum Faschismus hatte die Gruppe im Notfall keine Probleme damit, sich Waffen aus der rechten Szene zu beschaffen. Horst Mahlers ideologische Kehrtwende unterstreicht dies: Im Jahr 2000 trat Mahler der NPD bei und veröffentlichte Broschüren, in denen er zum Verbot von jüdischen Vereinigungen und der Ausweisung von sämtlichen Asylbewerbern aufrief. 2007 begann er ein Interview mit dem jüdischen Journalisten Michel Friedman mit den Worten «Heil Hitler, Herr Friedman». «Wissen Sie», sagt Mahler in demselben Interview, «die Bestimmung ‹rechts›, ‹links› ist eine alte Geschichte vom Standort dessen, der also vor dem Parlament steht, und dies hat eine rechte und eine linke Hälfte. Daher kommt es. Ich bin immer nur der gewesen, der ich bin. Aber immer in Entwicklung. Und wenn jemand, der außen steht, sagt: ‹Das war rechts› oder: ‹Das war links›, dann ist das die Sache des Betrachters, nicht meine Sache.»

Die Hamlet'sche Verfassung der Deutschen – das ständige Gefühl, man sei sowohl zu alt als auch zu unreif – war ursprünglich im 19. Jahrhundert diagnostiziert worden. Aber auch im 20. Jahrhundert hielt sich der Glaube, Deutschland müsse nachholen. 1935 hatte der Soziologe Helmuth Plessner das Land als eine «verspätete Nation» beschrieben, in der sich eine organische Demokratie nie richtig etabliert hatte. Und selbst in den Siebzigern sah es manchmal noch so aus, als wackelte die Bundesrepublik unsicher zwischen links und rechts, mit einer ungesunden Vorliebe für autoritäre Figuren, die dieses Schwindelgefühl zu heilen versprachen. So schien es zumindest aus britischer Sicht. 1971 erschien eine neue Auflage des wohl einflussreichsten britischen Buches über das Dritte Reich. Im Nachwort von *The Last Days of Hitler* sinnierte der Historiker Hugh Trevor-Roper, dass «der Zweifel an Politik» der beklagenswerteste Aspekt des deutschen Charakters sei: «Die Geschichte Deutschlands zeichnet sich durch eine Serie von politischen Misserfolgen aus, die so regelmäßig passieren, dass daraus fast schon eine Tradition geworden ist – eine Tradition, die wiederum durch den Anschein von Unausweichlichkeit bei der Aufrechterhaltung mitwirkt ... Welche liberalen volkstümliche Bewegungen wurden jemals in Deutschland mit Erfolg belohnt?»

Die Welle linksextremen Terrors schien diese These zu bestätigen. 1972 verabschiedete der Bundestag den sogenannten «Radikalenerlass», durch den Mitglieder linksextremer Organisationen vom öffentlichen Dienst ausgeschlossen wurden. In Großbritannien reagierte man darauf nur mit Kopfschütteln: In der *Times* fühlte sich Dan van der Vat an das Berufsverbot von 1933 erinnert, durch das Juden vom öffentlichen Dienst ausgeschlossen wurden. Anstatt die Panik um die RAF langsam abklingen zu lassen, schürte die Politik sie weiter an. In England, meinte van der Vat, wäre Andreas Baader ausgelacht worden; in Deutschland schaffte er es, das gesamte Rechtswesen in helle Aufregung zu versetzen. Nie war es in Deutschland einfacher, sich als romantischer Außenseiter zu stilisieren.

Deutsche Politiker glaubten anscheinend, pure Gewalt wäre die einzige Art, mit den Terroristen der RAF umzugehen. Verteidigungsminister Franz Josef Strauß überlegte, ob der Staat Mitglieder der Baader-Meinhof-Bande kidnappen und erschießen könnte, falls diese nicht im Gegenzug ihre Gefangenen freiließ. Die Stimmung im Lande grenzte an Hysterie. Im Juni 1972 stürmte die Polizei eine Wohnung in Stuttgart, die der Bande kurzzeitig als Unterkunft gedient hatte, und schoss mit Maschinengewehren auf den jungen Mann, den sie dort antraf: Ian MacLeod, ein schottischer Angestellte des britischen Konsulats ohne offensichtliche Verbindung zur RAF, der vergessen hatte, nach seinem Einzug das Namensschild an der Haustür zu wechseln, starb auf der Stelle.

Nachdem die Baader-Meinhof-Geschichte im «deutschen Herbst» ihr blutiges Ende gefunden hatte – die Ermordung von Hanns Martin Schleyer, die Entführung des Lufthansa-Flugzeugs Landshut und die Selbstmorde der inhaftierten Baader, Ensslin, Meinhof und Raspe –, stellte man sich nicht nur in Deutschland Fragen. Was war eigentlich mit diesem Land los? Würden die Deutschen jemals ihr inneres Gleichgewicht finden? Konnten die Deutschen überhaupt echte Demokratie praktizieren? Man erinnerte sich an Churchills Spruch: «Der Hunne ist entweder an eurer Kehle oder zu euren Füßen.»

*

Astrid Proll spielte nur eine Nebenrolle im deutschen Herbst. Nachdem sie dem Kreis um Ensslin und Baader im November 1969 beigetreten war, wurde sie bereits zwei Jahre später festgenommen, nachdem ein Kassierer sie an einer Tankstelle in Hamburg erkannt hatte. Da sie die nächsten zweieinhalb Jahre im Gefängnis Köln-Ossendorf verbrachte, verpasste Proll die aggressivste Phase der Gruppe. Nach ihrer Haftentlassung am 1. Februar 1974 setzte sie sich in den Untergrund ab und flüchtete in das Londoner East End, wo sie außer ein paar linken Anwälten niemanden kannte.

Eines der ersten Dinge, die Proll bei ihrer Ankunft am Bahnhof von Victoria sah, war ein Poster für die aktuelle Ausgabe des *Evening Standard*, mit einer Schlagzeile über den Hungerstreik der Geschwister Price, die wegen einer Reihe von IRA-Bombenanschlägen im Jahr 1973 im Gefängnis saßen. Anscheinend gab es auch in England Terrorismus. Aber die Parallelen waren vor allem oberflächlich. Eine Allianz zwischen der RAF und der IRA existierte nur in den Köpfen der Deutschen: Nachdem die Rote-Armee-Fraktion 1985 die Erschießung des Industriellen Ernst Zimmermann der Aktivistin Patsy O'Hara widmete, wies die IRA jegliche Assoziationen zwischen den beiden Gruppen vehement zurück. In England empfand man Terrorismus damals nicht als ein hauseigenes Problem, sondern als etwas, das den Frieden vom Ausland her bedrohte. Unter den englischen Linken, die Astrid Proll bei ihrer Flucht halfen, hinterfragte nur eine Minderheit das gesamte politische System; stattdessen identifizierte man einzelne Probleme und überlegte, wie man diese am besten lösen könne. Politischer Aktivismus in England war vielleicht nicht so ambitioniert wie in Deutschland, aber dafür pragmatischer: Anstatt ellenlange Manifestos über die Weltrevolution zu schreiben, organisierten Prolls neue Kameraden Mietstreiks, Lebensmittelkooperativen und die Besetzung von vernachlässigten historischen Gebäuden. In Deutschland bekam Stefan Aust wegen seines Buchs über die RAF Morddrohungen von militanten Sympathisanten; in London fiel Prolls Unterstützern eine kreativere Art ein, mit ihren Feinden umzugehen: Man riss einfach die Seiten aus Jillian Beckers Buch heraus, auf denen Fotos von Proll gedruckt waren.

Trotz wiederholter Aufrufe zur «Organisation des Proletariats» hatten die meisten Mitglieder der RAF wenig Kontakt zur Arbeiterklasse. In London wiederum begann die Architektentochter Proll eine Lehre als Automechanikerin und arbeitete ein Jahr lang als Montageassistentin in der Lesney's Matchbox-Fabrik in Hackney. Ein paar Monate nach dem Konzert in Victoria Park betreute sie Mechanikerlehrlinge in einer Werkstatt in West Hampstead, als sie am 15. September 1978 von einer Gruppe von Special-Branch-Polizisten verhaftet wurde. Zwar versuchte sie, der Polizei zu erklären, dass sie seit ihrer Ankunft in London keinen Kontakt zur RAF mehr gehabt hatte, aber man hörte ihr nicht zu. Ungefähr zur gleichen Zeit schrieb Joe Strummers Band The Clash «The Guns of Brixton», ein Lied aus der Perspektive eines Terroristen, dessen Wohnung von der Polizei umzingelt worden ist: «Wenn sie deine Haustür eintreten / Wie kommst du dann heraus? / Mit deinen Händen hinterm Kopf / oder auf dem Abzug deiner Knarre?»

*

Ich fing im März 1998 an, The Clash zu hören. Seit ich in meiner Fußballmannschaft spielte, war mein Selbstvertrauen gewachsen. Wenn niemand gemerkt hatte, dass ich gar nicht richtig Fußball spielen konnte, vielleicht würde dann auch niemand bemerken, dass ich gar kein echter Engländer war. Eines Tages saß ich im Schulbus neben Sam W. Anstatt so zu tun, als wäre ich in mein Buch vertieft, fragte ich ihn einfach, was er denn gerade auf seinem Walkman hörte. Am Ende der Busfahrt lieh er mir seine Clash-Kassette aus, und in den nächsten sechs Wochen lief nichts anderes auf meinem Kassettenspieler.

Mehrere Lieder der Band befassten sich anscheinend direkt mit bewaffnetem Staatswiderstand. Neben «The Guns of Brixton» gab es da außerdem «Guns on the Roof» und «Tommy Gun», ein Lied, das in Victoria Park seine Premiere feierte. Die Bandmitglieder von The Clash nahmen freilich nie selber Waffen in die Hand (zumindest nicht im Ernst: Bassist Paul Simonon und Schlagzeuger Topper Headon wurden einst von der Polizei festgenommen, weil sie von ihrem Balkon aus mit einem Luftgewehr auf Tauben geschossen hatten). «Tommy Gun» war immerhin eine implizierte Anerkennung der eigenen Widersprüchlichkeit, ging es hier doch um einen Terroristen, der ein «Held im Zeitalter von Nieten» ist, aber auch um Idioten, die Terroristen wie Rockstars verehrten und sich die gleichen Lederjacken wie ihre Helden kauften. Dass dieser Text von jemandem gesungen wurde, der mit seinem Brigate-Rosse-/Baader-Meinhof-T-Shirt praktisch den Begriff «Terror chic» erfunden hatte, war eigentlich zu ironisch, um wahr zu sein.

Wo bei The Clash der Witz aufhörte und wo es mit dem Ernst begann, das war nicht immer leicht zu erkennen. So war zum Beispiel das Konzert in Victoria Park einerseits eine vollkommen seriöse Angelegenheit. Der Auftritt der Band bildete den Höhepunkt des «Rock Against Racism»-Festivals, mit dem Musiker und Bands ein eindeutiges Signal gegen rechtes Gedankengut und die steigende Anzahl von rassistischen Attacken aussenden wollten. Anfang der Siebziger waren die Mitgliederzahlen der rechtsextremen National Front in Großbritannien von ungefähr 4000 auf über 17 500 angestiegen; im Stadtteil Hackney South plante die Partei, ihren ersten Wahlkandidaten aufzustellen. Im benachbarten Bow hatte die British National Party in Lokalwahlen bereits beachtliche Erfolge erzielt. Dass sich die Musikszene gegen solche Entwicklungen stemmen würde, war andererseits in den Siebzigern keinesfalls selbstverständlich. Zwei Jahre vor dem Festival hatte Eric Clapton auf einem seiner Konzerte gesagt, England wäre «überbevölkert» und sei kurz davor, eine «schwarze Kolonie» zu werden; danach skandierte er den Slogan der National Front: «Keep Britain White». Im selben Jahr erzählte David Bowie einem schwedischen Journalisten, er glaube «dass ein faschistischer Führer Großbritannien guttun würde». Besonders in Punk-Kreisen war das Spiel mit faschistischer Symbolik gang und gäbe. Die Band Sham 69, deren Sänger Jimmy Pursey sich bei dem Konzert zu The Clash auf die Bühne gesellte, zählte sowohl linke Hafenarbeiter als auch Skinheads zu ihrem Fankreis: Zwei Wochen vor dem Festival in Victoria Park spielte die Band ein Konzert an der London School of Economics, bei dem das Publikum mehreren Augenzeugen zufolge «Sieg Heil» skandierte. Und man sollte nicht vergessen, dass The Clash ihre ersten Auftritte unter dem wahnsinnig geistreichen Bandnamen «London SS» spielten.

Beim Anhören von Sam Ws Clash-Kassette kam ich mir manchmal vor wie Heinrich Böll, der in seinem *Irischen Tagebuch* berichtet, wie er bei seiner Ankunft in Dublin beinahe von einem knallroten Auto überfahren wird, «dessen einziger Schmuck ein prägnantes Hakenkreuz war». Zum Glück entpuppte sich der Besitzer des Wagens nur als die «Swastika Laundry», Gründungsjahr 1912. So ähnlich ging es mir mit The Clash. In «White Riot» fragt Joe Strummer provokant, weshalb sich Schwarze trauten, auf den Straßen zu randalieren, während die Weißen brav zur Schule gingen. War das wirklich ein passendes Lied für ein Anti-Rassismus-Konzert? Das Lied auf Sam Ws Kassette, mit dem ich am meisten anfangen konnte, war jedoch nicht «White Riot», sondern die Clash-Coverversion von einem Bobby-Fuller-Hit. Obwohl der Text nicht von der Band selbst stammte, war dieses Lied englischer Punk durch und durch: «I fought the law ... and the law won.» Hier fand sich eine perfekte Zusammenfassung der englischen Vorstellung von Rebellion: irgendwie arrogant und gleichzeitig übertrieben bescheiden. Ich kämpfte gegen das Gesetz, und das Gesetz gewann. Eine Kulturrevolution, die alles änderte und bei der trotzdem kein Blut floss, die zu 100 Prozent ernst war und doch irgendwie ironisch – dass gab es nur auf der britischen Insel.

*

Es gibt ein Poster der Punkband Crass aus den Siebzigern, auf dem steht geschrieben: «Deutschland bekam Baader-Meinhof, England bekam Punk.» Was sich anhört wie ein Motto des alternativen Englands, passt witzigerweise auch wunderbar in das Weltbild der konservativen Briten. Demnach setzt sich die politische Kultur der Insel von der des europäischen Festlands durch ihr inneres Gleichgewicht und ihre natürliche Beständigkeit ab. Großbritannien brauche kein Grundgesetz, meinte der Staatsmann Edmund Burke einst, weil es nach «dem Muster der Natur» verlaufe. Der Schriftsteller J. B. Priestley fand sich bei der Betrachtung der englischen Natur an «einen jener glücklichen Kompromisse erinnert, die unsere sozialen und politischen Pläne so irrational und trotzdem so erfolgreich machten». Burke und Priestley hätten wohl den Mitgliedern von Crass zugestimmt, dass es so etwas wie Baader-Meinhof in England nie hätte geben können: Zu stabil, zu sicher war das politische Selbstverständnis in diesem Lande. Dampf ablassen konnte man durch Plattenkaufen und Konzertbesuche, durch Varieté und schmutzige Witze.

Auch in Deutschland bleibt diese Ansicht hartnäckig in Umlauf: Großbritannien als eine Insel in Aspik, mit jahrtausendealten Traditionen und festen Institutionen. Anglophile Deutsche präsentieren Britannia oft als das traditionsbewusstere Gegenstück zum ruderlosen Deutschland, während England-Kritiker darauf bestehen, das Land lebe permanent in der Vergangenheit. Vor allem bei den London-Korrespondenten deutscher Zeitungen hält sich dieses Vorurteil hartnäckig. Seit ich in London lebe, habe ich einen deutschen Journalisten nach dem anderen verfolgt, wie sie mit großen Erwartungen und viel Selbstbewusstsein aus Berlin ankamen, sich dann ein oder zwei Jahre mit den britischen Tabloids und dem Parlamentssystem bekannt machten und am Ende zuverlässig zu dem Schluss kamen, «die Insel» sei im Jahr 1945 hängengeblieben. So schrieb Thomas Hüetlin, damals der neue Mann des *Spiegels*, im Jahr 2007: «Die Abneigung gegen uns [Deutsche] ist ein folkloristisches Vergnügen, das zur Insel gehört wie der Linksverkehr oder die Ansicht, Victoria Beckham sei eine Frau mit Klasse.»

In Wirklichkeit ist das Interessante an dieser Insel gerade die Geschwindigkeit, mit der sie sich hinter einer Fassade historischer Kontinuität ständig neu erfindet und verwandelt. Am Ende der Straße, in der ich wohne, steht ein Pub mit dem schönen Namen «The Blacksmith and Toffeemaker», der Hufschmied und Karamellbrenner. Wie der rustikale Name es schon verspricht, kann man hier traditionelles englisches Ale mit Namen wie «Caledonian Flying Scotsman» oder «Thwaites Wainwright» und klassische Gin Tonics bestellen; auf der Karte stehen so altmodische Spezialitäten wie Black Pudding und Bratenfett-Chips. Man könnte jetzt dieses Pub besuchen und danach feststellen, dass sich in diesem Land in den letzten 100 Jahren auch wirklich gar nichts verändert hätte. Außer man weiß, dass «The Blacksmith and Toffeemaker» vor ein paar Monaten noch «The Queen Boudicca» hieß und ein feines Gastro-Pub beherbergte, in dem man diverse belgische Weizenbiersorten degoutierte, und dass die Königin Boudicca ein paar Jahre davor noch «The Bull» war, in dem die Stammgäste billiges holländisches Lager tranken. Durch Zufall stieß ich in einem Fotoarchiv auf ein Bild desselben Gebäudes in den siebziger Jahren. Man mag es kaum glauben: eine feine Weinbar, «continental style». Tradition in Großbritannien ist selten so alt, wie sie tut.

Und sowieso: die Siebziger. Um zu verdeutlichen, wie drastisch sich Großbritannien in kürzester Zeit verändert hat, reichen ein paar Schnappschüsse aus dem Jahr 1978. In dem Jahr, in dem The Clash in Victoria Park spielten und Astrid Proll in ihrer Werkstatt festgenommen wurde, rollte eine Streikwelle nach der anderen über das Land. Fabriken streikten, Müllmänner streikten, Fluglotsen streikten, Krankenschwestern streikten, Totengräber streikten. Wegen Tarifdisputen erschien die ehrwürdige *Times* fast ein ganzes Jahr lang nicht am Kiosk. Ein drohender Streik der Bäckereien führte zu Panikeinkäufen und Brotrationierungen durch die Regierung. 1978 gingen mehr als 9 Millionen Arbeitstage durch Streiks verloren, im Jahr danach waren es fast 30 Millionen. Man vergleiche diese Zahlen mit dem Jahr 2010, in dem in Großbritannien weniger Streiks stattfanden als jemals zuvor: Gerade einmal 365 300 Arbeitstage gingen verloren.

Nicht nur die Arbeitsverhältnisse auf der Insel haben sich drastisch verändert, sondern auch das kulturelle Leben. Im Februar 1978 wurde der Schotte Gordon McQueen mit seinem Wechsel von Leeds zu Manchester United zum teuersten britischen Fußballer aller Zeiten: Er kostete 500 000 Pfund. Zu Beginn der Saison 2011 / 2012 gab Chelsea FC 50 Millionen Pfund für den spanischen Stürmer Fernando Torres aus. Im November 1978 machte mit Viv Anderson der erste schwarze englische Fußballspieler sein Debüt für die Nationalmannschaft – eine Woche vorher entschied ein Gericht, dass eine

Disco in Birmingham schwarzen und chinesischen Gästen nicht den Eintritt verwehren durfte. Am 10. September 2008 gewann England ein WM-Qualifikationsspiel gegen Kroatien 4:1 mit sieben schwarzen Spielern in den Reihen der «Three Lions». Schaut man sich Fotos oder Filme aus den Siebzigern an, so ist es fast schon schockierend, wie seriös Politiker reden und aussehen, mit schweren Hornbrillen und grauen Jacketts. Bilder aus Victoria Park und Bilder aus dem englischen Parlament könnten verschiedener nicht sein: Es waren zwei parallele, sich gegenseitig abstoßende Welten.

Die siebziger Jahre sind für den öffentlichen Diskurs in Großbritannien das, was die Weimarer Republik in Deutschland ist: ein Jahrzehnt, über dessen Irrungen und Fehler sich das gesamte Land weiterhin definiert. «Wir wollen auf keinen Fall wieder Verhältnisse wie in den Siebzigern» ist der Spruch, auf den sich sowohl Labour als auch die Tories einigen können. Aber wann stieß sich das moderne Großbritannien von dem der Siebziger ab? Wann begann die Revolution? Der Optimist würde vielleicht auf Joe Strummers Konzert in Victoria Park deuten, auf dem Studenten, Schwule und Schwarze gegen Rechtsextremismus tanzten. Der Pessimist deutet auf einen Tag genau einen Monat davor, als die Konservative Partei um die damalige Oppositionsführerin Margaret Thatcher die Werbeagentur Saatchi & Saatchi anheuerte: Knapp ein Jahr später kam Thatcher an die Macht und veränderte die Wirtschaft, Politik und Kultur mit einem radikalen Elan, der so manches von der Energie der Punk-Bewegung hatte. Die erste britische Premierministerin zwang die Gewerkschaften des Landes in die Knie und privatisierte diverse Staatseigentümer: «Creative Destruction» nannte der Ökonom Joseph Schumpeter dies einst – auch das ein Begriff, der sowohl zu Thatcher als zu The Clash passt. Seit der Iron Lady gehört der radikale zerstörerische Gestus zum Repertoire jedes britischen Spitzenpolitikers. Im April 2010 zeigte der *Economist* auf seiner Titelseite den neugewählten Premier David Cameron mit einem Irokesenschnitt im Union-Jack-Look. Die Überschrift: «Radical Britain».

Die Zeit, in der Jugendkultur und Politik zwei verschiedene Welten waren, ist lange vorbei. Das wurde mir spätestens klar, als Mr. C im Juni 1998 einen Klassenausflug nach Westminster organisierte. Das House of Parliament erinnerte mich sofort an ein englisches Pub: Es gab hier das gleiche Knarren von losen Dielen, den gleichen Geruch von feuchten Teppichen, das gleiche Gefühl von Geborgenheit. Anders als im Bundestag, wo Politiker im Rund saßen, ließen sich britische Politiker auf parallel gegenüberstehenden Bankreihen nieder, wie im Schützengrabenkrieg. Separate Sitze gab es nicht: In den ersten Reihen saßen die Männer und Frauen (es waren hauptsächlich Männer) deshalb so dicht aneinandergedrängt, dass sich ihre Schultern berührten. Es herrschte Lärm im Debattiersaal – noch ein Merkmal, weshalb das Parlament eher einem Pub als dem Bundestag ähnelte. Als die Sitzung ernsthaft begann, wurde es sogar eher lauter als leiser: Wenn Premier Tony Blair sich zu Wort meldete, erntete jeder Satz Jubel und brüllendes Gelächter auf den Labour-Bänken und Gekichere und Buhrufe aus den Reihen der konservativen Opposition. Irgendwann machte sich der damalige Oppositionsführer William Hague aus Anlass eines Amerika-Besuches des Handelsministers Peter Mandelson über die Frauen- und Gleichstellungsministerin Harriet Harman lustig: «Peter schüttelte die Hand von Micky Mouse und merkte, dass sie eine Armbanduhr mit Harriet Harmans Gesicht trug.» Die Tory-Abgeordneten schüttelten sich so arg vor Lachen, dass sie fast vom grünen Leder rutschten. Das Ganze erinnerte mich an die Slapstick-Parlamentssitzungen, die mein Philosophiekurs abhielt, wenn unser Lehrer das Klassenzimmer verließ.

Allein kamen mir meine exzentrischen Mitschüler damals ungewöhnlich erwachsen vor, während die Politiker im Unterhaus nur kindisch wirkten.

*

Können Länder «erwachsen» werden? Und wenn ja, wie? Die amerikanische Reporterin Martha Gellhorn stellte sich diese Fragen einst, als sie im Februar 1964 Deutschland ihren ersten Besuch nach Ende des Zweiten Weltkriegs abstattete. In dem Essay «Is There a New Germany?» spielt sie mit der These, dass ein Land zum Erwachsenwerden nicht nur eine neue Regierung brauchte, sondern sich außerdem ein *innerlicher* Wechsel vollziehen musste. «Meiner Meinung nach gibt es kein Neues Deutschland, nur ein weiteres Deutschland», schrieb sie. «Deutschland braucht eine Art von Revolution, wie es sie noch nicht hatte und wie es sie scheinbar auch nicht haben wird; keine blutige, altmodische Revolution mit Exekutionskommandos und Gefängnissen, aus der nur wieder eine weitere Diktatur wird, sondern eine innerliche Revolution des Geistes.»

Genauso wie zwei Weltkriege uns von dem ständigen Austausch zwischen Deutschland und Großbritannien abgelenkt haben, der davor und danach stattfand, hat die Dramatik des deutschen Herbstes lange bewirkt, dass Leute sich intensiv mit der altmodischen Revolution befasst haben und weniger mit der Revolution des Geistes. Die Avantgarde der Achtundsechziger stilisierte sich als eine Minderheit, die gegen eine bestenfalls unbekümmerte und schlechtenfalls tiefreaktionäre Mehrheit kämpfte – Böll beschrieb die Baader-Meinhof-Bande als «sechs gegen sechzig Millionen». Dabei lenkt dieser Spruch davon ab, dass die deutsche Öffentlichkeit in den sechziger Jahren liberaler wurde als jemals zuvor.

Wie kann man anders erklären, dass sie mit Willy Brandt einen Kanzler wählte, der sich zu einer pazifistischen Ostpolitik bekannte und für eine Steuerreform zugunsten der Schwächeren einsetzte? Für meine Eltern war Brandt eine Art deutscher JFK: eine Personifizierung von politischem Idealismus und eine Alternative nicht nur zum reaktionären Konservatismus vorheriger deutscher Regierungen, sondern auch zum kulturellen Pessimismus der Frankfurter Schule und dem politischen Pessimismus der RAF. Als ich Astrid Proll 2008 zum ersten Mal interviewte, war ich überrascht, wie wenig sie und ihre damaligen Weggefährten sich mit herkömmlicher Parteipolitik in den Sechzigern auseinandergesetzt hatten. Zum Beispiel war Proll ursprünglich überzeugt, dass Brandt «lange nach uns kam» – ein verzeihbarer Fehler, hätte die radikale Linke nicht Brandts liberale Reformen maßgebend behindert. So war Brandt zwar schon wegen seines Exilaufenthalts im Dritten Reich ein leichtes Ziel für Sticheleien von rechts: «Was haben Sie zwölf Jahre lang draußen gemacht?», feindete Franz Josef Strauß ihn einst an. «Wir wissen, was wir drinnen gemacht haben.» Während Baader-Meinhof aber Deutschland in Bann hielt, war Brandt noch angreifbarer: Als man Baader festnahm, meinte der CDU-Politiker Carl Damm, die Terroristen sollten sich doch den Kanzler als Verteidiger nehmen. Durch den Druck von rechts entschloss sich Brandt schließlich für den Radikalenerlass – und verlor damit die Unterstützung vieler seiner jungen Anhänger. Helmut Schmidt, der nach Brandts Rücktritt am 6. Mai 1974 das Kanzleramt übernahm, war in Bezug auf die RAF ein klarer Hardliner. Nach dem Kidnapping von Hanns Martin Schleyer gab ein Repräsentant des Bundestags der BBC ein Interview. «Glauben Sie, dass Herr Schmidt auf die Forderungen der Terroristen eingehen wird?», fragte der Interviewer.

«Es wird eine schwierige Entscheidung für ihn werden, aber

wie andere Leute hier glaube ich, dass er nicht auf irgendwelche Forderungen eingehen wird.»

«Auch wenn das bedeutet, dass Herr Schleyer stirbt?»

«Ja, ich glaube, dass Verhandlungen keine Option sind.» Am selben Abend noch forderte Schmidt einen Regierungsjuristen auf, schriftlich festzuhalten, dass die Regierung nicht mit den Terroristen verhandeln werde, selbst wenn er selbst und seine Frau entführt würden.

*

Das Interview mit Astrid Proll dauerte ungefähr zwei Stunden. Um Punkt sechs sah sie auf ihre Uhr, stand auf und schaltete den Fernseher an. «Du kannst gerne hierbleiben, aber ich will das jetzt gucken», rief sie mir über ihre Schulter zu. Es war der Tag der hessischen Landtagswahlen, und für die nächsten zwei Stunden aßen wir Schwarzbrothäppchen mit Käse und Gurken, während die ersten Prognosen gesendet wurden.

Es ist nicht leicht, junge Leute für deutsche Regionalpolitik zu begeistern. Obwohl das deutsche Parlamentssystem, das am 8. Mai 1949 in Kraft trat, dem amerikanischen Föderalismus mit seinen zwei Legislativorganen im Prinzip nicht unähnlich ist, fehlt hier der Elan und die Dramatik einer Episode von *The West Wing*. In Großbritannien gibt es immerhin das wöchentliche Narrenspiel der Prime Ministers Question Time, in dem sich Politiker passioniert anmotzen. Deutschland kann gerade einmal zähe Koalitionsverhandlungen bieten und Kompromisse, Kompromisse, Kompromisse. Im Vorfeld der Wahlen in Hessen hatte es immerhin einige kleinere Skandale gegeben. Angesichts schlechter Prognosen für seine Partei hatte CDU-Amtsinhaber Roland Koch eine schamlos populistische Kampagne mit Warnungen vor kriminellen Ausländern geführt; die Wahlkampfposter betonten die ausländisch klingenden Namen der Gegenkandidaten der SPD und der Grünen: «Stoppt Ypsilanti, Al-Wazir und die Kommunisten». Als die ersten Ergebnisse auf dem Bildschirm erschienen, konnten Astrid Proll und ich unseren Jubel kaum unterdrücken: Die Wähler hatten Koch für seine negative Taktik abgestraft, und die CDU hatte 12 Prozent der Vorjahresstimmen verloren. Die Wahlbeteiligung war mit 64,3 Prozent für deutsche Verhältnisse zwar nicht ungewöhnlich – in Großbritannien würde man sie trotzdem nur bei einer Bundestagswahl erwarten. Hugh Trevor-Roper hatte einst geschrieben, dass Deutschland nie einen liberalen Politiker haben würde, der nicht als Versager in die Geschichte eingänge. Wenn Deutschland aber im 21. Jahrhundert wirklich noch eine heimliche Vorliebe für Selbstherrscher hatte, so versteckte es seinen Schwarm hervorragend.

Wie erwartet erlangte keine der größeren Parteien eine absolute Mehrheit, und die Moderatorin erwog die diversen Koalitionen, die sich innerhalb der nächsten Wochen im Land bilden könnten. Würde es eine rot-rote Einigung zwischen den Sozialdemokraten und der Linken geben, eine Ampelkoalition oder gar das Novum einer Jamaika-Koalition? Mich überraschte, wie viele kleine Parteien auf der Wahlliste erschienen: Es gab eine Partei für Tierrechte, eine Familienpartei, eine Piratenpartei (schon damals), die Grauen Panther für Menschen über siebzig und sogar Die Violette, die angeblich für «alternative spirituelle Politik in einem neuen Zeitalter» stand. Während ein Kandidat nach dem anderen vor die Kameras gezerrt wurde, wunderte ich mich, wie viel erwachsener und vernünftiger die Politiker oft klangen als beim Theater im House of Commons.

Spannend waren die Interviews keinesfalls: Man bereitete sich schon rhetorisch auf die kommenden Koalitionsverhandlungen vor. Irgendwann schalteten wir um, um uns noch die letzte halbe Stunde eines Dokudramas auf RTL anzuschauen. Der Film spielte in den späten Achtzigern und handelte von einer Gruppe von Kirchgängern in Leipzig, die einen wöchentlichen Marsch gegen die DDR-Regierung veranstalteten. Die Zahl der Demonstranten wuchs so stark an, dass sie sich von der Regierung nicht mehr ignorieren ließ. Für ein paar Minuten sah es so aus, als würde die Demonstration in einem Massaker enden, wie auf dem Platz des Himmlischen Friedens in Peking. Aber es kam anders: Am Ende öffneten sich die Grenzen, die Regierung war am Boden, und die Kirchgänger hatten gewonnen. Soweit man es anhand der letzten halben Stunde fair beurteilen konnte, war ziemlich klar, dass der Film eine billige Produktion war: Die Schauspieler waren jung und blass, die Dialoge grob vereinfacht. Dass keine richtige Spannung entstand, mag aber auch am Konzept gelegen haben: Der Film versuchte, die Geschichte anhand eines jungen Paares zu erzählen, obwohl klar war, dass die Protestmärsche ein Ausdruck des kollektiven Willens der Masse waren, nicht die Entscheidung von Individuen. Trotz alldem fühlte ich mich plötzlich sehr ergriffen, vielleicht einfach nur von dem Gedanken, dass sich diese Märsche wirklich ereignet hatten. Wie merkwürdig, dass so etwas in einem Land wie Deutschland passieren konnte: eine Revolution, in der kein einziger Schuss fiel. Keine blutige, altmodische Revolution mit Exekutionen und Gefangenen, sondern eine Revolution des Geistes.

Epilog

«Hier gibt es gutes Weißbier,
aber wahrhaftig keine Ironie»
Heinrich Heine, *Reise von
München nach Genua*

Der Park im Stadtinneren Münchens hat, spontan betrachtet, einige Züge, die man mit den englischen Landschaftsgärten des 19. Jahrhunderts assoziiert: das Auf und Ab künstlicher Wiesen, die unerwarteten Gestrüppexplosionen, der chinesische Turm im Stile der Pagode von Kew Gardens und die komplette Abwesenheit der geometrischen Pedanterie eines *jardin à la française*. Trotzdem ist der Name irreführend. So wurde die Anlage des Parks 1789 zwar von einem echten englischen Knight geleitet – dem Politiker, Ingenieur und Suppenrezepterfinder Sir Benjamin Thompson –, allerdings wurde dieser in Massachusetts geboren, diente lange Zeit unter Kaiser Joseph II. von Bayern und starb in Paris. Und sowieso ist der Englische Garten in München vom Wesen her viel eher deutsch als angelsächsisch. So findet sich zum Beispiel zu Füßen der Pagode ein enormer Biergarten, in dem man noch enormere Portionen Weißbier, Bretzel und Schweinebraten bestellen kann. Mit einer Gesamtfläche von 3,75 Quadratkilometern ist der Park an sich sowieso verhältnismäßig groß, und die Verlockung, im Anschluss an einen Mittagsspaziergang hier ganze Nachmittage zu verbringen, ist vollkommen unenglisch. Anstelle der offenen Versammlungsflächen und «Speakers Corners» von Londons Victoria Park hat der Englische Garten in München jede Menge Verstecke und Schlupfwinkel, in denen man einige Stunden verbringen kann, ohne auf eine andere Menschenseele zu stoßen. In der Tat liegen einige Teile des Parks so weit ab, dass sie ideal für eine andere typisch deutsche Freizeitbeschäftigung geeignet sind: Freikörperkultur.

Es ist das deutsche Element im Englischen Garten von München, das die englische Salonlöwin Unity Mitford an einem heißen Augustnachmittag 1937 in den Park lockte. In einem Brief vertraute sie ihrer Schwester Jessica Folgendes an:

> Als es vor ein paar Tagen brüllend heiß war, fand ich einen abgelegenen Platz im Englischen Garten, an dem ich mich vollkommen entkleidete & ein Sonnenbad nahm, zum Glück kam niemand vorbei. Wie ich dort in der Sonne lag, fragte ich mich plötzlich, ob Muv [Mutter] *wusste*, dass ich mich nackt sonnte, genauso wie sie es einst *wusste*, als Du nackt badetest, & ich lachte, bis mir mein Bauch wehtat. Falls jemand zufällig vorbeigekommen wäre, hätte man mich nicht nur für unanständig gehalten, sondern obendrein noch für verrückt.

Unity, eine Cousine zweiten Grades von Winston Churchill, war nicht die einzige Angehörige des Clans der Mitfords, die sich für Deutschland begeisterte. Mutter «Muv», Vater «Farve», Cousine Clementine, Bruder Tom und die Schwestern Diana, Deborah und Jessica besuchten alle im Verlauf der dreißiger Jahre die Landeshauptstadt Bayerns. Alles fanden sie hier charmant: Sie liebten die Sprache, die Landschaft, die Filme, die im Kino liefen («wahrlich himmlisch»), das Essen («wunderbar») und besonders das Brot. Deutschland war ein Riesenspaß, und die Mitfords kriegten sich vor Lachen gar nicht mehr ein – Jessica, eine bekennende Linke, war bei den Anwohnern als «die lustige Kommunistin» bekannt. Allerdings hatte Unity von allen den stärksten Drang, sich den örtlichen Sitten anzupassen, besonders nachdem sie in einer der ansässigen Kneipen einen attraktiven Mann kennengelernt hatte. Bei ihrem ersten Date in der Osteria Bavaria war sie zwar noch so nervös, dass ihr fast ihre Tasse Kakao aus der Hand rutschte, aber schon bald verstanden sich die 21-Jährige und der Mittvierziger bestens. Im Dezember 1935, nach einem weiteren Rendezvous in der Osteria, schrieb sie an ihre Schwester Diana: «Der Führer war *himmlisch*, bester Stimmung & sehr albern. Es gab die Wahl zwischen zwei Suppen & er warf eine Münze & er war *so* süss dabei. […] Er redete viel über Juden, was wirklich entzückend war.»

Unity Mitfords Abenteuer in Nazideutschland wurden schon damals akribisch in der britischen Boulevardpresse dokumentiert. Noch heute sind sie und ihre Schwestern ein gefundenes Fressen für die Klatschspalten: Erst 2007 versprach die *Daily Mail*, «die Wahrheit über Hitlers uneheliches Kind» mit dem englischen Society-Girl enthüllen zu wollen (dass es keine echten Beweise dafür gab, dass die Beziehung zwischen den beiden jemals sexueller Natur war, verschwieg der Artikel). Unity wird oft als das schwarze Schaf in der Mitford-Herde dargestellt: ihr Schicksal ein unglücklicher Einzelfall, ein seltener Aussetzer des britischen Common Sense. Man verdrängt somit die unangenehmeren Fragen, die sich durch diese Begegnung stellen: Welche anderen Mitglieder der englischen High Society hätten mit Hitler Tee getrunken, wenn sich ihnen die Gelegenheit geboten hätte? Und wieso gewährte der Führer der Nationalsozialisten eigentlich einem englischen Groupie Eintritt in seinen Kreis von Vertrauten? Sah er Unity, die «Einheit», vielleicht als ein Symbol für eine mögliche Allianz mit der britischen Führungsschicht, deren weitreichendes Empire er noch immer verehrte?

Eine beliebte Interpretation, die später von ihrer jüngeren Schwester Deborah unterstützt wurde, lautet, dass Unity während ihres Aufenthalts in Bayern «zu deutsch» wurde. Soll heißen: Nicht nur zu familiär mit nationalsozialistischer Ideologie, sondern auch einfach zu ernst und bieder, ohne jenen wichtigen englischen Instinkt für das Absurde und Exzentrische. Aber ist jemand, der die Wörter «armer süßer Führer» schreibt, wirklich eine Kreatur des tierischen Ernstes? Wenn man die Briefe Unity Mitfords liest, bekommt man den Eindruck einer Person, die Politik nicht wirklich ernst nahm, und wenn, dann vielleicht höchstens so, wie ein junges Mädchen eine ernste Liebe für Cockerspaniels oder eine ernste Ballettabhängigkeit entwickelt. Kurz nachdem Unity England gen Deutschland verließ, schrieb ihre Schwester Nancy einen Roman, in dem sich eine Unity ähnliche junge Dame namens Eugenia mitten auf dem Dorfmarktplatz auf eine umgedrehte Badewanne stellt und von dort mit ihrem «Reichshund» Mitglieder für die «Union Jackshirts» rekrutiert. Manch einer, inklusive Unity, las dieses Buch als eine Parodie auf den britischen Faschismus. Nancy selbst dachte scheinbar anders: «Ich bestehe weiterhin darauf, dass es weitaus klarer für den Faschismus ist als dagegen. Bei weitem die sympathischste Figur in dem Buch ist ein Faschist, alle anderen werden sympathischer, sobald sie in die Partei eintreten.» Der Roman *Wigs on the Green* gehört anscheinend in die gleiche Kategorie wie *The Code of the Woosters* des großen englischen Humoristen P. G. Wodehouse, ein Buch, das sich über die kryptofaschistische «Black Shorts»-Bewegung lustig macht, ohne dass man das Gefühl bekommt, dass der Autor sich wirklich mit dem Ernst der Lage auseinandergesetzt hat. Wodehouse nahm später eine Reihe von propagandistischen Radiosendungen für die Nazis auf, während er in Oberschlesien interniert war. Unity und Nancy und Wodehouse verbindet eine einmalige Eigenschaft der britischen Upperclass in den Jahren zwischen den beiden Weltkriegen: die Neigung, die Anzeichen der drohenden Katastrophe durch eine dicke Folie von Ironie zu betrachten.

Unitys deutsches Abenteuer hat ein ironisches Ende, wenn auch ironisch in dem anderen, tragischen und deshalb weniger amüsanten Sinn des Wortes. Kaum ein Jahr nachdem sie sich im Englischen Garten entblößte, suchte sie erneut eine versteckte Ecke jenes trügerischen Symbols deutsch-englischer Gemeinsamkeit auf. Zwei Tage vorher hatte Hitler eine Rede gehalten: «Ich habe England immer wieder angeboten eine Freundschaft und, wenn notwendig, das engste Zusammengehen. Aber Liebe kann nicht nur von einer Seite geboten werden. Sie muss von der anderen ihre Erwiderung finden.» Am 1. September 1939 begann der Zweite Weltkrieg, und Unity Mitford setzte die Mündung einer Pistole an ihre Schläfe. Sie überlebte schwerbehindert für neun weitere Jahre, dann infizierte sich die Kugel in ihrem Hirn und nahm ihr das Leben.

*

Als ich im Sommer 2007 anfing, dieses Buch zu schreiben, schloss ich einen Pakt mit mir selbst. Auf keinen Fall wollte ich noch ein weiteres Buch über Nazis und den Zweiten Weltkrieg schreiben. Wenn man über deutsch-englische Beziehungen schreibt, dann ist das Dritte Reich so etwas wie ein schwarzes Loch, das alles Interessante, was danach oder davor passierte, in sich hineinsaugt. «Wieso schreibst du nicht etwas über Hitler und Churchill?», fragten mich ein paar englische Freunde, wenn ich ihnen erzählte, dass ich ein Buch über Begegnungen schreiben wollte. «Wieso soll ich denn gerade über die beiden schreiben?», erwiderte ich, meist leicht gereizt. «Die Geschichte kennst du doch schon längst.» Das Dritte Reich, so kam es mir damals vor, war das einzige Kapitel deutscher Geschichte, über das in diesem Land berichtet wurde: auf der Schule, im Fernsehen, in den Zeitungen. Es gab Hunderte von Büchern über Churchill, Tausende über Hitler. Wer brauchte da noch ein neues? Und trotz allem guten Vorsätze: Als ich zufällig auf Unity Mitfords Briefe stieß, wurde mir sofort klar, dass ihre Geschichte unbedingt in dieses Buch gehörte. Die Nazis aus Prinzip zu ignorieren erschien mir genauso unnatürlich, wie wenn ich mich obsessiv auf sie konzentriert hätte.

Besonders eine Sache faszinierte mich an der Begegnung zwischen Mitford und Hitler: Auf seine eigene Weise kam mir dieses Treffen vor wie eine schlagkräftige Parabel über englische Ironie. Folgt man den herkömmlichen Definitionen, dann ist Ironie, wenn jemand das Gegenteil davon meint, was er sagt. Und sicherlich mag Ironie noch um die dreißiger Jahre eine rhetorische Strategie gewesen sein, die nur die klügsten Feingeister auf der Insel beherrschten. Als ich in den Neunzigern nach England kam, war Ironie allerdings schon längst in die Materie britischer Kultur durchgesickert und füllte jede Pore. Ironie war die Motivation hinter den vielen Witzen, die meine Schulkameraden rissen, der Grund, weshalb sie sich nicht trauten, große Ideen zu formulieren. Und ohne dass es mir damals wirklich bewusst war, hatte auch ich mich bemüht, immer ironischer und immer weniger ernst zu werden. Ich hatte die Gesten dieser Menschen studiert, das «Deadpan Face» gemeistert und gelernt, den «Oxford Stutter» zu affektieren. Fuhr ein Auto vor mir über eine rote Ampel, zeigte ich dem Fahrer nicht den Stinkefinger, sondern formte mit dem Mittel- und Zeigefinger ein umgekehrtes «Victory-Zeichen» – ironisch, versteht sich. Ich kopierte englische Mode und fing an, meine Klamotten hauptsächlich auf Flohmärkten und in

Secondhandläden zu kaufen. Ich erinnere mich genau an den Tag in den Sommerferien nach meiner Abschlussprüfung, ungefähr zwei Jahre nach meiner Abreise aus Deutschland, an dem ich mich auf einer Party in Hamburg wiederfand: Ich trug enge metallblaue Jeans mit Schlag, Rentnerturnschuhe, ein kurzärmliges Hemd mit orientalischem Muster, darüber einen weinroten Kaschmirpullunder und eine gelbe Skijacke. In England, da war ich mir sicher, war jedes dieser Kleidungsstücke eine Art ironisches Zitat, ein augenzwinkernder Hinweis auf ein anderes Modeklischee. Auf der Party in Hamburg-Langenhorn erntete mein Look nur misstrauische Blicke.

Irgendwann hatte ich die Sprachmuster der Menschen in meiner Umwelt so genau studiert, dass fast alles, was ich sagte, eine schwammige Doppeldeutigkeit besaß. In meinem Freundeskreis redeten wir alle so: Hatte sich jemand in der Schule eine neues Paar Turnschuhe gekauft, das nicht unseren ästhetischen Ansprüchen entsprach, dann sagten wir: «Oh, they're nice», und hoben dabei die Augenbrauen. Erklärte jemand allerdings einen Film für «quite good» und vollzog dabei mit seinem Kinn eine leichte Nickbewegung, dann wussten wir, dass er in Wirklichkeit endlos begeistert war. Ironie war für uns weniger ein verbaler Kartentrick als das permanente Andeuten eines vagen Subtextes. Unsere Eltern überhörten unsere Unterhaltungen mit Verblüffen und Unverständnis. Kurz nach unserer Abschlussprüfung veranstalteten mein Freund Tom und ich eine gemeinsame Geburtstagsfeier zu unseren achtzehnten Geburtstagen. Auf der Einladung stand damals: «Dress with a sense of defeated irony.»

Ein unbeabsichtigter Nebeneffekt meiner Versuche, mein Leben ironischer zu gestalten, war, dass die Leiden des Erwachsenwerdens dadurch noch intensiver wurden: Man war konstant auf der Suche nach dem wahren Ich. Ich gewöhnte es mir derart an, meine Mitmenschen zu kopieren, dass ich mir irgendwann nur noch schwer vorstellen konnte, jemals etwas anderes als ein Doppelgänger zu sein. Ich kopierte weiter, als meine Mitschüler ihre Uni-Bewerbungen schrieben, und schaffte es irgendwie, einen Studienplatz in Oxford zu ergattern. Ich war nicht dumm, das wusste ich, und trotzdem konnte ich das Gefühl nicht abschütteln, dass ich mir alleine durch das Abkupfern der Manieren und Bestrebungen junger Engländer einen Platz an einer der besten Universitäten der Welt erschummelt hatte.

Der Vorteil englischer Ironie war, dass sie ein einmalig angenehmes Nationalgefühl ermöglichte. England verlangte nie eine Hingabe, wie man sie vielleicht von einem Deutschen erwartete, der in Deutschland lebte. Man konnte sozusagen auf ironische Art und Weise «englisch sein»: ein Nationalstolz, den man an- und ausziehen konnte wie einen ausgelatschten Turnschuh. Als mein Vater 2001 in den Ruhestand ging und meine Eltern mir bald danach mitteilten, dass sie unser Haus verkaufen und wieder nach Deutschland zurückziehen würden, nahm ich dies auf die leichte Schulter. Dass ich in einem Land leben würde und meine Familie in einem anderen, schien mir damals perfekt zu dem modernen kosmopolitischen Ideal zu passen, das uns jederzeit Ansprüche auf unsere Gastländer machen ließ, ohne dass diese Länder Ansprüche auf uns machen durften.

Nur langsam kamen in mir Zweifel auf, ob man für immer in Anführungszeichen leben konnte. Es fing in den Ferien nach Ende meiner Schulzeit an, als ich eines Tages mit meinen alten Schulkameraden in Hamburg im Park Fußball spielte. Aus dem Mittelfeld empfing ich einen perfekten langen Ball, kontrollierte ihn mit meinem Außenrist, verschaffte mir mit einer Körpertäuschung Raum und knallte den Ball Richtung Tor. Der Schuss ging weit über die Latte hinweg und landete im Gebüsch. «Fuck!», fluchte ich aus Frust und blieb sofort verdutzt stehen. Wieso hatte ich denn jetzt gerade auf Englisch geschimpft? «Der Engländer, näh?», juxte ein Mitspieler hinter meinem Rücken, ein anderer summte die Melodie von «God Save the Queen», als ich zum Mittelkreis zurückstampfte.

Jedes Mal, wenn ich nach Deutschland zurückkehrte, merkte ich, dass England mir tiefer unter die Haut gegangen war als bisher angenommen. Im Supermarkt irritierten mich die schroffen Antworten der Kassiererin, und ich vermisste plötzlich all die How-are-you-todays, Thank-yous und Have-a-nice-days, die mir zu Anfang noch aufgesetzt und formelhaft vorgekommen waren. In der Kneipe fiel mir auf, dass ich meine Trinkgeschwindigkeit schon längst auf die Barschlusszeiten englischer Pubs abgestimmt hatte. Während meine deutschen Freunde noch ihren Weg durch die Schaumkrone nippten, kippte ich mir schon den Bodensatz in den Rachen. Stundenlang versuchte ich, sie davon zu überzeugen, dass Bier auch mit Zimmertemperatur gut schmecken konnte. Ich ertappte mich sogar dabei, die englische Kochkunst zu verteidigen, als ich hörte, wie sich noch so ein deutscher Kulturbanause über Baked Beans lustig machte. «Und du glaubst wirklich, die bewundern uns auf der ganzen Welt für unsere Klöße und Braten?» Jedem, der mich ließ, schwärmte ich von bittersüßer Orangenmarmelade vor, von Beef-and-Ale-Pies und Rhabarber-Crumbles.

Auch nachdem ich mein Studium begonnen hatte, änderte sich daran wenig. Je länger ich in Großbritannien blieb, desto schwieriger wurde es zu sagen, ob ich ein Deutscher im Engländerpelz war oder schon ein echter Engländer, der sich noch einbildete, einmal ein Deutscher gewesen zu sein. In Oxford kam ich einer Engländerin namens Joanna näher, in die ich mich schon in der ersten Woche nach Studienbeginn verguckt hatte. Bei unserem ersten Date sagte Joanna zu mir:

«Weißt du eigentlich, dass die anderen Studenten in unserem Jahrgang dich ‹German Phil› nennen?» Ich erwiderte, dass ich keine Ahnung hätte (und war insgeheim ganz froh: Die anderen Phils in unserem Jahrgang hießen «Portuguese Phil», «Neanderthal Phil» und «Sleazy Phil»). «Das Witzige daran ist», fuhr sie fort, «dass du überhaupt nicht besonders deutsch bist.»

*

Was ist typisch deutsch? Was ist typisch englisch? Diese Fragen zu beantworten ist nicht unbedingt leichter geworden, seit ich von dem einen Land ins andere gezogen bin. Zum einen ist Deutschland heutzutage viel britischer als früher. Vorbei sind die Zeiten, in denen England-Fans sich über deutsche Lebenszeitstudenten beschweren und von den dynamisch-kurzen Bachelor-Studiengängen der Insel schwärmten: Inzwischen dauert ein deutsches Studium oft genau so lang wie ein englisches. Vorbei sind die Zeiten, in denen deutsche Manager den notorisch unflexiblen deutschen Arbeitsmarkt kritisierten und das englische Modell lobten, das Ausbildungszeiten verkürzte und Quereinstiege ermutigte. Nach einer Welle von Arbeitsmarktreformen leben mittlerweile rund 4 Millionen Selbständige in Deutschland, darunter 2,5 Millionen sogenannte «Solo-Selbständige», also Freiberufler und Kleinunternehmer, die nicht über eigene Angestellte verfügen. Der öffentliche Dienst in Großbritannien wurde in den letzten 30 Jahren zweifelsfrei aggressiv privatisiert, doch gibt es in Deutschland inzwischen so manchen Sektor, in dem «angelsächsische Methoden» weitaus ausgebildeter sind als im Vereinigten Königreich. Kommt man auf das Gesundheitssystem, den «National Health Service», zu sprechen, dann wandelt sich der durchschnittliche Brite vom Händler zum Helden, vom Proto-Kapitalisten zum

Turbo-Sozialisten. Zwar lästert man in Deutschland immer noch gerne über Londoner Immobilienpreise, doch steigen die Mieten in Hamburg und Berlin inzwischen so rasant, dass abfälligen Bemerkungen oft der Biss fehlt. Dass Deutschland nach der WM 2006 auch irgendwie patriotischer geworden ist, das ist in der deutschen Presse schon mehrfach beobachtet worden. Weniger oft wurde dabei bemerkt, dass der neue deutsche Party-Patriotismus dem britischen Modell folgt und tendenziell in ironischem Gewand erscheint. Das Kunstwort «Schland» ist schließlich nichts anderes als das deutsche Pendant zu «Ingerland»: ein Ausdruck von Selbstreflexion selbst im Akt des patriotischsten Selbstausdrucks. Nirgendwo wird für die neue deutsche Leichtigkeit so aggressiv Werbung gemacht wie in Berlin, dessen Einwohner sich ihrer eigenen Hipness ebenso bewusst sind wie die von London. Im Berlin des 21. Jahrhunderts gibt es ironische Hotels, in denen früher mal die Stasi hauste, ironische Kneipen, die «White Trash Fast Food» heißen, ironische Cocktailbars, die früher mal chinesische Restaurants waren, chinesische Imbisse, in denen man Currywurst mit Wasabi-Kartoffelsalat kaufen kann, und ironische Cafés, die mit Club Cola und Bambina Schokolade auf DDR-Nostalgietrips locken.

Zu behaupten, dass Großbritannien auch deutscher geworden sei, das ginge vielleicht einen Schritt zu weit. Fest steht jedoch: Die Briten haben ihre germanophile Ader wiederentdeckt. Mir viel dies zum ersten Mal im Sommer 2010 auf. 14 Jahre nachdem ich mit Entsetzen Andi Möllers Gockeljubel bestaunt hatte, saß ich mit rund 20 Engländern in einem vollgepackten Wohnzimmer im Nord-Londoner Stadtteil Finsbury Park und schaute zu, wie Deutschland im Viertelfinale der WM in Südafrika gegen England antrat. Deutschland gewann – so weit nichts Neues. Was neu war, war die Spielweise der deutschen Mannschaft und die Reaktion von meinen englischen Freunden. In der 70. Spielminute schnappte Mesut Özil Gareth Barry eine Flanke von den Füßen und ließ den großgebauten Mittelfeldspieler wie einen alten Bobby aussehen, der einem jugendlichen Taschendieb nachlief. Özil passte zu Müller, und Müller schoss ins Tor: 4:1, die höchste Niederlage, die England jemals in einer Weltmeisterschaft erleiden musste.

Ich drehte mich langsam um. Aber wo ich grimmige Mienen und geballte Fäuste erwartete, sah ich gerade mal resignierte Enttäuschung – und sogar das ein oder andere bewundernde Kopfnicken. Beim Frustbier im Pub danach einigte man sich schnell, dass die englische Nationalmannschaft eine Truppe von überschätzten, überbezahlten Individualisten ohne Teamgeist war, während «those lovely young Germans» mit so untypisch deutschen Namen wie Boateng, Khedira und Gomez so dynamisch und verspielt aufgetreten waren, wie man es vom englischen Fußball eigentlich erwartete. Nach der ersten Runde hatte man sich entschlossen, dass man für den Rest des Turniers «Shvinestyger» & Co. unterstützen würde – eine Meinung, die sich in Zeitungen, Onlineforen und Bürounterhaltungen innerhalb der nächsten paar Tage zum Konsens entwickelte. Auch wenn die deutsche Elf den Pokal am Ende doch nicht gewann, war ihr etwas gelungen, woran ihre Eltern und Großeltern noch gescheitert waren: die Briten zu überzeugen, dass man die Deutschen doch gerne mögen durfte.

Glaubt man einer Umfrage des Meinungsforschungsinstituts YouGov aus dem März 2012, hat das britische Deutschlandbild sowieso immer weniger mit Nazis in Lederstiefeln zu tun. Der Analyse zufolge sind die meisten Briten weiterhin skeptisch gegenüber Europa eingestellt, doch haben sie inzwischen ein ernstes Interesse an Deutschland und geben deutschen Politikern, Banken, Schulen und Krankenhäusern weitaus bessere Noten als heimischen Institutionen. In der Tat steht Deutschland auf der Liste der meistbewunderten Länder der Briten inzwischen an zweiter Stelle, knapp hinter Schweden und klar vor Amerika. Seit Anfang der Finanzkrise im Jahre 2008 wimmelt es im Boulevard und Feuilleton von Lobreden auf das «German Model». Kaum eine Woche vergeht ohne Gastbeiträge und Interviews, in denen Politiker und Ökonomen vorschlagen, was man denn von dem Nachbarn auf dem Festland lernen könne: Linke Politiker loben die Kompromissbereitschaft zwischen Arbeitgebern und Gewerkschaften, die ausgeglichenere Kräfteverteilung zwischen Industrie- und Finanzsektor und die Rechte deutscher Mieter. Maurice Glasman, ein linker Lord und Berater des Labour-Vorsitzenden Ed Miliband, hat sogar vorgeschlagen, man solle deutsche Meister importieren, «um die Gilden auf den neuesten Stand zu bringen, wie wir es einst im 15. und 16. Jahrhundert gemacht haben». Der Trades Union Congress, der britische Gewerkschaftsdachverband, veröffentlichte im Januar 2012 eine Broschüre namens «German Lessons»; in Politikerkreisen spricht man von «Neue Labour».

Selbst die Konservativen haben eine germanophile Ader in ihrer Partei entdeckt. Abgeordnete schwärmen von Deutschlands fiskaler Disziplin, Gerhard Schröders Agenda 2010 und den Vorteilen der dezentralisierten Bundesrepublik: So meinte der britische Minister für Kommunen Eric Pickles bei seinem Amtsantritt, die Deutschen «hätten wirklich den Durchblick bei lokaler Selbstverwaltung». Schatzkanzler George Osborne hat sich für ein «Großbritannien auf den Schultern der marschierenden Hersteller» eingesetzt, während Unternehmensminister Vince Cable eine «Made in Britain»-Initiative gestartet hat, die wie eine späte Korrektur des «Made in Germany»-Desasters daherkommt. Direkte Parallelen zwischen dem konservativ-liberalen Regierungsbündnis Großbritanniens und der traditionellen CDU-FDP-Koalition Deutschlands mögen oberflächlich sein, doch lässt sich eine allgemeine Bewunderung für Deutschland schwer leugnen. «Cameron ist doch ein riesiger Merkel-Fan», meinte ein Westminster-Reporter kürzlich zu mir. «Sein ganzes Kabinett spricht inzwischen mit einem deutschen Akzent.»

Ob der deutsche Akzent auch mit einem entsprechenden Grammatikverständnis einhergeht, das ist eine andere Frage. Im Augenblick deuten die Zeichen eher auf Abschied. Der Grund dafür ist das einzige Thema, bei dem sich britische und deutsche Konservative zurzeit gar nichts zu sagen haben: Europa. Nach dem Austritt der Tories aus dem europaweiten konservativ-bürgerlichen Parteibündnis der Europäischen Volkspartei im Jahr 2009 und David Camerons Veto gegen die von Merkel vorangetriebene EU-Vertragsreform im Dezember 2011 verstärkt sich das Gefühl, dass die beiden politischen Kulturen verstärkt auseinanderdriften. In London beschwert sich der deutsche Botschafter beim britischen Außenministerium, die ewig negative Hinhaltetaktik bei europäischen Integrationsfragen würde dazu führen, dass Großbritannien sich in Europa isoliere: «Dann seht ihr nur noch die roten Rücklichter des Zuges, wie er aus dem Bahnhof rausfährt.» Dasselbe Mantra hört man von Briten in Berlin, nur halt andersrum: In London wolle man Sachen bald anders machen, ohne die EU, und viele andere Länder würden sich dabei anschließen. Wenn Deutschland nicht aufpasse, dann stünde es bald alleine da, mit den ganzen Südländern, die nur an sein Geld wollten.

Ein Experte für geschäftliche Beziehungen zwischen Deutschland und Großbritannien erklärte mir einst, in Westminster würde man sich alle zwanzig Jahre wieder für das «German Model» begeistern. Es handele sich dabei um eine Modeerscheinung «wie Schlaghosen». So gründete zum Beispiel die junge Margaret Thatcher Mitte der Siebziger eine

Expertenkommission, das «Centre for Policy Studies», um genauer zu erforschen, weshalb das Wirtschaftsmodell der Deutschen so beneidenswerte Erfolge erzielte. Ein paar Jahre später wurde auf dem jährlichen Trades Union Congress der Beschluss gefasst, man wolle «die deutsche Einstellung zu Verhältnissen zwischen Arbeitgebern und Arbeitnehmern» übernehmen. Beiden guten Vorsätzen folgte nichts. Thatcher und ihre Kollegen interessierten sich am Ende doch mehr für den österreichischen Vorreiter des Neoliberalismus, Friedrich von Hayek, während der Vorschlag des TUC so klar abgelehnt wurde, dass niemand überhaupt versuchte, das Wahlergebnis zu zählen. Das Problem mit Schlaghosen – zumindest das hatte ich aus meiner Zeit als ironischer Engländer gelernt – ist, dass sie alle zwanzig Jahre wieder auf dem Kleidermarkt landen.

Das erste und das letzte Kapitel in diesem Buch handelten von Rendezvous zwischen Deutschland und England: Annäherungsversuchen, die letztendlich fehlschlugen und das Gegenteil bewirkten. Kohl übersah angesichts der scheinbaren Gemeinsamkeiten zwischen ihm und Maggie Thatcher, wie viele Glauben, Vorurteile und Traditionen uns letztendlich doch trennen. Unity Mitford merkte in ihrem Deutschland-Wahn nicht, dass der wahre Wert einer Freundschaft eben nicht darin liegt, wie eng man sich umarmen kann, sondern dass echte Freunde sich auch kritisieren dürfen. Manch einer wird aus diesen Anekdoten gefolgert haben, dass eine kritische Distanz zwischen Deutschland und Großbritannien gesünder ist als eine enge Zusammenarbeit. Ich kann ihnen das nicht übelnehmen; persönlich mag ich es allerdings nicht glauben. Denn wenn ich persönlich etwas aus dem Treffen zwischen Isherwood und Dietrich, der Freundschaft zwischen Schwitters und Pearce, dem Zweikampf zwischen Keegan und Vogts, dem Wettrennen zwischen Mini und Käfer und selbst der gegenseitigen Verachtung von Adorno und Ayer gelernt habe, dann ist es, dass die beiden Kulturen ohne ihr Gegenüber nicht so wären, wie sie sind, und dass aus dem Aneinanderreiben die zündendsten Ideen in der Geschichte Europas entstanden sind.

*

Im Juni 2011 reisten Joanna und ich während unserer Flitterwochen nach München. Es war ein brennend heißer Sommertag, und wir suchten Unterschlupf im Schatten des Englischen Gartens.

«Stell dir mal vor, dass die sich genau auf diesem Fleck hier erschossen hat. Oder was ist, wenn sie auf dieser Wiese hier ihr nacktes Sonnenbad genommen hat?», fragte ich.

«Also, wenn ich mich in einem öffentlichen Park erschießen würde, dann würde ich das an einer etwas versteckten Stelle machen, sodass mich niemand daran hindern kann.»

«Ja klar, aber auch nicht so gut versteckt, dass niemand deine Leiche findet, bevor sie vergammelt.»

«Komm, wir gucken uns um, vielleicht ist hier ja irgendwo eine Gedenktafel.»

Eine Stunde später hatten wir einen Mann in einem rot-weiß karierten Hemd, Lederhosen und einem breiten Filzhut gesehen («Der braucht auf jeden Fall mehr Ironie», meinte Joanna), ein «Beer Bike», auf dem zehn Jugendliche beim Saufen in die Pedale traten, und eine Frau mit einem Rudel Möpse an der Leine. Von Unity Mitford jedoch keine Spur. Irgendwann gaben wir auf, machten im Biergarten unter der Pagode Rast und bestellten Weizenbier, Brezel und Weißwurst. Gerade wollte ich Joanna zeigen, wie man die Haut einer Weißwurst abpellt, als die Blaskapelle aufspielte. Ich zuckte zusammen und zog eine schmerzverzerrte Grimasse.

«Weißt du was? Du bist auf jeden Fall eher englisch als deutsch», sagte sie zu mir. «Was mich allerdings angeht», und dann nahm sie einen großen Schluck Weizenbier, «ich könnte mich ganz gut an die Deutschen gewöhnen.»

Quellen

Einleitung

Das Blur-Zitat ist aus «Girls and Boys», Words and Music by Graham Coxon, Steven Alexander James, David Rowntree and Damon Albarn. © 1994. Abdruck mit Erlaubnis von EMI Music Publishing Limited, London W8 5SW

Danny Dorling: *So You Think You Know About Britain* (Constable, 2011)

Witness Seminar: German Unification, 1989–1990 (German Embassy London, 2009)

Hugo Young: *This Blessed Plot: Britain and Europe from Churchill to Blair* (Macmillan, 1998).

Heinrich Heine kann William Cobbett nicht beim Schimpfen zuhören

G. K. Chesterton: *William Cobbett* (Project Gutenberg Australia eBook)
http://gutenberg.net.au/ebooks09/0900441.txt

William Cobbett: *Rural Rides* (T. Nelson & Sons, 1830)

William Cobbett: *Cottage Economy* (John Doyle, 1833)

Margaret Cole and G. D. H. (eds): *The Opinions of William Cobbett* (Cobbett Publishing Company, 1944)

Peter Edgerly Firchow: *The Death of the German Cousin: Variations on a Literary Stereotype* (Associated University Press, 1986)

Theodor Fontane: *Glückliche Fahrt: Impressionen aus England und Schottland* (Aufbau Verlag, 2003)

Heinrich Heine: «Englische Fragmente» in: *Reisebilder* (Insel Verlag, 1980)

Richard Ingrams: *The Life and Adventures of William Cobbett* (HarperCollins, 2005)

Siegfried Kracauer: *From Caligari to Hitler: A Psychological History of the German Film* (Princeton University Press, 2004, second edition)

Adolf Loos: ‹Die englischen Schulen im Oesterreichischen Museum›, in *Ins Leere gesprochen* (G. Prachner, 1981)

Keith Lowe: Inferno: *The Devastation of Hamburg* (Penguin, 2007)

Siegbert Salomon Prawer: *Frankenstein's island: England and the English in the writings of Heinrich Heine* (Cambridge University Press, 1986)

Gerhard Müller-Schwefe: *Deutsche erfahren England: Englandbilder der Deutschen im 19. Jahrhundert* (Gunter Narr Verlag, 2007)

Fritz J. Raddatz: *Taubenherz und Geierschnabel: Heinrich Heine – Eine Biographie* (Beltz Quadriga, 1997)

Jerry White: *London in the nineteenth century* (Jonathan Cape, 2007)

Christopher Isherwood hört sich Marlene Dietrich an

Katherine Bucknell and Nicholas Jenkins (eds): *W. H. Auden: «the map of all my youth»: early works, friends and influences* (Clarenden Press, 1990)

Gordon A. Craig: *Germany 1866–1945* (Oxford University Press, 1981)

Peter Edgerly Firchow: *Strange Meetings: Anglo-German Literary Encounters from 1910 to 1960* (The Catholic University of America Press, 2008)

Hugo von Hofmannsthal: *Ein Brief* (Ernst Ludwig Presse, 1925)

Christopher Isherwood: *Christopher and his kind* (University of Minnesota Press, 2001)

Christopher Isherwood: *The Sixties: Diaries, Volume Two: 1960–1969*, red. Katherine Bucknell (HarperCollins, 2010), S. 211–212

Christopher Isherwood: *The Berlin Novels: Mr. Norris Changes Trains & Goodbye to Berlin* (Vintage, 1992)

Wolfgang Kemp: *Foreign Affairs: Die Abenteuer einiger Engländer in Deutschland 1900–1947* (Carl Hanser Verlag, 2010)

Heinrich Mann: *Professor Unrat* (S. Fischer, 2. Ausgabe, 2005)

Peter Parker: *Isherwood* (Picador, 2. Ausgabe, 2005)

S. S. Prawer: *The Blue Angel* (BFI Publishing, 2002)

Maria Riva: *Marlene Dietrich* (Alfred A. Knopf, 1993)

Werner Sombart: *Händler und Helden: Patriotische Besinnungen* (Duncker & Humblot, 1915)

Josef von Sternberg: *Fun in a Chinese Laundry* (Secker & Warburg, 1966)

Stefan Ullrich: *Der Weimar-Komplex* (Wallstein Verlag, 2009)

Frank Wedekind: *Lulu: Die Büchse der Pandora* (Deutsches Schauspielhaus, 1988)

Eric D. Weitz: *Weimar Germany: Promise and Tragedy* (Princeton, 2007)

Theodor Adorno mag nicht mit
A. J. Ayer den Jitterbug tanzen

Theodor Adorno: *Briefe und Briefwechsel* (Suhrkamp, 1994)

Theodor Adorno: *Briefwechsel Adorno / Křenek* (Suhrkamp, 2003)

Theodor Adorno: *Gesammelte Schriften* (Suhrkamp, 1997)

Theodor Adorno: *Minima Moralia*, translated by E. F. N. Jephco (Verso, 2005)

Theodor Adorno: *Versuch, das Endspiel zu verstehen* (Suhrkamp, 1978)

Theodor Adorno und Max Horkheimer: *Dialektik der Aufklärung: Philosophische Fragmente* (Fischer, 2011)
A. J. Ayer: *Language, Truth and Logic* (Penguin, 2001)
A. J. Ayer: *Part of My Life* (Collins, 1977)
Pia Brugger, Marco Threin, Miriam Wolters: *Hochschulen auf einen Blick* (Statistisches Bundesamt, 2012)
Detlev Claussen: *Theodor Adorno: One Last Genius*, translated Rodney Livingstone (Harvard University Press, 2008)
Wolfram Ette: «Adorno in England», in: *Musik & Aesthetik*, Ausgabe 4, 1997, S. 36–51
John Harris: *The Last Party: Britpop, Blair and the Demise of English Rock* (Fourth Estate, 2003)
Michael Ignatieff: *Isiah Berlin: A Life* (Chatto & Windus, 1998)
Stefan Müller-Doohm: *Adorno – Eine Biographie* (Suhrkamp, 2003)
OECD: Education at a Glance 2012: OECD Indicators (OECD Publishing, 2012)
Ben Rogers: *AJ Ayer: A Life* (Verso, 1999)
Heinz Steinert: *Die Entdeckung der Kulturindustrie, oder: Warum Professor Adorno Jazz-Musik nicht ausstehen konnte* (Westfälisches Dampfboot, 2003, zweite Auflage)
Evelyn Wilcock: «Adorno, Jazz and Racism: ‹Ueber Jazz› and the 1934-7 British Jazz Debate», in: *Telos* 107, Frühjahr 1996, S. 63–81

Kurt Schwitters entdeckt am See von Grasmere den Dadaismus wieder

David Blackbourn: *The Conquest of Nature: Water, Landscape, and the Making of Modern Germany* (Pimlico, 2007)
E. M. Forster: *Wiedersehen in Howards End* (Fischer, 2005)
Hermann Hesse: *Wanderung* (Suhrkamp, 1975)
Federico Hindermann: «*Sag' ich's euch, geliebte Bäume*» (Manesse, 1999)

Hermon Ould (ed): *Freedom of Expression: A Symposium* (Kennikat Press, 1944)
Simon Schama: *Landscape and Memory* (Vintage, 1995)
Marion Shoard: *The Theft of the Countryside* (Temple Smith, 1980)
Stephen Spender: *European Witness* (Hamish Hamilton, 1946)
Stefan Themerson: *Kurt Schwitters in England* (Gaberbocchus Press, 1958)
Fred Uhlman: *The Making of an Englishman* (Gollancz, 1960)
Evelyn Waugh: *Der Knüller* (Diogenes, 2003)
Gwendolen Webster: *Kurt Merz Schwitters: A biographical study* (University of Wales Press, 1997)
Stefan Zweig: «Die Gärten im Kriege», in: *Auf Reisen*, S. 144 (Fischer, 2004)
Kurt Schwitters: *Wir spielen, bis uns der Tod abholt: Briefe aus fünf Jahrzehnten*, ed Ernst Nündel (Ullstein, 1975)

Der Käfer überholt den Mini

Werner Abelshauser: *The Dynamics of German Industry* (Berghahn, 2005)
Chris Brady and Andrew Lorenz: *End of the Road: The True Story of the Downfall of Rover* (Pearson, 2005), second edition
Gillian Bardsley: *Issigonis: The Official Biography* (Icon Books, 2006)
Roy Church: *The rise and decline of the British motor industry* (Cambridge University Press, 1995)
Ben Gardiner, Ron Martin und Peter Tyler: «Spatially Unbalanced Growth in the British Economy» (http://www.landecon.cam.ac.uk/staff/publications/ptyler/CGERworkingpaper-no1v5.pdf)
Simon Garfield: *Mini: The True and Secret History of the Making of a Motor Car* (Faber & Faber, 2010)

Chris Giles: «Decline in manufacturing greater under Labour than Thatcher», in: *The Financial Times*, 3. Dezember 2009

Frank Grube and Gerhard Richter: *Das Wirtschaftswunder* (Hoffmann und Campe, 1983)

Erica Jong: *Fear of Flying* (Vintage, 1998)

Markus Lupa: *The British and their Works: The Volkswagenwerk and the occupying power 1945–1949* (Volkswagen AG, 2005, second edition)

Hermann Muthesius: *The English House*, ed. Dennis Sharp, translated by Janet Seligman and Stewart Spencer (Frances Lincoln, 2007)

Andrew Nahum: *Alec Issigonis* (Design Council, 1988)

Simon Reich: *The Fruits of Fascism: Postwar Prosperity in Historical Perspective* (Cornell University, 1990)

Ralf Richter: *Ivan Hirst: British Officer and Manager of Volkswagen's Postwar Recovery* (Volkswagen AG, 2004, second edition)

Max Weber: *The Protestant Work Ethic and the «Spirit» of Capitalism*, translated by Peter Baehr and Gordon C. Wells (Penguin, 2002)

Martin J. Wiener: *English Culture and the Decline of the Industrial Spirit* (Cambridge University Press, 2004, 2. Ausgabe)

Jonathan Wood: *Alec Issionis: The Man who made the Mini* (Breedon Books, 2005)

Freddie Frinton bringt den Deutschen das Lachen bei

Theodor Adorno: *Versuch, das Endspiel zu verstehen* (Suhrkamp, 1973)

Arnold Blumer: *Das dokumentarische Theater der sechziger Jahre in der Bundesrepublik Deutschland* (Verlag Anton Hain, 1977)

Karl Heinz Bohrer: «Individualismus, Realismus, Freiheitlichkeit – Elemente des englischen Humors», in: *Merkur*, Sept. / Okt. 2002 (9 / 10)

Peter Frankenfeld: *Das war mein Leben* (Herbig, 1982)
Sigmund Freud: *Der Witz und seine Beziehung zum Unbewußten* (Fischer, 2009)
Hans-Dieter Gelftert: *Max und Monty – Kleine Geschichte des deutschen & englischen Humors* (Beck, 1998)
Wend Kässens: *Der Spielmacher: Gespräche mit George Tabori* (Verlag Klaus Wagenbach, 2004)
Stefan Mayr: *Dinner for One von A–Z: Das Lexikon zum Kult-Vergnügen* (Eichborn, 2002)
George Orwell: «The Art of Donald McGill», in: *Essays* (Penguin, 2000)
Manfred Pfister (ed.): *A History of English Laughter* (Rodopi, 2002)
Thorsten Unger: *Differente Lachkulturen: Fremde Komik und ihre Übersetzung* (Gunter Nart, 1995)

Kevin Keegan überholt Berti Vogts

Jorge Luis Borges: «Die Bibliothek zu Babel», in: *Erzählungen 1939–1944* (Fischer, 2012)
David Downing: *The Best of Enemies: England v Germany* (Bloomsbury, 2000)
Christiane Eisenberg: *English sports und deutsche Bürger. Eine Gesellschaftsgeschichte 1800–1939* (Schöningh, 1999)
Clifford Geertz: «Deep Play: Notes on the Balinese Cockfight», in: *The interpretation of cultures: selected essays* (Basic, 1973)
Brian Glanville: *Kevin Keegan* (1981, Hamish Hamilton)
Rafael Honigstein: *Englischer Fussball: A German View of Our Beautiful Game* (Yellow Jersey, 2008)
Kevin Keegan with Mike Langley: *Against the world* (Sidgwick & Jackson, 1979)
Kevin Keegan: *My Autobiography* (Little, Brown, 1997)
Karl Planck: *Fusslümmelei: Über Stauchballspiel und englische Krankheit* (Lit-Verlag, 1988)

Ulrich Hesse-Lichtenberger: *Tor! The Story of German Football* (WSC Books, 2002)
Alan Tomlinson and Christopher Young (eds): *German Football: History, Culture, Society* (Routledge, 2006)

Astrid Proll wäre lieber nicht auf Joe Strummers T-Shirt
Andy Beckett: When the Lights Went Out: Britain in the Seventies (Faber, 2009)
Heinrich Böll: *Irisches Tagebuch* (Deutscher Taschenbuch Verlag, 2001, 51. Auflage)
Stefan Aust: *Der Baader-Meinhof-Komplex* (Hoffmann und Campe, 1986, zweite Auflage)
Jillian Becker: *Hitler's Children: The story of the Baader-Meinhof terrorist gang* (Michael Joseph, 1977)
Ulrike Edschmid: *Frau mit Waffe – Zwei Geschichten aus terroristischen Zeiten* (Rowohlt, 1996)
Martha Gellhorn: «Is There a New Germany?», February 1964, aus: *The View from the Ground*, zitiert in: Granta 42, 1992, S. 205
Johnny Green: *A riot of our own: night and day with The Clash* (Orion, 2003)
Ulrike Meinhof: *Die Würde des Menschen ist antastbar: Aufsätze und Polemiken* (Wagenbach, 1992)
Jon Savage: *England's dreaming: Sex Pistols and punk rock* (Faber & Faber, 2001)
Kay Schiller: *The 1972 Munich Olympics And the Making of Modern Germany* (University of California Press, 2010, zweite Auflage)
«Die Rote Armee aufbauen!», *Agit* 883, 5. Juni 1970
Hugh Trevor-Roper: *The Last Days of Hitler* (Heron Books, 1971, 4. Auflage)

Epilog

The Mitfords: Letters Between Six Sisters, red. Charlotte Mosley (Harper Perennial, 2008)

Martin Kettle: «We should take more note of this woman at the top», in: *The Guardian*, 20. August 2009

Thomas Hüetlin: «Hunnen, Miele, Hitler», in: *Der Spiegel*, 14. Mai 2007

Register

A

Adams, Richard 133
Adenauer, Konrad 169
Adorno, Theodor W. 89–93, 98–102, 104 ff., 112, 114, 116–120, 186, 261
Albarn, Damon 33, 103 f.
Ambleside 128 f., 145
Amsterdam 32
Anderson, Benedict 93
Anderson, Viv 238
Arab Strap (Band) 103
Armistice Day (Veteranentag) 46
Armstrong, Louis 119
Ashcroft, Richard 103 f.
Auden, W. H. 73
Aust, Stefan 232
Ayer, A. J. 89, 111–114, 116 f., 120, 261

B

Baader, Andreas 225 ff., 229, 231, 234, 236, 241 f.
Bacall, Lauren 116
Bach, Johann Sebastian 33
Bachtin, Michail 77
Bacon, Francis 80
Bailey, Bill 188 f.
Band, Barry 191
Banks, Tony 208
Barcelona 216
Barry, Gareth 257
Barstow, Stan 107
Barthes, Roland 153
Battiston, Patrick 14
BBC 103, 155, 189 f., 194, 196, 242
The Beach Boys (Band) 165
The Beatles 55, 85, 127, 177
Beckenbauer, Franz 201 f.
Becker, Boris 18
Becker, Jillian 225, 233
Beckett, Samuel 100 ff., 186 f.
Beethoven, Ludwig van 33
Bennett, Alan 112
Berlin 16, 18, 67, 72 ff., 82, 85, 124, 126, 147, 170, 226, 228, 237, 256, 259
Besant, Annie 223

273

Beuys, Joseph 141
Bild (Zeitung) 11
Birmingham 16, 239
Bismarck, Otto von 65
Blackpool 169 ff., 174, 177, 190 f.
Blair, Tony 19, 104 f., 162, 240
Blake, William 143
Der blaue Engel (Film) 67–73, 78, 85
Bleigießen 178
Blücher, Gebhard Leberecht von 35
Blur (Band) 9, 103–106
Blyton, Enid 19, 47
Boateng, Jérôme 257
Bode, Marco 213
Bog Standard 156 f., 160, 163
Böll, Heinrich 235, 241
Bologna 95
Bonn 139
Borges, Jorge Luis 205 f.
Borussia Dortmund 12
Bowie, David 235
Brahms, Johannes 33
Brand, Jo 188 f.
Brandis, Dietrich 134
Brandt, Willy 242
Bratby, John 107
Brecht, Bertolt 82
Breitner, Paul 14
Bremner, Billy 196
Bridges, Robert 143

Brigate Rosse 224 f., 229, 234
Brighton 175
Britischer Humor 183, 185
British Union of Fascists 84
Britpop 105, 219
Brocken (Harz) 134, 140 f.
Brod, Max 227
Brown, Gordon 96
Brügge 32
Brutalism (Architektur) 108
Buckle, David 158
Bülow, Vicco von (Loriot) 180
Bulwer-Lytton, Edward 94
Burdett, Sir Francis 39, 41
Burke, Edmund 236
Bury St. Edmund 53
Byron, George Gordon (Lord) 38

C

Cabaret (Film) 72 f.
Cable, Vince 258
Caborn, Richard 210
Cambridge 42, 53, 72, 135, 181, 192
Cameron, David 240, 259
Campbell, Alistair 104
Campbell, Naomi 116
Canetti, Elias 138
Canning, George 41
Čapek, Karel 132
Carlyle, Thomas 35
Carroll, Lewis 147

Carstens, Karl 132
Chaplin, Charlie 184
Chequers 17
Chesterton, G. K. 43
Churchill, Winston 133, 214, 231, 247, 250 f.
Clair, René 67
Clapton, Eric 33, 235
The Clash (Band) 225, 233 ff., 238 f.
Cleese, John 192
Cobbett, William 25, 39–43
Cocker, Joe 33
Coleridge, Taylor 35
Collins, Phil 33
Connolly, Billy 188
Cool Britannia 105
Cope, Wendy 59 f.
Cough, Brian 217
Crass (Band) 236
Crassus, Lucius Licinius 81
Crown and Anchor Tavern (London) 39, 41
Cruyff, Johan 201 f.

D

Dadaismus 121, 124 ff., 137, 140 f., 183
Daily Mail (Zeitung) 15, 248
Daily Mirror (Zeitung) 15
Daily Star (Zeitung) 15
Daily Telegraph (Zeitung) 65
Damm, Carl 242
Davies, Barry 194 ff.
Davies, Nick 84
Davies, William 159
Davis, Miles 119
Davos 160
DDR 245, 256
Debussy, Claude 119
Deutscher Herbst 231, 241
Deutschlandfunk 99
Dichter und Denker 36, 50, 54, 73, 93 f., 97 ff., 115
Dickens, Charles 35, 133
Dietrich, Marlene 53, 68, 71, 73, 78 ff., 82, 85–88, 91
Dinner for One 173–180, 182 f., 186 f., 189, 191
Dostojewski, Fjodor 116
Dover 103
Doyle, Arthur Conan 51
Drittes Reich 70, 99, 118, 230, 242, 250 f.
Dublin 235
Dunkhase, Heinz 169, 171 f., 175, 187 f.
Düsseldorf 37

E

The Economist (Zeitung) 241
Edinburgh 96
Edwards, Jimmy 176
Effenberg, Stefan 213
Eilts, Dieter 213
Eintracht Frankfurt 12

Elfmeterschießen 12, 20, 207 f., 210 f., 219
Eliot, George 35, 133, 188
Eliot, T. S. 133
Elizabeth II. (Queen) 19 f., 127
Ellington, Duke 119
El País (Zeitung) 14
Elterwater 129
Engels, Friedrich 27, 50
Englischer Garten (München) 246 f., 250, 261
Ensslin, Gudrun 226 f., 229, 231
«Entartete Kunst» 125
Enzensberger, Hans Magnus 227
Erhard, Ludwig 152
Erster Weltkrieg 18, 24, 28, 57, 66 f., 116, 125, 160, 241, 250
Evening Standard (Zeitung) 55, 232
Exmouth 15

F

Fallada, Hans 82
Fassbinder, Rainer Werner 227
Fawlty Towers (Serie) 192
Fontane, Theodor 47 f., 51, 56
Fonzarelli, Arthur 11
Forster, E. M. 122–125, 127 f., 142
Fosse, Bob 72

Frankenfeld, Peter 169–172, 175 f., 185, 187 f.
Frankfurt (Main) 23, 228
Frankfurter Schule 242
Französische Revolution 41
Freiligrath, Ferdinand 49
Freud, Sigmund 170, 190 f.
Fried, Erich 227
Friedman, Michel 229
Friedrich, Caspar David 136, 140
Frinton, Freddie 169, 174–79, 185, 189 ff.
Fuller, Bobby 235
Furor Teutonicus 52

G

Gallagher, Liam 33
Gallagher, Noel 33, 105
Garbo, Greta 86, 184
Gascoigne, Paul 10 ff., 15, 20
Geertz, Clifford 197 f., 205, 214, 216
Gellhorn, Martha 241
Georg V. 143
Glasgow 103, 200
Glasman, Maurice 258
Glastonbury 143
Godard, Jean-Luc 157
Godfrey, Arthur 170
Goethe, Johann Wolfgang von 35 f., 49, 73
Die Goldenen Zwanziger 67, 85

Gomez, Mario 257
Gorbatschow, Michail 16
Göring, Hermann 136
Goslar 35
Göttingen 95
Grahame, Kenneth 133
Grant, Hugh 53
Grimm, Jacob 135
Grimm, Wilhelm 135
Grünkohlessen 183
The Guardian (Zeitung) 84, 159
Gutenberg, Johannes 93
Guy Fawkes Day 178

H

Hague, William 240
Hale, Binny 175
Hamann, Evelyn 180
Hamburg 19, 28, 31–34, 38, 46 f., 73, 82, 85, 107, 124, 135, 151, 166, 176, 232, 252 f., 256
Hamlet 36, 49, 54, 56, 59, 63 f., 66, 99, 101, 106 ff., 164, 188, 230
Hannover 124 ff.
Happy Days (Serie) 11
Hardy, Thomas 57
Harman, Harriet 240
Harris, Alexandra 102
Harrison, George 154
Häßler, Thomas 11
Hayek, Friedrich von 260

Hayes, Arthur 176
Hayes, John 144
Hazlitt, William 41
Headon, Topper 234
Heartfield, John 137, 184
Hegel, Georg Wilhelm Friedrich 49
Heine, Heinrich 25, 37 ff., 41–48, 51, 56, 140, 166, 183, 246
Hepworth, Barbara 126
Herberger, Sepp 214
Herder, Johann Friedrich 36
Hermann (Zeitung) 50
Hesse, Hermann 136
Hill, Benny 179, 188
Himmler, Heinrich 136
Hird, Thora 190
Hirst, Damien 107
Hirst, Ivan 158
Hitchcock, Alfred 67
Hitler, Adolf 70, 137, 153, 248–251
Hitler-Jugend 70
Hoff, Dierk 228
Hofmannsthal, Hugo von 80 ff.
Hogarth, William 190
Holmes, Sherlock 51
Horkheimer, Max 92, 99
Horror vacui 152, 166
Hove 16
Howes, Bobby 175
Hrdlicka, Alfred 34

Huelsenbeck, Richard 140
Hüetlin, Thomas 237
Hughes, Charles 204
Hull 84

I

Ilsendorf 140
Industrielle Revolution 35, 78, 131, 166
IRA 232
Isherwood, Christopher 21, 53, 72–75, 81 f., 87, 91
Issigonis, Alec 154 ff., 160 f., 212
Izzard, Eddie 188 f.

J

Jack the Ripper 127
The Jam (Band) 102
Jannings, Emil 67 f.
Jean Paul 162, 183
Jerome, Jerome K. 133
Jerusalem 143 ff.
Jesus Christus 143
Joseph II. (Bayern) 246
Jowell, Tessa 210
Joyce, James 102
Junges Deutschland 37

K

Kafka, Franz 101
Kane, Sarah 107
Kant, Immanuel 35

Karlsbader Beschlüsse 39
Kassel 141
Keats, John 64, 106
Keegan, Kevin 12, 194 ff., 199, 200 ff., 215, 217, 260
Keeler, Christine 83
Kelly, Petra 139
Keynes, John Maynard 90
Khedira, Sami 257
Kick-and-Rush 199, 203 ff.
Kiel 69
The Kinks (Band) 133
Kitchen Sink 107 f.
Klinsmann, Jürgen 20 f., 222
Klopstock, Friedrich Gottlieb 35
Koch, Roland 243 f.
Kohl, Helmut 18, 22 ff., 260
Köln 181 f., 191, 232
Köpke, Andreas 11
Kracauer, Siegfried 70
Kraftwerk (Band) 164 ff.
Kramer, Rolf 194 ff.
Křenek, Ernst 117
Kuntz, Stefan 10 f., 13
Kurras, Karl-Heinz 226

L

Labskaus 28
Lampedusa, Giuseppe Tomasi di 73
Lang, Fritz 82
Larkin, Philip 84

Lawrence, David Herbert (D.H.) 85
Leeds 130, 196, 238
Leigh, Mike 108
Leipzig 245
Lewis, Wyndham 73
Lichtenberg, Georg Christoph 183
Lineker, Gary 212
Linkletter, Art 170
Liverpool 28, 194, 215
Loach, Ken 108
Locke, John 39
London 15, 19 ff., 30 ff., 34 f., 37, 39, 44 f., 48, 50, 55, 61, 78, 102 f., 105, 108, 116, 121, 123, 126, 130 f., 133, 137 f., 142, 147, 161, 171, 197, 209, 219, 223, 232 f., 235, 237, 247, 256, 259
Loos, Adolf 33
Los Angeles 87
Louis-Philippe I. (König von Frankreich) 49 f.
Löw, Joachim 213
Lübeck 68
Luther, Martin 97
Lynn, Vera 133

M

MacDonald, Ramsay 208
MacLeod, Ian 231
Madariaga, Salvador de 62
Mahler, Horst 227, 229
Mainz 181
Major, John 209 f.
Manchester 27, 35, 38, 78, 103, 105, 130
Mandelson, Peter 162, 210, 240
Mann, Heinrich 68
Mann, Thomas 66, 91, 184
Mark Twain 79 f.
Marshall-Plan 152, 159
Marvell, Andrew 116
Marx Brothers 69
Marx, Karl 50, 169
Matthäus, Lothar 213
Mawson, Thomas 129
May, Karl 21
Maye, Audrey 175
McCartney, Paul 85, 154
McDermott, Terry 195
McGee, Alan 105
McGill, Donald 191
McQueen, Gordon 238
Meinhof, Ulrike 225 ff., 229, 231, 234, 236, 241 f.
Meins, Holger 228
Melville, Herman 227
Merkel, Angela 96, 198, 259
Merton, Paul 189
Metternich, Fürst Klemens Wenzel Lothar von 50
Middleton, Kate 206
Miliband, Ed 258

Mill, John Stuart 35
Miller, Glenn 119
Milton, John 39, 121
Mingus, Charles 119
Mini (Auto) 146, 154–158, 161 f., 212, 260
Minnelli, Liza 72, 78
Mister Bean 220
Mitford, Unity 247–251, 260 f.
Möller, Andreas 11 ff., 20 f., 256
Mölln 19
Montgomery, Bernard 59
Moray, Stella 175
Morning Herald (Zeitung) 37
Moro, Aldo 225
Morris, William 223
Mosley, Max 83 f.
Mosley, Oswald 83 f.
Müller, Gerd 201
Müller, Thomas 257
München 125, 135, 181, 216, 227, 246 f., 261
Murdoch, Rupert 84
Murnau, Friedrich Wilhelm 82
Muthesius, Herman 147, 167

N

Napoleon Bonaparte 37, 44
NDR 169, 176
Neal, Phil 196
Newcastle 78
New Deal 86
News of the World (Zeitung) 84
New York 85, 124, 126
Nicholson, Ben 126
Niehoff, Domenica 82
Nietzsche, Friedrich 183
Nirvana (Band) 92
Norderstedt 9, 152
Novemberrevolution (1918) 69

O

Oasis (Band) 103 ff.
Odysseus 98 f.
O'Hara, Patsy 232
Ohnesorg, Benno 226
Opzeeland, Ed van 215
Orwell, George 123, 191
Osborne, George 258
Osborne, John 107
Ossietzky, Carl von 66
Ould, Herman 122
Oxford 42, 63, 89, 91, 101, 112, 116 ff., 120, 157, 181, 192, 251, 253 f.
Özil, Mesut 257

P

Paramount Pictures 85
Paris 124, 126, 246
Parker, Charlie 119
Parry, Hubert 143
Paulskirche Frankfurt 49
Pearce, Stuart 10, 15

Pearl Jam (Band) 92
Peking 245
Pertwee, Bill 176
Pickles, Eric 258
Pierce, Harry 129f., 140, 142, 145
Pinter, Harold 19, 64
Piper, Heinz 179
Piper, John 102
Pischetsrieder, Bernd 161ff.
Planck, Karl 212
Plath, Sylvia 60
Plessner, Helmuth 230
Potter, Beatrix 145
Powell, Charles 22f.
Priestley, J. B. 159, 236
Private Eye (Zeitschrift) 109
Profumo, John 83
Proll, Astrid 223, 225, 231ff., 238, 242ff.
Pulp (Band) 103
Purple Hearts (Band) 102
Pursey, Jimmy 235
Python, Monty 33, 72, 114, 190

R

RAF 224–233, 242
Raspe, Jan-Carl 228, 231
Ravenhill, Mark 107
Redwood, John 18
Reep, Charles 203ff.
Reid, John 96
Reuter, Stefan 11
Ribbentrop, Berthold 134
Richthofen, Frieda von 85
Ridley, Nicholas 17
Roberts, Andrew 17
Roche, Charlotte 82
Rolling Stone (Zeitschrift) 33
Rom 196, 215f.
Rommel, Erwin 59
Roots Manuva (Band) 106
Rosenberg, Alfred Ernst 136
Rostock 19
Rowling Joanne K. 206
Royal Shakespeare Company 106
RTL 245
Rubenbauer, Gerd 11
Ryle, Gilbert 117

S

Sartre, Jean-Paul 93, 227
Sash-Window 146f., 158
Schenkelklopfer 180ff.
Schiller, Friedrich 35f., 95
Schlacht von El Alamein 59
Schlegel, August Wilhelm 36, 183
Schlegel, Friedrich 95, 183
Schleyer, Hanns Martin 231, 242f.
Schlich, Wilhelm 134
Schmidt, Helmut 242
Schmitz, Oscar A. H. 102

Schön, Helmut 213
Schönberg, Arnold 100
Schröder, Gerhard 258
Schumpeter, Joseph 239
Schwitters, Kurt 121, 124–130, 137 f., 140 ff., 145, 260
Schumacher, Harald «Toni» 14
Seaman, David 11 f.
Secret Affair (Band) 102
Sellers, Peter 174
Sethe, Christian 37
Sex Pistols (Band) 127
Shakespeare, William 23, 36, 38, 54, 59, 98, 107, 126
Sham 69 (Band) 235
Shaw, George Bernard 60
Shearer, Alan 10
Sheffield 103, 215
Shelley, Mary 45
Shrewsbury 175
Sillitoe, Alan 107
Simonon, Paul 234
Skinner, Dennis 189
Sombart, Werner 66
Sonic Youth (Band) 92
Southgate, Gareth 11, 20
Speakers Corners 223
The Spectator (Zeitschrift) 17
Spencer, Diana (Lady Di) 56
Spender, Stephen 73, 135
Spengemann, Christoph 141
Speyer 22

Der Spiegel (Magazin) 109, 144, 189 f., 237
Spinetta Marengo 44
Sprachkrise 80 ff., 179
Star Wars (Film) 14
Stéfano, Alfredo di 201
Stern (Magazin) 139
Sternberg, Josef von 67 f., 70, 79, 86 f.
Stielike, Ulrich 14
Strauß, Botho 144
Strauß, Franz Josef 242
Stresemann, Gustav 85
Strummer, Joe 223, 225, 235
Strunz, Thomas 11
Stuttgart 231
Suffragetten 143
Sun (Zeitung) 15, 84, 212
Sunday Roast 25 f., 29, 48
Super Furry Animals (Band) 103
Surén, Hans 82
Swinging Sixties 85

T

Tabori, George 184
Tacitus 208
Der Tag (Zeitschrift) 80
Tagesthemen 91
Tatum, Art 119
Thatcher, Margaret 16–19, 22 ff., 139 f., 161, 208 f., 239, 259 f.

Thompson, Sir Benjamin 246
Tieck, Ludwig 136
Time (Magazin) 88
Times (Zeitung) 18, 207 f., 230, 238
Tokio 126
Tönnies, Friedrich 66
Toppmöller, Klaus 202
Torres, Fernando 238
Torschlusspanik 218 f.
Toshack, John 199
Trevor-Roper, Hugh 230, 244
Tucholsky, Kurt 66 f., 184
Turner, Joseph Mallord William 133
Turnvater Jahn 210 ff.
Tynan, Kenneth 79
Tyson, Mike 116 f.

U

Understatement 110, 155, 181

V

Van der Vat, Dan 230
The Verve (Band) 103 f.
Victoria (Queen) 134
Vigo, Jean 69
Vogts, Berti 194 ff., 199, 201 ff., 212–215, 260
VW Käfer 146, 153 ff., 158, 160, 164, 212, 260

W

Waalkes, Otto 180
Walk of Fame 87
Walser, Robert 136
Warden, May 175 ff., 185
Warner Bros. Studios 67
Waterloo 34 f.
Watson, Dr. John H. 51
Waugh, Evelyn 131, 143
Wayne, John 196
WDR 33, 194, 196
Wedekind, Franz 82
Weekly Political Register (Zeitung) 39 ff.
Weimar 36, 66, 99, 140
Weimarer Republik 71, 73, 85, 239
Weller, Paul 33
Welsh, Irvine 108
Die Welt (Zeitung) 82
Die Weltbühne (Zeitschrift) 67
Weltwirtschaftskrise (1929) 86
Wembley-Stadion 9, 12, 15, 18, 24
Wetten, dass..? 33
Wieland, Christoph Martin 36
Wien 67, 80, 111, 142, 147
Wiene, Robert 82
Wiener, Martin 159
Wigan 103
Wilhelm (Prinz von Preußen) 50

Wilhelm II. 52, 65
Wilhelm der Eroberer 134
Willemsen, Roger 214
William (Prinz) 206
Williams, C. K. 18
Wilson, Harold 197
Wimbledon 18
Wirtschaftswunder 152, 158, 165
Wodehouse, P. G. 190, 249 f.
Wolfsburg 157 f.
Wondratschek, Wolf 82
Woolf, Virginia 102
Wordsworth, William 35, 108, 129, 133
Working Class Anger 107

Wuppertal 75
Wylie, Lauri 175

Y

York, Michael 72

Z

Die Zeit (Zeitung) 18
Ziege, Christian 11
Zimmermann, Ernst 232
Zürich 126
Zweig, Stefan 141 f.
Zweiter Weltkrieg 24, 34, 87, 120, 122, 125, 133, 135, 138 f., 141 f., 157, 174, 192, 241, 250

Englands liebster Deutscher

Mit 16 ging Moritz Volz nach England, um in der Premier League Fußball zu spielen – und blieb elf Jahre. Er wurde, was sich Engländer nicht vorstellen konnten: ein Deutscher, der sie zum Lachen bringt. Mit feiner Ironie und genauem Blick für das Skurrile und Schöne erzählt Moritz Volz von seinem Leben in London: Begegnungen mit englischen Handwerkern und deutschen Touristen, britischem Humor, Londoner Pubmannschaften und seinem Versuch, Kricket zu verstehen. Eine Hommage an eine schillernde Weltstadt und ein kauziges Land.

«Er beobachtet scharf und spießt das Kuriose des Alltags, das Absurde der Klischees auf.» *Die Zeit*

rororo 62834

Das für dieses Buch verwendete FSC®-zertifizierte Papier
Lux Cream liefert Stora Enso, Finnland.